Un autre regard sur mon grand-père Charles de Gaulle

Yves de Gaulle

Un autre regard sur mon grand-père Charles de Gaulle

PLON
www.plon.fr

12, avenue d'Italie
75013 Paris
Tél. : 01 44 16 09 00
Fax : 01 44 16 09 01
www.plon.fr

ISBN : 978-2-259-24911-9

À Laurence.
À tous les miens.

« L'être se dit en de multiples façons. »

Aristote, *Métaphysique*, E, 2.

Introduction

Je venais d'avoir dix-neuf ans quand il est parti. Il n'y a pas eu, depuis, un seul jour sans que je pense à ce héros qui était aussi mon grand-père, lointain mais si proche, au hasard d'un souvenir, d'une image, d'une réflexion. J'ai voulu écrire ce témoignage non pour raconter mais pour donner mon regard : celui évidemment d'un petit-fils sur son grand-père, Charles de Gaulle, personnage « hors de toutes les séries[1] » aux multiples aspects, mais aussi celui de quelqu'un qui s'interroge encore. Ce que j'ai vu, senti, compris de lui achoppe toujours sur un mystère, non de ce qu'il a fait, mais celui de sa manière de réfléchir. Comment faisiez-vous, grand-père, pour appréhender le monde, comprendre ses ressorts, modifier, un peu, ses contours dès qu'il s'agit de la France, de l'homme, de son essor ?

Cette grille de lecture est particulière. Elle n'a rien d'une biographie commentée et ne se veut ni historique ni politicienne. Pas davantage une collection de souvenirs personnels. Ceux-là n'apparaissent que pour

1. *Mémoires de guerre*, vol. I : *L'Appel, 1940-1942*, Plon, 1954.

ajouter du vécu au récit, de l'illustration à l'analyse. J'avais devant moi beaucoup mieux : un personnage plein de tragédie, qui allait plus loin que la littérature car je pouvais le toucher ; un rebelle permanent sans cesse confronté à l'inachevé, qui avait la figure tutélaire, stable et imposante d'un grand-père ; un romantique raisonné qui ne croyait pas à la mort de la France et l'a réveillée par l'énorme transgression du discours ; un homme, tout simplement, à qui j'ai pu souvent parler, pas assez mais sans détour, en particulier à la fin, durant ce mois d'août 1970 que j'ai passé à La Boisserie, près de grand-mère, près de vous. Je vous avais presque pour moi. Ces quelques semaines continues, qui venaient après le cumul de tant de moments gardés en mémoire, m'ont fait un bel été, le dernier ensemble. Du fond de votre retraite, son silence, sa méditation, vous restiez infiniment curieux. La littérature, qui était alors mon bonheur, nous a servi de trait d'union, bien davantage que la vie politique. Celle-ci m'entourait constamment depuis le plus jeune âge mais sans m'intéresser vraiment. Je vous écoutais, évidemment, et sans cesse, en me laissant imprégner comme une éponge par ce que disait un professeur hors norme, mais n'en gardait qu'une manière de voir les hommes, une méthode d'analyse, jamais un guide du pouvoir. L'action politique n'était pas ma tentation, et le créneau très encombré. Je comprenais, grâce à vous, tout ce que pouvait l'État pour les autres. Je préférais le servir, avec la naïveté de croire que seul le mérite fait la carrière. Et puis, je n'aimais pas le ton des commentateurs. Il me reste de leur attitude, à cette époque, la rumeur grinçante, insistante et glacée de la contestation systématique qui me paraissait étrange, et ce regard qu'il suffisait de jeter sur la presse quotidienne pour mesurer, en particulier au début des années soixante, la permanence des railleries, du mépris et des haines, presque unanimes, déguisés en arguments, qui accompagnaient votre politique et même votre personne. J'en ai eu indirectement ma part. Nous avons aujourd'hui oublié le courant d'intensité passionnelle qui entourait cette époque. Il est rare de constater dans une démocratie un tel décalage entre le soutien populaire qui vous était accordé par le suffrage et l'étendue, comme la constance, de la critique faite au « mégalo », au « vieux », au « dictateur ». J'ai encore devant moi, grand-père, en milieu d'après-midi à Colombey, votre sourire goguenard mais triste, et, sous vos lourdes lunettes, ce regard perçant, encoléré, malgré tout optimiste, à la lecture de la première édition du *Monde* de l'après-midi avec ce commentaire : « Mais pourquoi faut-il donc qu'ils soient si bêtes ? »

Aujourd'hui, le temps transfigure les souvenirs mais sans en travestir le sens. Je voudrais, en croisant la mémoire et sa reconstruction raisonnée, entrouvrir une porte, essayer d'appréhender, avec inconscience mais sans crainte, quelque chose de votre manière de réfléchir. Charles de Gaulle n'est pas unidimensionnel. Il brille pour moi d'éclats multiples qui ne sont pas que ceux idéalisés par l'adolescence. Mon projet se borne évidemment à ce que j'ai compris mais, grand-père, je n'ai pas oublié ce que vous m'avez dit ; beaucoup et si peu tant ma jeunesse m'a souvent laissé derrière alors que j'étais à côté. J'ai toujours cru que votre manière d'aborder les problèmes, l'on dirait aujourd'hui votre *process intellectuel*, était une clé pour saisir un peu de ce qu'on appelle trop rapidement le gaullisme. Elle n'en est bien sûr qu'une parmi d'autres, mais peu recherchée en tant que telle. Je ne crois évidemment pas avoir trouvé le sésame et demande votre indulgence. Nous savons peu les uns des autres. Mais je sais que ne pas chercher à comprendre est à l'opposé de votre discours de la méthode. Et puis, qu'en est-il aujourd'hui ? Les paradigmes de la fin du XIXᵉ siècle et de celui qui a suivi, le plus meurtrier de l'histoire de l'humanité, ont encerclé votre existence, peut-être votre pensée, alors que ce début du XXIᵉ siècle bouleverse de nouveau les contours du monde. L'exemple de votre vie, hors norme mais déterminée dans le temps, le « se réclamer de vous » comme vous me l'avez dit à la fin de votre vie, nous parle-t-il toujours, autrement que comme référence, regret ou nostalgie ? Je crois que, au-delà de l'histoire qui change et nous change, peut-être plus encore que jamais, il reste quelque chose, et balbutient dans ce texte quelques pistes qui font peut-être sens, ici et maintenant, car de Gaulle, homme parmi les hommes, est actuel et futur.

Avant d'aborder ce rivage, difficile et probablement hors d'atteinte, j'ai également cherché les lumières de ceux qui, d'une façon ou d'une autre, vous ont été proches au sens vrai, hors la politique. Cela était pour moi un rempart contre l'excès ou l'approximation d'un témoignage recréé cinquante ans après. J'avais peur de ma propre lecture et ai éprouvé le besoin de connaître d'autres analyses, même pour m'en distinguer. La familiarité que j'ai pu, un peu, partager avec vous, qui m'a parfois ébranlé jusqu'au fond de l'être, avec cette sorte de compréhension intérieure, muette et immobile qui venait en vous écoutant, ne me suffisait pas. Elle a été trop courte. Elle l'est toujours. Je me suis plongé dans la foule des ouvrages qui vous sont consacrés. Mais ceux qui ont analysé ou témoigné, en dehors de quelques fulgurances, m'ont peu appris dans cette démarche, celle du comment de Gaulle réfléchissait. La qualité des reconstitutions, des expériences partagées ou des études n'est pas en cause. L'obstacle est dans l'objet de mon propos ; il n'est partiellement accessible que par projection des ombres : celles du regard des autres sur vos écrits, vos actions, à travers le prisme contrasté du souvenir, du témoignage et de la raison. Rien de tout cela n'est suffisant pour vous définir. Et mon regard, partiel et partial, qui vient de l'un de vos petits-fils qui a fait sa vie en dehors de la politique, aussi loin que possible de votre nom dont l'ombre portée me dépasse, n'est exclusif d'aucun autre, fort nombreux, qui tous, à leur façon, cherchent, en autant de collages multiples, à cerner l'impossible : l'extrême diversité d'un homme, en plein, en creux, en contrepoint, pendant et après lui, capable d'avoir rassemblé au fond de lui une étonnante réconciliation de contraires, ce que Hegel qualifiait de génial.

Je n'ai pas cessé d'être illuminé par votre présence. Je me souviens et me demande encore. Avec l'âge qui vient, le recul du temps, le recueil de ces souvenirs qui n'ont cessé de vivre, j'ai finalement essayé de réfléchir sur ce que vous êtes pour moi, sans me risquer au-delà, sans l'outrecuidance de croire vous cerner, encore moins vous faire parler. J'ai tenté avec sérénité et passion, à travers plusieurs thèmes qui se croisent, pli selon pli, de restituer le message d'espérance que vous nous avez donné.

1

Contestation et rupture

Vous êtes, grand-père, un irréductible rebelle. Cela me fascinait. On l'a dit tant de fois. Cet air connu fixe l'une des lignes instrumentales de la symphonie de Gaulle. Et avec quel contraste dans l'apparence! La figure imposante, hiératique, habillée de sombre et déjà nimbée par l'histoire, en imposait à l'adolescent que j'étais, mais je percevais aussi votre regard de braise, campé sur l'observation permanente de la réalité, cherchant sans cesse à traverser les apparences, à contester le déjà-pensé. Vous aimez prendre à rebrousse-poil, les hommes et les choses. Depuis quand? Très tôt. Les professeurs, les supérieurs, les experts ne vous suffisaient pas pour comprendre. Au contraire, eux qui concentrent souvent les erreurs d'analyse à travers le prisme de leur vision relative, quelquefois jusqu'au drame.

À votre père le 31 décembre 1915, vous écrivez : « 1915 aura été pour nos armées une année de sévères et utiles leçons. Nous avons appris la valeur des moyens, nous nous sommes contraints à les avoir. Nous avons fait l'apprentissage de leur usage. Nous avons enfin discipliné l'ensemble, coordonné les efforts épars de nos spécialistes et habitué jusqu'à un certain point notre commandement et nos états-majors à comprendre la forme nouvelle de la guerre [...] » En plein combat, de la part d'un officier subalterne ! Dans le même texte : « Un jour ou l'autre nous l'écraserons [l'ennemi] [...] Et puis il semble bien que la Providence soit pour nous : elle évite de nous faire payer cher nos plus lourdes fautes. C'est ainsi par exemple que l'expédition de Serbie qui est une monstruosité stratégique [...] » Sur le même sujet, à votre mère, vous enfoncez quelques jours après le clou de la bêtise : On a évacué Gallipoli, et l'on a bien fait. « On aurait mieux fait encore de n'y aller jamais. Un jour on évacuera Salonique [...] Songez que les gens qui nous y font rester sont les mêmes qui nous ont fait aller en Serbie, sous prétexte d'empêcher la jonction des Allemands et des Bulgares et de sauver l'armée serbe [...] Ils n'ont bien entendu empêché aucune jonction ni sauvé un bataillon serbe ; ils nous ont fait infliger le camouflet bien inutile de cette retraite de Serbie [...] Alors, aujourd'hui, pour ne pas être obligé d'avouer qu'ils sont des ânes, ils nous font demeurer à Salonique 20 000 hommes de belles et bonnes troupes et combien de millions d'obus qui, je continue de l'affirmer, n'y servent absolument à rien et n'y tuent pas un Allemand. » Vous êtes un jeune lieutenant de vingt-cinq ans, dans la boue noire des tranchées, qui ne connaissait pas encore Winston Churchill, premier lord de l'Amirauté britannique et grand artisan de la défaite des Dardanelles.

Et cela continue sur ces crétins de la hiérarchie. Relisons ce que le capitaine de Gaulle dit, en 1917, à ses camarades prisonniers, commentant les échecs de

1915 en Champagne[1] : « Surtout, à tous ses échelons, le commandement doit comprendre qu'une attaque qui ne réussit pas est uniquement de son fait. L'insuccès provient toujours soit d'une ignorance coupable de la valeur absolue et relative des moyens, soit de négligence dans la préparation d'une action de l'artillerie, soit du défaut de caractère d'un chef qui évite de signaler à l'échelon supérieur les défectuosités ou les insuffisances dont il se rend compte. Les grosses pertes d'infanterie sont la condamnation du commandement et jamais sa justification. » Dans la même conférence, avant d'en arriver à cette conclusion acerbe, le Capitaine de Gaulle déclarait : « Les fantassins [...] se rappellent avec tristesse et amertume ces terrains d'attaque lamentables où chaque jour de nouveaux cadavres s'entassaient dans la boue immonde ; ces ordres d'assaut, coûte que coûte donnés par téléphone par un commandement si lointain, après des préparations d'artillerie dérisoires et peu réglées ; ces assauts sans illusion exécutés contre des réseaux de fil de fer intacts et profonds où les meilleurs officiers et les meilleurs soldats allaient se prendre et se faire tuer comme des mouches dans des toiles d'araignées [...] »

Quelques pages auparavant : « La défaillance ultérieure de certaines unités [...] n'a guère [...] d'autres motifs que la démoralisation résultant de ces expériences lamentables où l'infanterie [...] toucha [...] le fond du désespoir. Prise chaque fois entre la certitude de la mort sans aucun résultat à dix mètres de la tranchée de départ, et l'accusation de lâcheté qu'un commandement trop nerveux, et du reste sans illusion

---

1. *Lettres, Notes et Carnets*, t. 1, Plon, 1980.

lui-même, lui prodiguait aussitôt si ses pertes n'étaient pas jugées suffisantes pour que l'on pût se couvrir avec ces morts vis-à-vis des échelons supérieurs.» Laisser parler son esprit et son cœur, sa mémoire, sa révolte, et la fraternité, au fond de la tranchée sale qui avait aboli toutes les différences, y compris celles du concept bien pauvre que sont «les frontières de classe».

Le rebelle ne s'arrête jamais. Ce trait de caractère permet-il d'entrevoir un peu de votre système de pensée? Je le crois car votre permanence à dire non était plus qu'une simple posture. Je ne vous ai pourtant jamais demandé si cette attitude systémique de refus préalable était d'abord le rejet de ce que, devant vous et à l'âge que j'avais, j'aurais appelé le désordre du monde. Y avait-il correspondance, analogie, recherche de phase entre celui qui dit d'abord et souvent non et ce déséquilibre sourd, latent mais permanent que vous décrivez souvent, par exemple lors de votre dernière conférence de prisonnier, pour rappeler l'origine du conflit de 1914 : «Chacun voyait, chacun pensait, chacun disait que les nations n'étaient point en ordre, que les choses n'étaient pas à leur place, que s'accumulaient autour des patries les haines ou les ambitions, que l'équilibre européen constitué péniblement par la vieille diplomatie [...] n'était fait que des mécontentements accommodés, de rancunes et de cupidités inassouvies, de questions jamais résolues ou toujours renaissantes; qu'en un mot un jour ou l'autre nécessairement, poussé par une de ces lois obscures qui les mènent et qui est peut-être – qui sait? – une loi organique de l'esprit, les hommes en viendraient à se tuer, les peuples s'entre-déchirer. Chacun voulait vivre [...][1]. » ? Charles le rebelle, l'insurgé, l'insoumis adoptait-il une telle aptitude d'esprit pour tenter de désespérément comprendre cette continuelle rupture d'équilibre dans l'univers des hommes, depuis le paradis perdu, lorsque, selon Milton que vous citez dans vos derniers carnets, Adam et Ève regardaient en bas, avec inquiétude, le monde qu'ils avaient maintenant devant eux ?

Relisons dans la même conférence ce que vous dites de cette instabilité universellement ressentie : « L'Allemagne, la Russie, l'Italie, et plusieurs petits, notamment la Serbie et la Bulgarie, récemment constitués, arrivés relativement tard sur la scène du monde, débordant de population et d'activité à dépenser, ayant de grands besoins et par suite de gros appétits, estimaient qu'ils n'avaient pas au soleil la place qui leur revenait... D'ailleurs les nationalités récemment affranchies ne l'étaient pas toutes entièrement et les morceaux de race encore séparée des patries qu'ils voulaient avoir ne cessaient de les appeler à leur aide. La Russie ne pouvait fermer l'oreille à l'appel des Slaves de la monarchie austro-hongroise, la France à celui des Français d'Alsace-Lorraine. L'Italie ne pouvait cesser d'espérer et de vouloir qu'un jour les Italiens de Trieste fissent partie de la nation. La Serbie ne pouvait regarder sans tressaillir vers les provinces serbes d'Autriche, ni la Bulgarie vers la Macédoine, ni les Roumains sur la Transylvanie, ni les Grecs sur les îles de la Méditerranée orientale. »

Votre vision de ce qui se prépare dépasse aussitôt l'Europe. L'expansion des ondes ne s'arrête pas aux

1. *Lettres, Notes et Carnets*, *op. cit.*, t. 1, année 1917.

frontières des hommes avec cette Allemagne débordante « d'une exubérante activité, laborieuse et obstinée, résolue à s'enrichir à son tour » qui avait besoin « d'un gros morceau d'Afrique, [...] de l'empire économique de l'Orient, et des garanties d'exportation régulières en Chine » ; avec cette Russie, « gonflée d'une sève puissante, ayant conscience de l'immensité des richesses naturelles de son sol et de son sous-sol » qui voulait échapper à l'enserrement et « déboucher sur des mers qui ne soient pas des glaces ou des lacs » ; avec cette Italie qui, ne pouvant « occuper ni nourrir sa prolifique population », cherchait des territoires à son expansion, mieux que la seule Tripolitaine, jusqu'à la côte orientale de l'Adriatique, l'Albanie [...] et le cas échéant un morceau de l'Anatolie ; avec « la jeune et énergique Serbie » à laquelle il fallait des ports, etc.

Peu importe la justesse de l'analyse. Ce que j'en retranscris n'est d'ailleurs qu'un raccourci des cinq pages qui y sont consacrées[1]. Ce qui peut troubler vient de votre intuition de l'organique du monde, de cette « notion du mouvement humain[2] » constitué de peuples vivants et créant à son tour leur développement propre. L'une des chutes est étrange : « Loi, une fois de plus rencontrée, du mal qui amène son remède. C'est le populaire : Tout s'arrange ! La Providence – ou le positivisme – touche l'application des lois profondes de la vie des espèces dont il range la cause jusqu'à nouvel ordre dans le domaine de l'inconnaissable. »

Qui sait relire ces pages n'oubliera pas « ces lois obscures » qui poussent les hommes à se tuer comme

1. *Lettres, Notes et Carnets*, *op. cit.*, t. 1, année 1918.
2. *Ibid.*, année 1926.

« l'intransigeance d'idées propres à la jeunesse » qui veut obliger l'histoire *à dire* ce qui lui convient. Est-ce déjà un premier regard sur « le fond des choses » : l'irréductible violence de l'humanité et cette histoire qui n'a finalement aucune leçon à donner ? La vie exubérante, dionysiaque, pousse sourdement les hommes, qui, « s'ils changent peu » au cours du temps, reviennent sans cesse à s'entretuer, puis à se réconcilier autour d'alliances, de blocs, de systèmes instables. Tout cela n'a rien d'une analyse causale. Les écarts sont la norme ; la paix est une exception temporaire ; l'analyse des conflits repose sur quelque chose qui n'est pas réductible au rationnel, au système, à la déduction.

Toute votre réflexion est refus de ce qui paraît, adhésion à ce qui est plus grand, ou plus profond que nous, et qu'il faut découvrir souvent hors de la simple logique, ou pire, du bien-pensant. Vous ne cesserez plus d'aller à rebours, et de nommer les choses au lieu de les masquer. « Le bolchevisme ne durera pas éternellement en Russie. Un jour viendra, c'est fatal, où l'ordre s'y rétablira et où la Russie, reconstituant ses forces, regardera de nouveau autour d'elle. Ce jour-là, elle se verra telle que la paix [de 1918] va la laisser, c'est-à-dire privée de l'Estonie, de la Livonie (Riga), de la Courlande (Ouest de la Lettonie), de la Finlande, de la Pologne, de la Lituanie, de la Bessarabie (Moldavie), peut-être de l'Ukraine [...] S'en contentera-t-elle ? Nous n'en croyons rien [...][1] » ; « L'armée du Rhin n'en a plus pour longtemps. La force des choses abat ce qui demeure en Europe de barrières communes et provisoires. Il faut

1. Conférence prononcée fin 1919 devant la mission militaire française en Pologne.

être convaincu que l'Anschluss est proche [...][1] »; En 1929, dans un discours préparé pour Pétain qui voulait rendre hommage au maréchal Foch : « Grâce aux chars de combat, nous pouvons suppléer aux insuffisances de l'artillerie [...] La quantité et la qualité du matériel ont réintroduit dans l'offensive l'élément de surprise [...] Par un équipement approprié [...] chaque secteur du front a été mis en état de devenir à tout moment un secteur d'attaque[2]. » Qui entendait vos phrases ? Qui comprenait cette « force des choses », peu accessible au rationnel simple, tendue vers une appréhension intellectuelle plus intime : celle de la stabilité du déséquilibre ?

« Monsieur le Ministre, je vous envoie ci-joint, en traduction, l'article écrit en octobre 1936 [...] par le général Heinz Guderian [...] actuellement commandant du Panzerkorps. En parcourant cet article, vous pourrez discerner quel peut être mon état d'esprit, à moi qui vois l'ennemi réaliser intégralement jusque dans le détail, en invoquant mon propre patronage, les conceptions que j'ai, en 1933, offertes à l'armée française [...] Je crains que MM. Daladier et Guy La Chambre, qui [...] n'avaient lu ni *Vers l'armée de métier* ni l'article de Guderian [...] ne connaissent la question qu'au travers des nuages...[3] Si Léon Blum, homme d'État, se ralliait franchement, publiquement à cette doctrine [l'armée de métier], s'il y amenait son parti, il serait, me semble-t-il, beaucoup plus étroitement d'accord avec l'intérêt humain qu'en cultivant l'affreuse et barbare

1. Lettre à Émile Mayer du 21 décembre 1928.
2. *Lettres, Notes et Carnets, op. cit.*, t. 2, année 1929.
3. Lettre à Paul Reynaud du 14 février 1938.

théorie des masses populaires instruites, armées, mobilisées, pour s'entretuer, se ruiner, se haïr[1]. »

Vous êtes promu colonel le 25 décembre 1937, quelque six mois après votre prise de commandement du 507e régiment de chars. Ce n'est pas, à quarante-sept ans, une progression de carrière exceptionnelle. « Officier hors de pair » avait écrit sur vous Pétain, en 1916, qui vous croyait disparu au combat, vous n'avez cessé d'indisposer vos supérieurs, de marquer vos distances d'avec vos condisciples, d'être ce « connétable » hautain, lointain, condescendant, difficile à fréquenter. Mais à l'École supérieure de guerre, même les généraux venaient écouter vos conférences... « Je leur ai tous tellement cassé les pieds ! », m'avez-vous confié un après-midi de solitude à Colombey. Ce n'est évidemment pas le fond du problème. Conception organique du développement des sociétés, vision inductive de l'histoire, recherche de « ces lois obscures » qui gouverneraient le futur des hommes, ce qui intéresse le rebelle, c'est l'action qui peut bouleverser les contours et demain, qui n'est pas la simple déduction causale du passé.

Et puis il y eut le 18 Juin, l'acte de la plus grande lucidité contre l'évidente apparence, et d'une absolue transgression. Ce général de brigade à titre temporaire, ex-sous-secrétaire d'État durant quelques semaines, prétendait sauver la nation et l'État. « Je n'étais rien, au départ. À mes côtés, pas l'ombre d'une force ni d'une organisation. En France, aucun répondant et aucune notoriété. À l'étranger, ni crédit ni justification[2]. » Vous vous jetez dans l'aventure en prenant un avion qui

1. Lettre au lieutenant-colonel Mayer du 23 avril 1938.
2. *Mémoires de guerre*, *op. cit.*, vol. I.

vous porte vers l'ennemi multiséculaire. « Départ sans romantisme et sans difficulté[1]. » Survol de la forêt fumante, de ports en feu, de Paimpont où se trouvait votre maman malade... Moment indicible de stase puis de basculement, presque hors du monde en traversant le ciel de France. Quel instant étrange que cette irruption créatrice sur laquelle finalement peu de chose a été dit ! Bien sûr, il y avait pour vous « l'évidence » : l'Allemagne avait à terme perdu la guerre. C'était la raison lumineuse contre le désordre apparent. Mais avoir raison ne suffit pas. D'où vient « le reste » ? Qui est ce qui produit cette jonction improbable entre l'événement et l'histoire, entre le drame et le héros ? Comment expliquer ce moment de discontinuité dans la trame des événements ? Je repense à cette expression de Jacques Lacan : « Il n'y a de cause que de ce qui cloche[2] ! » Votre appel parle aux Français et à d'autres. Votre parole « cause » soudainement un univers inattendu où, à son tour, elle va s'inscrire, avec votre histoire portant celle des autres, et votre statue que vous habitez désormais.

Et ça a marché ! Car hors les efforts inouïs que vous avez déployés constamment pour que vive la France, il a bien fallu que cela s'enclenche. L'Appel avant l'unité et le salut. Mais quel étrange procédé ! Au fond, que s'est-il produit, que se passe-t-il lorsque l'on saute d'un espace à un autre, au-delà des limites asymptotiques du premier, pour finalement rafler la mise ? Pourquoi ce qui était l'événement le plus imprévisible devient le

1. *Ibid.*
2. *Le Séminaire*, t. XI : *Les Quatre Concepts fondamentaux de la psychanalyse*, Le Seuil, 1964.

vrai tout entier parce que finalement le plus raisonnable ? Je ne sais pas répondre. Peut-être y a-t-il une force particulière à l'improbable. Et comment cette possibilité peut-elle s'inscrire dans l'analyse historique, linéaire et causale que nous pratiquons ? Sommes-nous capables de parier sur ce qui a peu de chances d'arriver et d'en tirer les conséquences, comme Drogo, le pauvre héros du *Désert des Tartares*[1], livre toujours là dans votre bibliothèque de Colombey[2], qui a passé trente-cinq ans à guetter l'attaquant au bord du désert pour finalement mourir dans une auberge, au bord de la route, alors que l'ennemi arrive enfin ? Comment juger la phrase de Nietzsche, recopiée dans vos derniers carnets : « Rien ne vaut rien ; il ne se passe jamais rien et cependant tout arrive ; mais cela est indifférent » ? Savons-nous reconnaître ce qui change ?

Vous êtes peu disert sur cet étrange passage. L'on ne repère dans vos *Mémoires de guerre* que quelques phrases qui marquent la discontinuité des événements : « Au fond, la personnalité de Paul Reynaud répondait à des conditions où il eût été possible de conduire la guerre dans un certain ordre de l'État et sur la base de données traditionnellement acquises. Mais tout était balayé ! Pour ressaisir les rênes, il eût fallu s'arracher au tourbillon [...] prendre [...] des décisions aussi exorbitantes de la normale et du calcul. » Cet homme était arrivé « aux limites de l'espérance ». Ensuite, les mots laconiques du départ. Viennent enfin la mention de l'exil, le saut dans l'autre monde, l'action immédiate du discours : « Je m'apparaissais à moi-même, seul et

1. Dino Buzzati, Robert Laffont, 1949.
2. Voir chapitre 9.

démuni de tout, comme un homme au bord d'un océan qu'il prétendait franchir à la nage. » Plus tard dans la journée du 18 Juin : « À mesure que s'envolaient les mots irrévocables, je sentais en moi-même se terminer une vie [...] et [j']entrais dans l'aventure comme un homme que le destin jetait hors de toutes les séries[1]. » Vous dites peu de ces heures, dans cet espace de temps, ce moment physique où tout change ; simplement quelque chose sur la succession d'images que laisse entrevoir le mouvement de l'avion. Rien de plus. C'est le simple récitatif d'entre-scènes qui nous transporte, « sans romantisme », et sans musique, d'un acte à l'autre. Charles de Gaulle anticipait la suite. Le moment de l'action n'a pas besoin d'écriture.

Les soi-disant élites ne vous ont rien pardonné, surtout pas la transgression. Votre hiérarchie ne tarde pas : le chef de l'État, à la demande du ministre-secrétaire d'État à la Guerre, le général Colson, signe deux décrets, le premier le 22 juin pour annuler votre nomination au grade de général de brigade à titre temporaire, le second, le 23 juin, pour mettre le colonel de Gaulle à la retraite d'office. La suite est autant risible que lamentable. Ce même général Colson donne ordre, le 26 juin, de se saisir de vous et vous renvoyer devant le Tribunal militaire permanent de Toulouse. Le 4 juillet, celui-ci, présidé par le général Boris, vous condamne à quatre ans de prison par contumace, ce qui est jugé dérisoire par les hautes sphères du gouvernement. Il se pourvoit en cassation. Malheureusement pour eux, le Tribunal de cassation de Bordeaux rejette le recours formé par le commissaire du gouvernement.

1. *Mémoires de guerre*, *op. cit.*, vol. I.

Peu leur importe ! Malgré le non-renvoi de l'affaire, un nouveau Tribunal militaire est saisi, celui de Clermont-Ferrand, sur le même dossier, violant ainsi un principe fondamental du droit pénal (« *non bis in idem* »), qui vous condamne le 2 août à la peine de mort, à la dégradation militaire et à la confiscation de vos biens. Le gouvernement, déjà infâme, interdit la publication du compte rendu des débats et poursuit son acharnement par décret : vous êtes déchu le 8 décembre de la nationalité française. Qu'est-ce qui vous a fait le plus de mal ? La privation de vos biens ? Ce n'était pas votre problème ; la peine de mort ? Elle n'est que le contrepoint juridique de votre opposition définitive à Vichy hors le territoire occupé ; je vote pour la déchéance de la nationalité alors que vous veniez d'assumer la France. En plus, deux poids, deux mesures ; l'amiral Darlan, commandant en chef des forces militaires de Vichy, qui, en novembre 1942, constitue un haut-commissariat de l'Afrique française et entre en guerre aux côtés des Alliés, ne sera pas poursuivi. Il est vrai qu'il sera assassiné le 24 décembre de la même année.

Avant la guerre, vous étiez un brillant casse-pieds qu'il fallait supporter. À la fin de 1940, sans plus d'état civil dans la France occupée, vous devenez un apatride, vous, ce « vieux Français » qui portez l'un des deux noms de notre pays. Ce rapport difficile avec les classes dirigeantes ne fait que commencer. Peu importe ! Vous ne les aimez pas et n'êtes pas de leur monde. Vous n'êtes pas que d'une seule classe sociale... Vous n'êtes d'ailleurs finalement d'aucune malgré vos origines familiales dont je ne vous ai jamais entendu parler. Dans le parc de La Boisserie, vous m'aviez dit : « Je ne suis pas un bourgeois. Je n'en ai ni le mode de pensée ni le comportement d'accumulation. » Votre expression : « Je ne possède que mon cerveau » définissait votre appartenance à une seule classe : celle de la liberté.

Il est banal de rappeler votre indifférence à l'argent. Le jeune officier prisonnier que vous êtes en 1917 insiste déjà, en lisant cette histoire grecque que je citerai souvent car vous en avez marqué tant de passages[1], sur le poison causé par la vénalité, même parmi les plus grands : « Thémistocle, ce génie pratique, souple, rusé, plein de ressources même au milieu des périls ; peu scrupuleux du reste sur les moyens pourvu qu'il arrivât à son but, et qui, pour réussir, employa tout, même la corruption. Il se laissa acheter mais (comme le dit Hérodote) sut trouver les moyens de concilier la vénalité avec le patriotisme » ; ou, plus largement, sur la corruption des élites comme, par exemple, l'un des rois de Sparte Léotychidas qui s'était vendu à prix d'argent, au contraire d'Aristide qui administra « avec une telle probité » le trésor de la Grèce, rassemblé et déposé à Délos dans le temple d'Apollon, « qu'après lui, la garde de ce trésor sembla aux alliés ne plus pouvoir être confiée à d'autres mains qu'à celles d'un Athénien. Sa vertu fut utile à la patrie, même après sa mort ».

Vous méditez aussi, avec quelle prémonition, sur l'importance de la vertu chez ce peuple pétri d'une justice qui va avec l'ingratitude : Aristide, encore lui, le plus vertueux, « était si pauvre, après avoir longtemps administré les plus riches finances qu'il y eût alors, que l'État fut obligé de faire les frais de ses funérailles et de doter ses filles. Un monument public consacra

1. Voir chapitre 9.

sa mémoire, et ses descendants pendant plusieurs générations reçurent une pension du Trésor public». Thémistocle fut moins heureux. «Il eut le tort de rappeler trop souvent à ses concitoyens qu'il les avait sauvés.» «Le temple qu'il éleva à la déesse du Bon-Conseil, et où il mit sa statue, semblait vouloir éterniser le reproche.» Il se plaignait lui-même de l'ingratitude des Grecs : «Comme un platane au large feuillage, sous lequel on cherche un abri pendant l'orage, et dont on coupe les branches dès que le beau temps revient, je vois les Athéniens courir à moi quand le danger les presse, et me chasser dès que la paix revient.» Il se retira à Argos pour y terminer sa vie.

Pausanias, qui comptait ses trésors, osa revenir à Sparte d'où il était parti pour «traiter» avec Artabaze, l'agent de Xerxès. Il fut aussitôt jeté en prison car « [la] vénalité, ce mal que les Perses inoculèrent à la Grèce, et qui la tua, s'y montrait audacieusement», ce qui effrayait les anciens. Il acheta sa liberté et se remit à comploter. Découvert, il se réfugia dans le temple de Minerve pour échapper à une mort certaine. Il y mourut de faim, emmuré.

L'exemple essentiel est celui d'Alexandre et sa vertu intemporelle, qui est aussi la vôtre. Elle vient de loin et vous apparente : «Alors qu'[il] quitte Pella pour se battre contre l'Empire perse, il laisse tous ses biens à ses amis. "Et que gardez-vous donc? lui disait Perdiccas. – L'espérance."»

Pour vous, avant la guerre, la solde n'était pas formidable et la vie à Paris difficile pour les jeunes officiers qui n'étaient pas propriétaires. La Boisserie à Colombey avait été achetée en viager. Vous n'étiez peu ou pas lu donc sans droits d'auteur. Peu vous importait. L'épopée de la France libre et combattante a vécu d'emprunts auprès des Anglais, intégralement remboursés en 1944. À partir de janvier 1946 reviennent les dettes personnelles. Vous « aviez bien mérité de la patrie », mais tout refusé de cette république que vous aviez rétablie. Pas, non plus, d'affiliation à la Sécurité sociale que vous aviez généralisée. Arrivent les *Mémoires de guerre* qui vous permettent de les rembourser et d'y être inscrit comme vos pairs, les gens de lettres. Lors de votre retour aux affaires. Je vous ai demandé à Colombey combien gagnait un président de la République : « J'ai une liste civile, qui paye les dépenses liées à ma fonction, de laquelle je m'octroie une rémunération correspondant à celle d'un général de brigade, soit un peu plus de six mille francs par mois. » Revoilà le militaire de 1940, ou plutôt le seigneur, qui ne connaît que le service. J'ai le souvenir du petit compteur EDF placé à l'entrée de votre trois pièces à l'Élysée, qui facturait votre consommation personnelle, des timbres-poste achetés directement pour votre courrier particulier et celui de grand-mère, de vos déjeuners familiaux payés sur votre cassette. Je me rappelle aussi votre réponse, sèche comme un coup de fusil, alors que je vous demandais, une fois, de faire avec vous le trajet entre Paris et La Boisserie en hélicoptère : « Ce n'est pas ta place ! »

Le 26 avril 1969, vous regagnez Colombey, et, le 27 au soir, vous le pressentiez depuis quelques semaines, vous savez que c'est pour toujours. Sans un sou demandé à l'État. Vos droits d'auteur couvraient largement ce qui était nécessaire à votre vie retirée des hommes. Ne rien devoir; rester libre... Peut-être jusqu'à l'excès en une occasion : celle de votre disparition. Ma grand-mère, une fois épuisé le succès de vos livres, ne disposait plus d'aucunes ressources récurrentes. Il a fallu demander à Georges Pompidou et à Jacques Chaban-Delmas de décider par décret que lui soient versées les pensions de réversion accordées aux veuves de généraux et de conseillers d'État.

Rappelons encore votre histoire grecque lue en captivité et ce qu'il en est de la gloire, ce qu'il faut en retenir et ne pas en attendre, avec cette leçon trop vite oubliée, donnée au vainqueur de la bataille de Marathon. On ne dit pas assez que vous l'avez faite vôtre : « Pour tout honneur, Miltiade se vit représenté, ainsi que Callimaque, sur les murs du Pœcile, au milieu d'un groupe de demi-dieux et de héros. Quelle héroïque simplicité ! Après tout, c'était bien le peuple d'Athènes qui avait voulu combattre et qui avait vaincu, et l'histoire répondra aux accusations de jalousie populaire comme ce citoyen d'Athènes qui disait à Miltiade : "Quand vous vaincrez seul les barbares, Miltiade, vous aurez seul l'honneur de la victoire." »

Quelque part au début des *Mémoires de guerre*, « au spectacle de ce peuple éperdu et de cette déroute militaire », vous « êtes soulevé d'une colère profonde », qui détermine, vous l'écrivez, « ce jour-là », ce que vous ferez après. Les *élites* ont trahi. Elles y ont ajouté, pour certaines, l'infamie. Plus tard, André Malraux vous *cite* : « Voyez-vous, il y a quelque chose qui ne peut pas durer : l'irresponsabilité de l'intelligence. » Et : « Quand j'ai interrogé nos intellectuels, ils m'ont dit des choses qui n'avaient pas de conséquences. » Qu'est-ce qu'une intelligence irresponsable ? Nous savons que le dialogue décrit dans *Les chênes qu'on abat* n'a jamais vraiment eu lieu. Ce ne fut qu'un déjeuner à Colombey, avec Malraux et d'autres, et ce fut bref. Mais la fiction créée par le génie de l'auteur serre pour moi de près ce que vous auriez pu échanger. L'irresponsabilité est de ne pas pouvoir et devoir répondre de ses actes. La critique est double. Classique lorsque vous évoquez les personnalités chargées d'une responsabilité sans la capacité de l'exercer. Parmi celles que vous respectiez, rappelons Paul Reynaud, « arrivé aux limites de l'espérance », qui n'a pas pu ou voulu jouer son rôle jusqu'au bout de l'histoire ; citons aussi Léon Blum, le meilleur des hommes politiques de l'époque, pour vous un homme d'État, mais resté trop enfermé dans son idéologie. Mon père m'a un jour cité l'existence d'une de ses lettres, écrite lorsqu'il était prisonnier, au crayon, sur du papier d'écolier, qui disait en substance : « Mon général, je me suis trompé. » (Je ne sais pas ce qu'est devenue cette lettre.) Admirable aveu d'un responsable hautement intelligent mais qui n'a pas su préparer pleinement son pays à la guerre, et qui déplorait lui-même, en citant le prince Bolkonsky dans *Guerre et Paix* de Tolstoï, que sur le champ de bataille du pouvoir, tout est différent de ce que l'on avait imaginé. La responsabilité était trop lourde pour ces hommes éminemment respectables. Cette irresponsabilité-là relève du drame, non de la culpabilité.

Mais il y a aussi, je crois, un autre jugement, qui touche à l'intelligence et son usage. Je pense à votre façon de jauger les événements. Celle-ci, plus inductive que causale, vous donne la capacité, partant d'un fait, de l'analyse empirique de la réalité observée, d'un acte de gouvernement isolé, à dégager leurs conséquences possibles. C'est cette démarche qui permet d'induire un type de représentation, une architecture conceptuelle, peut-être un système de pensée, soumis, à leur tour, à la contestation du réel. Cette forme de dialectique est initiée de bas en haut pour commencer ses itérations. Elle se construit *ex ante*, de manière synchronique, pour prendre le risque de l'action. L'analyse *ex post* viendra plus tard, avec son analyse diachronique des événements. Et le cycle recommencera sans cesse...

Vous allez jusqu'à scruter les conséquences asymétriques, et donc surprenantes, des occurrences qui paraissent les plus improbables. En simplifiant, exclure un élément crucial (la force blindée combinée en 1940 ou la force de dissuasion en 1960) d'une politique militaire jugée à la hauteur du moment peut conduire à la conséquence extrême, celle de l'effondrement ou de la disparition de la France ou, pire, de l'homme lui-même. Votre analyse n'écarte jamais, au contraire, non seulement le pire, mais surtout le plus incertain. Le hasard possède pour vous une emprise sur les événements plus grande que ce que l'on déduit des probabilités centrées sur les grands nombres. Revoilà Nietzsche : « Il ne se passe jamais rien et cependant tout arrive », non à cause de l'éternel retour mais parce qu'il ne faut rien écarter, surtout l'improbable, et s'y préparer. L'insignifiant apparent, le secondaire, voire l'anecdote peuvent déclencher le drame, l'assassinat de Sarajevo la Première Guerre mondiale, un petit groupe de bolcheviques le basculement de la Russie des tsars, six semaines de retard vers Moscou la défaite du Feldmarschall Paulus à Stalingrad. Le militaire n'oublie jamais que le vainqueur rafle toute la mise, que le sang des vaincus disparaît toujours derrière l'histoire. Pourtant ils ont vécu, et leur destin aurait pu être différent. C'est votre manière d'appréhender la théorie du chaos popularisée plus tard. Vous êtes en réalité créateur de sens, de récit, peut-être de certitudes dans le désordre du monde. Ce désordre est la norme. Le sens de l'histoire est illusion. Et la France est marquée, depuis l'aube de son existence, par des malheurs exemplaires. Dans cette nation qui risque encore une fois de disparaître, ressusciter l'espoir impose de « ramasser le morceau du glaive » et d'en faire quelque chose à montrer. Contester le déjà-pensé pour percevoir le réel. Dire pour créer l'espoir. Faire semblant pour arriver à construire. « Et chanter à la France la romance de sa grandeur[1] »...

L'incompréhension entre les élites et vous est une vieille affaire. Pierre-Louis Blanc raconte[2] votre réponse à son commentaire lorsque vous lui lisez le début des *Mémoires d'espoir*[3] : « Mon général, vous êtes plus incisif. – Vous avez tout à fait raison ; le troisième [tome] le sera plus encore. Ce sera un réquisitoire des classes dirigeantes françaises. » Pourquoi, parce qu'elles ont failli. Julien Benda et sa *Trahison des clercs* reste actuel. Et pour vous, nos intellectuels continuent dans l'erreur. D'ailleurs, sur quoi ne se sont-ils pas trompés ? Et puis, il n'existait pas deux catégories de citoyens : les initiés qui prétendent savoir, et les autres à qui l'on dissimule les réalités. Charles de Gaulle, le pédagogue, le montreur,

1. *Mémoires de guerre*, *op. cit.*, vol. I.
2. Dans *De Gaulle au soir de sa vie*, Fayard, 1990.
3. Plon, 1970.

l'enseignant, ne connaissait qu'une seule catégorie d'interlocuteur : l'ensemble des Français, tous, indivisibles, rassemblés, toujours unis dans leur quête incessante de la justice et de la dignité. Une seule distinction entre eux : ceux qui font leur devoir et les autres...

Ce n'est pas la narration de vos rapports difficiles qui importe, même si le sens de cette incompréhension, dans l'ordre du politique, était à sens unique, ce qui était éclairant. De Gaulle est une réalité qui gêne les corps constitués, donc à écarter. Ceux-ci veulent conserver, après avoir accumulé, pour capitaliser encore davantage. Celui-là est un empêcheur de profiter en rond. La critique la plus énorme, pour moi, culmine dans l'accusation qui vous était faite de tentation «permanente» pour la dictature. Ce degré de bêtise, réel ou joué, est consternant, en particulier chez l'un de vos successeurs qui s'est très bien accommodé, et sans vergogne, de son pouvoir «personnel». Votre attitude n'a cessé de montrer l'inverse et il suffisait de vous lire. Le jeune officier que vous êtes en 1917 répugne immédiatement à la dictature, même en temps de guerre : «Ainsi, conduire la guerre revient, au point de vue de la force militaire, à lui imprimer le caractère général qu'elle doit avoir. Et, d'autre part, ce caractère général est dominé, je pourrais dire déterminé par les conditions sociales, politiques, diplomatiques, financières et économiques propres à la nation qui se bat et à l'époque où elle se bat. La conclusion qui s'impose est que le gouvernement du pays, et lui seul, peut et doit assumer la conduite générale de la guerre[1].» Et cette idiotie

1. Conférence donnée à ses collègues prisonniers. *Lettres, Notes et Carnets*, *op. cit.*, t. 1, année 1917.

politique souvent répandue par vos adversaires s'accompagne d'une autre, bien veule, bien radicale, s'exprimant, face aux crises, par un « tout finira bien par s'arranger » ou, pire, « on est plus malin que les autres... ». Voilà l'irresponsabilité pure qui vous désarmait, surtout lorsqu'elle se mariait aux stratégies personnelles d'accumulation et de conservation des intérêts. Je vous entends encore, dans la bibliothèque de votre maison, évoquer cette phrase de Vincent Auriol, premier président de la IVe République, à qui l'on demandait s'il fallait rappeler de général de Gaulle : « Je ne serai pas le Hindenburg de Hitler. » Votre réponse, grinçante, marque la distance qui convient : « Je ne savais pas qu'il avait gagné la bataille de Tannenberg ! »

J'ose dire non tant votre mépris pour ces comportements exclusivement corporatistes que votre incompréhension devant eux à cause de leur inefficacité collective. Votre jugement était tout autant politique qu'économique. Vous n'étiez pas contre l'argent en tant que tel, ni opposé à la propriété individuelle. Vous nous l'avez dit tant de fois : « Il faut que chacun puisse faire ses affaires. » La liberté de chacun crée l'espoir, y compris celui de vivre mieux. Mais le responsable politique a un autre rôle, qui n'est pas à son profit. Il veille aux conditions de la création de richesses, les favorise d'ailleurs dans des domaines qui ne relèvent pas efficacement des marchés, et contribue à l'équilibre de leur répartition. Toute appropriation de sa part, par clientèle ou, pire, directement, est une usurpation. Toute captation par un sous-ensemble, quel qu'il soit, va contre l'écologie du système général dont la bonne marche est une fonction croissante de sa diversité. Vous condamniez totalement ce genre d'écart, aussi bien moralement qu'en termes d'efficacité militaire. Il n'est de richesse durable que dans la rencontre la plus large possible de l'individuel et du collectif, avec un gardien attentif, veillant au respect des règles, c'est-à-dire la puissance publique qui, en tant que telle, n'est pas partie prenante de cette accumulation. J'étais étudiant en sciences économiques à la fin de votre vie. Nous avions échangé autour de la phrase de Vilfredo Pareto : « Les révolutions sont un cas particulier de la circulation des élites. » Lui réfléchissait sur les conditions du hasard et de sa distribution dans la répartition des richesses, qui ne suivait pas linéairement la loi des grands nombres. Dans votre esprit qui faisait du mouvement l'un de vos traits de pensée, l'appétence pour les lignes de flux l'emportait sur celle des variations de stocks. Comment favoriser au mieux la création d'actifs (marchandises, connaissances, services) et leur circulation, en particulier celle du capital humain ? Pour simplifier, les entreprises créent la richesse et l'accroissent collectivement, par la production et l'échange compétitif. Mais ces entreprises, qui ne sont pas que des sociétés anonymes « capitalistes », viennent de partout où il est possible. Leur assiette la plus large fonde la durabilité du développement. Le rôle de l'État est là, qui favorise et encadre les conditions de cette création avant celles de sa répartition. C'est la multiplication des créateurs qui trace la croissance durable, ce qui n'exclut pas leur concentration, mais rejette tout excès d'inégalité, non par principe, mais parce que porteur d'un resserrement progressif de son développement, au détriment final de tous.

Le 7 juin 1968, vous dites à Michel Droit : « Et moi, je ne suis pas gêné [...] d'être un révolutionnaire, comme je l'ai été si souvent : en déclenchant la Résistance ; en chassant Vichy ; en donnant le droit de vote aux femmes et aux Africains ; en créant, à la Libération, par les comités d'entreprise, par les nationalisations, par la Sécurité sociale, des conditions sociales toutes nouvelles ; en invitant le peuple et en obtenant de lui qu'il nous donne des institutions valables ; en lui constituant une monnaie qui lui soit, à la fin des fins, solide ; en réalisant la décolonisation ; en changeant un système militaire périmé en un système de dissuasion et de défense moderne ; en obtenant le commencement de la libération des Français du Canada ; en entamant un processus d'union de l'Europe par le rapprochement de l'Est, du centre, et de l'Ouest ; en favorisant l'avènement des pays sous-développés. Oui ! Tout cela c'était révolutionnaire ; et chaque fois que j'agissais dans ces différents domaines, eh bien ! je voyais se lever autour de moi une marée d'incompréhensions, de griefs et quelquefois de fureur. C'est le destin. »

Le vrai révolutionnaire ne fait pas que contester et défaire. Il est naturellement fondateur. En grattant le réel jusqu'au sang, par-delà l'écume des apparences et des idées préconçues, vous ne cherchez qu'à réparer, à reconstruire, et mieux que sur du verre. Ce qui demeure pour longtemps compte avec le temps car le véritable rebelle n'oublie rien du passé. Il n'est que de relire vos phrases envoyées au comte de Paris au début des années soixante : « Je vais m'efforcer de faire en sorte que la fonction temporaire qui m'est attribuée soit inspirée par la France, c'est-à-dire par beaucoup de siècles de mouvement dans la tradition[1] » ; « L'effet de restauration

1. *Lettres, Notes et Carnets*, *op. cit.*, t. 3, 27 décembre 1958.

de l'État n'est certainement qu'à son début. S'il doit aboutir à quelque chose de durable, il faudra qu'il ait pour base notre histoire depuis mille ans[1]. » Votre prédécesseur est bien l'histoire, dans son entièreté, qui aboutit à ce que certains ont appelé la création d'un roi socialiste. Il n'y a pas de lignée ni même de filiation, mais, pour trouver un mot qui s'approche, il y a des correspondances. Nous aurions aimé lire le dernier chapitre du tome 2 des *Mémoires d'espoir*, celui qui devait s'adresser à plusieurs grands Français : « Qu'auriez-vous fait à ma place ? », et qui n'a pas été écrit. La France, qui « vient du fond des âges » est plus grande que nous mais c'est nous qui l'avons faite. Les grands hommes créent une fracture dans le continu, au moment où elle est nécessaire. La conjonction du providentiel et de l'exceptionnel relève du destin, de l'improbable, du mystérieux. Cela va aussi plus loin. Je retrouve votre sens du mouvement, presque de pensée chinoise, qui va du stable à l'instable, du haut vers le bas, de l'apparent à la profondeur. Non comme une fatalité, un destin tragique, mais parce que « tout coule », tout bouge, les choses et les hommes ne se reposent pas. Il n'y a pas de stase dans votre pensée car il faut construire pour éviter la pente qui déstabilise, traverser le quotidien pour imaginer la durée, savoir que la tentation du rien n'est pas contradictoire avec l'espoir et la reconquête. Comment, autrement, percevoir la victoire au bout de la débâcle de 1940, le rétablissement d'une France debout au moment où elle vacillait vers une guerre civile ? Rappelons-nous cet extrait de *La France et son armée* quand le plus profond des difficultés

1. *Ibid.*, 30 novembre 1959.

constitue le socle d'un renouveau. Après 1870, vous écrivez : « Un immense désastre, une paix de désespoir, des deuils que rien ne compense, l'État sans assises, point d'armée hormis celle qui sort des prisons ennemies, deux provinces arrachées, des milliards à payer, le vainqueur tenant garnison dans un quart du territoire, la capitale ruisselant du sang de la guerre civile, l'Europe glaciale ou ironique : telles sont les conditions dans lesquelles la France vaincue reprend sa marche vers son destin. »

Le rebelle aime les chemins de traverse, moins fréquentés, et les crêtes de montagne où l'air est plus rare. Il y a, je crois dans les *Cahiers de L'Herne* consacré à de Gaulle, un beau texte de Jean-Marie Benoist qui qualifie ce que l'on voudrait appeler le gaullisme par l'existence d'un pouvoir « d'écart différentiel », cette saute ou ce dérapage, cette tenue à distance des valeurs établies et du fanatisme, cette différence. J'y vois aussi la marque profonde du libertaire : vous inversez le sens de la perspective en redonnant son vrai niveau à la politique : celui d'une soumission jamais oubliée plus à l'éthique de conviction qu'à celle de la responsabilité ; chez vous la dignité, la liberté, l'équité, le respect de l'autre qui créent le droit dans cette France qu'il ne faut cesser de servir. Tout le reste doit en dépendre. La politique n'est que de fixer les règles de cet ordre cardinal.

J'aime l'insoumis que vous êtes et qui vous fait artiste. Il nous donne un aperçu des tendances immanentes de la France, pétrie de contradictions, « d'alternance des immenses douleurs d'un peuple dispersé et des fécondes grandeurs d'un peuple libre », car il est fait lui-même d'une somme de polarités contraires qui se complètent et vous ressemblent. Je viens dire le rôle du défi, de la rébellion qui mène finalement à l'Appel et au rassemblement du pays ; j'évoque vos lectures, qui vont du romantisme et sa vision du héros démiurge à la fascination pour l'équilibre classique si efficace pour bien proportionner les fins aux moyens ; l'inflexibilité de votre caractère, votre intransigeance quand il s'agit de la France, mais la patience, la ruse, l'adresse tactique qui sont vôtres pour choisir le moment d'agir ; votre coprésence des temps de l'histoire qui marque votre pensée, présente loin dans le passé multiple, mais tout entière tournée vers l'action présente, son mouvement et son immédiateté ; votre personnage public capable de couvrir la carte du monde avec le panache qui sied à la voix de la France, en même temps que la conscience profonde de ses limites, des vôtres, de celle de l'homme, de toute action politique durable dans l'espace tragique du toujours inachevé.

Vous auriez déclaré à votre aide de camp au cours d'une promenade à Londres en 1942 : « Le plus beau métier, voyez-vous, c'est d'être bibliothécaire [...] Je ne veux pas parler d'une grande bibliothèque [...] mais d'un poste de petit bibliothécaire, dans une petite ville de province, en Bretagne, une bibliothèque municipale. Quel calme, quelle belle vie ! [...] Et puis, brusquement, quand arrive la soixantaine, on se met à écrire une monographie de quatre-vingts pages : madame de Sévigné est-elle passée par Pontivy ? Alors on devient frénétique, on envoie des lettres cinglantes au chanoine qui chicane sur une date, on persécute tout le monde, on n'arrête pas... Oui, croyez-moi : bibliothécaire, c'est le plus beau des métiers[1]. » Vous m'avez répété en souriant, avec des mots similaires, ce faux regret. Votre vie a été différente, heureusement ! Quel ennui pour un rebelle, préparé par la pensée, mais qui ne vivait que pour l'action, que d'écrire des histoires ! Déjà la rédaction des *Mémoires*, qui racontaient l'Histoire que vous aviez vue et faite, n'était qu'un rempart contre l'inaction. Auriez-vous vécu sans Elle ?

Malraux a raison de dire dans *Le Miroir des limbes*[2] : « Connaître un homme aujourd'hui veut surtout dire connaître ce qu'il y a en lui d'irrationnel, ce qu'il ne contrôle pas, ce qu'il effacerait de l'image qu'il se fait de lui. En ce sens, je ne connais pas le général de Gaulle. » Il le comprenait mieux que beaucoup d'autres ! J'ai approché votre intimité, surtout dans la solitude de Colombey à la fin de votre vie, assez pour sentir que le feu du rebelle qui vous consumait ne s'est jamais éteint. Il brûle encore, aujourd'hui et demain, chez tous ceux qui ne cesseront de s'indigner, d'accepter sans lutter, ou de croire qu'un ordre les dépasse sans possibilité de le changer.

1. François Coulet, *Vertu des temps difficiles*, Plon, 1966.
2. Gallimard, 1974.

2

Homme et liberté

C'était à La Boisserie un jour d'été, pendant un tour du jardin, tout au bout d'une allée droite, sans issue, la plus haute de la propriété. Au-delà du petit mur qui la borde commence l'horizon souvent sombre, barré par la forêt des Dhuis. Vous m'avez soudainement dit : « Il faut être contagieusement libre. » Je n'ai pas compris votre phrase dans l'instant. Je ne suis pas sûr de bien l'entendre aujourd'hui. Curieux mot d'ailleurs, « mal français » chez ce maître de la langue ! Je me suis d'abord demandé : libre de quoi ? C'était plus que cela.

Alain Peyrefitte dit[1] vous avoir entendu rappeler cette phrase de Péguy : « Seul est légitime l'ordre de la liberté. » C'est l'interprétation classique, immédiate, que nous appréhendons d'emblée dans nos démocraties. Elle est d'essence politique, qui nous vient aussi de Hobbes, Locke ou Voltaire. Les humains sont libres d'agir lorsque rien ne les empêche. Elle a sa triple articulation : elle est toujours à défendre et conquérir ; elle s'achève là où commence celle des autres ; l'État,

1. Dans *C'était de Gaulle*, Fayard, 1994.

lorsqu'il est de droit et démocratique, est la seule entité qui à la fois la limite et la garantit.

Nous sommes ici dans le simple : défense de la liberté dont la France s'est privée par la capitulation, celle reconquise, avec tous vos compagnons, par la France combattante armée et peu à peu rassemblée, celle retrouvée après 1958 par la refondation de la République, sa force, son message au monde avec ces textes qui me touchent davantage que l'épopée historique de la guerre... Comme celui adressé dès 1941 : Le Comité national français « le fera dans l'espérance que la solidarité des peuples saura survivre à l'épreuve et faire en sorte que chaque homme dans le monde puisse vivre et mourir, sans avoir ignoré la douceur de la liberté[1] ».

Et d'autres envoyés aux peuples de la Terre, qui préparaient dès 1944 la décolonisation : « En Afrique française, comme dans tous les autres territoires où des hommes vivent sous notre drapeau, il n'y aurait aucun progrès qui soit un progrès, si les hommes, sur leur terre natale, n'en profitaient pas moralement et matériellement, s'ils ne pouvaient s'élever [...] jusqu'au niveau où ils seront capables de participer chez eux à la gestion de leurs propres affaires. C'est le devoir de la France de faire en sorte qu'il en soit ainsi[2]. »

Ou votre discours prononcé à Blois le 9 mai 1959 : « C'est son génie, c'est sa vocation de prendre la direction morale, en tout cas d'indiquer la route. Elle le fera

1. Déjeuner devant la presse internationale le 2 octobre 1941, cité par François Mauriac dans *De Gaulle*, Grasset, 1964.
2. Discours de Brazzaville en 1944.

[La France], en toute conscience, et sans se laisser leurrer par aucune propagande [...] de manière à ce que, grâce à elle, les 2 milliards d'hommes dont je parlais trouvent une espérance, et qu'ils aient une aide pour s'élever [...] jusqu'à ce degré où l'on atteint – que l'on soit blanc, noir, jaune ou brun – la dignité, la prospérité et la fraternité. »

Ces messages sont si nombreux, devant tant d'auditoires, et avec quelle continuité. J'aime en particulier l'extrait d'un discours cité par la presse locale, fait à Cherbourg le 6 juillet 1960 : « Nous considérons qu'il n'y a qu'une seule espèce humaine et cette espèce humaine-là, nous voulons que, où qu'elle soit, de quelque couleur que soit sa peau, l'homme ait ses droits, sa liberté et la possibilité de décider de disposer dignement de lui-même. C'est cela qui est l'idéal de la France. » Qui peut réduire cette part du gaullisme ?

Votre conférence de presse du 30 janvier 1964 sur la Chine va aussi à l'essentiel : « Par-dessus tout, il se peut, dans l'immense évolution du monde, qu'en multipliant les rapports entre les peuples, on serve la cause des hommes, c'est-à-dire celle de la sagesse, du progrès, et de la paix. Il se peut que de tels contacts contribuent à l'atténuation, actuellement commencée, des dramatiques contrastes et oppositions entre les différents camps qui divisent le monde. Il se peut qu'ainsi les âmes, où qu'elles soient sur la Terre, se rencontrent un peu moins tard au rendez-vous que la France donna à l'univers, voici cent soixante-quinze ans, celui de la liberté, de l'égalité et de la fraternité. »

Ces trois mots, clés de notre République, surgissent de l'exercice systématique et contagieux de la liberté politique, dans la recherche permanente de la dignité individuelle et le développement de la coopération entre les peuples. Mais tout cela, c'est une lecture plane, classique de la politique : celle qui est, pour les Occidentaux, dans l'ordre de la nécessité parce qu'elle nous paraît la plus efficace et la plus durable dans la conduite des sociétés.

Je reviens encore à cette histoire de la Grèce[1] lue en captivité pendant la Grande Guerre et qui vous a illuminé. Vous rendiez déjà, grand-père, à vingt-sept ans, un hommage profond, convaincu et incessant à la démocratie, née là-bas, il y a vingt-cinq siècles. Elle commence avec Solon : « Pour soulager les pauvres, il diminua le taux de l'intérêt, décréta que les biens du débiteur et non plus sa personne répondraient de sa dette [...] Ensuite, il partagea le peuple en quatre classes, d'après sa fortune, la quatrième renfermant ceux qui avaient peu de chose ou qui n'avaient rien. Celle-ci fut exempte d'impôts, les citoyens des trois premières purent, seuls, remplir les fonctions publiques. »

Cela continue avec Aristide et Thémistocle : « La constitution de Solon, qui datait de plus d'un siècle, ne pouvait rester immuable quand, autour d'elle, tout changeait. Si Solon eût vécu au temps d'Aristide et de Thémistocle, il eût fait ce que ces sages venaient de faire [...] Les distinctions anciennement établies entre les diverses classes furent donc effacées. Les Thètes de la quatrième (les Ilotes) purent aspirer à toutes les charges, mais aussi ils furent astreints à l'impôt dont Solon les avait libérés. » Alors Athènes eut ce gouver-

1. Voir chapitre 9.

nement démocratique qu'Hérodote ne cesse d'admirer. « C'est le plus beau nom, dit-il, car il s'appelle l'égalité. La délibération y appartient à tous, l'action à quelques-uns, aux magistrats, et ceux-là sont responsables de leurs actes. » Les guerres médiques avaient fait définitivement d'Athènes une république démocratique.

Cette démocratie est contestée puis défendue pendant les aléas des guerres du Péloponnèse : « Cimon fut banni en 461 av. J.-C., en partie parce qu'il s'opposa à une mesure que nous appellerions aujourd'hui de répartition des pouvoirs dans la cité. Un ami de Périclès, Éphialte, homme en qui se retrouvaient la pauvreté et la vertu d'Aristide, proposa de retirer à l'aréopage, conseil suprême dans lequel l'aristocratie encore dominante (par rapport aux trois autres classes dont les Ilotes) faisait un foyer d'opposition au gouvernement, la plus grande partie des causes (jugements) dont la connaissance lui appartenait. La proposition fut acceptée et violemment critiquée par Cimon. »

Plus tard, pendant que l'armée athénienne connaissait d'autres déboires, les nobles et les oligarques retrouvaient une influence perdue à Athènes et obtinrent par la terreur une révision de la Constitution en leur faveur, notamment en « éloignant les pauvres des fonctions publiques ». Vous encadrez cet extrait : « L'armée, qui formait la meilleure partie du peuple, se prononça pour le maintien de sa vieille et glorieuse constitution. Elle empêcha l'émeute oligarchique tentée à Samos de réussir, et, pour donner au gouvernement qu'elle croyait encore debout le courage de se défendre, elle chargea des députés de lui porter ses vœux [...] »

Vous commentez aussi, d'un « Oh Oh ! », en marge, le rôle néfaste des « élites » quand sont décrites les causes de la guerre de Corcyre faite par Thucydide (encore lui) : « Mais le signal de ces perfidies, et de ces violences, qui l'avait donné ? Ceux qui sans cesse, voulurent détacher Corcyre d'Athènes, et qui poignardèrent Pithias en plein sénat : la faction des grands. » Le rebelle que vous êtes connaît depuis longtemps ses préférences.

Cette démocratie, ici et là-bas, il y a deux mille cinq cents ans comme aujourd'hui, vaut mieux que l'équilibre dangereux et contestable de la dictature lorsque, par exemple, Sparte imposait sa loi : « Quelques-unes de ces peuplades laconiennes, ayant voulu secouer le joug [des Doriens], furent vaincues et placées dans une condition plus dure, celle des Ilotes. Il y eut alors trois sortes d'hommes dans la Laconie : les Doriens, ou les maîtres ; les Laconiens, ou les sujets ; les Ilotes, ou les esclaves. Les Doriens, peu nombreux et entourés d'ennemis, se concentrèrent dans la capitale, Lacédémone. Ayant tout à craindre de la haine de leurs sujets et de leurs esclaves, ils furent obligés de se donner une sorte d'organisation militaire, et d'avoir toujours les armes à la main, comme une armée campée en pays ennemi. »

Mais il y a davantage que la liberté politique. J'ai toujours cru, chez vous, à quelque chose de plus irréductible, une étoile du Berger qui nous éclaire encore par-delà les difficultés du monde. Je cite Bernanos qui vous écoute : « Comme l'a très bien compris Charles Péguy, la vocation de mon pays n'est pas de donner la grandeur ou la richesse au monde, c'est d'y maintenir l'espérance[1].» Ou vous-même directement et plusieurs fois comme : «Rien n'est meilleur que d'alléger le fardeau des hommes.» «Rien n'est plus noble et plus grand que de leur offrir l'espoir.» Encore à la radio de Londres le 24 juin 1940, avec le ton de l'exhortation : «Il faut qu'il y ait un idéal, il faut qu'il y ait une espérance.»

L'espoir, les *Mémoires d'espoir*, l'espérance qui n'est pas sécable, ne se négocient pas, ne font pas l'objet d'appropriation, mais peuvent se transmettre. L'espoir parce que la crainte ou plutôt l'espoir mieux que la crainte. Comme toujours chez ce tacticien, il faut créer le déséquilibre, concentrer les moyens, basculer d'un côté tous les termes de l'équation pour pouvoir la résoudre. Sinon, c'est l'impasse ou la paralysie de l'action dans un monde constamment en équilibre instable où «tout recommence toujours».

«Hélas! Je crains bien que l'ère des guerres ne soit pas close! Il y en aura encore [...] La prochaine, je ne la verrai pas [...] Quand je considère une mappemonde, je tremble [...] D'une certaine façon, la guerre prochaine se fera, peut se faire en tout cas [...]! Il faut tout faire pour prévenir cela[2]!» Il y a de la véhémence, de la douleur, dans le ton de ces derniers mots. Vous avez été encore plus affirmatif, devant moi, dans votre bureau à l'Élysée, en regardant la mappemonde qui s'y trouvait. Il s'agit pour le Général d'une évidence, d'une vérité, dont il s'impatiente du fait que tout le monde, le monde entier, ne l'ait pas encore admise.

1. Georges Bernanos, *Le Chemin de la Croix-des-Âmes*, Gallimard, 1948.
2. Paroles de Charles de Gaulle citées par Pierre-Henry Rix dans *Par le portillon de La Boisserie*, Nouvelles Éditions latines, 1974.

L'homme, ou plutôt l'individu, est pour vous, je crois, au centre de l'univers. La liberté lui est consubstantielle, qui ne s'atteint que par l'obsession constante de sa dignité, comme un tout, sans classification ni distinction, sans jamais cesser d'espérer sa liberté car la liberté individuelle, protégée et encadrée par la loi, est la condition première de la fraternité. Cette dignité de l'homme, son autonomie, sa vie, a son corollaire : la fraternité, l'intime compréhension de l'autre, même le pardon.

Dans votre carnet personnel, le 25 octobre 1914, vous touchez l'humanité : « Dimanche. Parmi ces tanières voisinant avec ces tombes à quoi donc va-t-on reconnaître le jour dominical ? Eh bien ! Si. Par je ne sais quel atavisme profond, quelle hérédité lourde, on s'aperçoit que c'est dimanche. Les hommes se brossent un peu et se lavent. Je sens un besoin pressant de me faire raser, et parcourant la compagnie tandis que les obus tombent tout près, je trouve des groupes d'hommes jouant au sou, comme à Wambrechies ou à Saint-Sauveur [...] Quelle puissance d'adaptation ont les hommes [...] ! » Au fond de ces tranchées immondes, dans ces fosses insanes, près de ces soldats qui sont la France, Charles de Gaulle s'émeut, partage, communie avec eux, tous, d'où qu'ils viennent, bien au-delà de tous les restrictifs posés puis imposés par la sociologie : groupes, communautés, « lutte des classes ». L'individu survit encore et espère, même au fond du désespoir.

Près de cinquante ans après, pendant le drame algérien, vous intimez l'ordre au général Salan, le 13 septembre 1958, de vous apporter toutes précisions sur des faits que vous jugez très graves[1] : « Mon attention

1. *Lettres, Notes et Carnets*, *op. cit.*

est appelée sur des actes de torture et des exécutions sommaires dont porteraient la responsabilité [...] plusieurs officiers [...] » À Michel Debré, votre Premier ministre, vous insistez plusieurs fois pour que « cessent sans délai et sans exception les pratiques de certains qui ne sont que des exactions [...] Il va de soi que si les tortures sont établies, des sanctions exemplaires devront être prises ». La dignité humaine ne se divise pas, même en temps de guerre.

La dignité, la liberté, la vie... La « querelle de l'homme » qui va au-delà de lui, la querelle de la vie qui bat, partout, en chacun et autour. Je me souviens, grand-père, de votre indignation manifeste et profonde en regardant, à la télévision, les émissions où l'on voyait les animaux sauvages, capturés, enfermés, dressés à singer l'humain, habillés de ridicule, ou à leur servir de spectacle. « Qu'on les laisse donc tranquilles vivre leur vie ! », grondiez-vous. L'homme peut se moquer de lui-même mais pas des autres. Lors du dernier tour du jardin où je vous ai accompagné, qui ressemblait à un adieu, nous nous arrêtâmes devant le poulailler, un instant. L'un de ces animaux, curieux, est venu devant nous. Vous vous êtes tourné vers moi et m'avez dit, un sourire vous illuminant : « Une petite vie. » Silencieux, je pensais, à cet instant, la même chose. Nous nous sommes brièvement regardés sans plus rien dire, avant de continuer le tour. Ce que je ne sais traduire encore aujourd'hui vient de l'étrange instant de communion qui m'est resté ; la vie qui vous quittait, la mienne en ébauche, celle, sourde, immuable, et présente en chacun et partout. Par-delà l'échange avec les mots, j'ai ressenti cette vibration qui passe, cette sorte de communication un peu animiste qui fait tout partager. De vous, bien des choses, pensées, sentiments et impressions me restent, grand-père, indélébiles. Mais il y a ce qui va au-delà de la démonstration, l'exemple, la raison ; ce, j'ose le dire, jaillissement vital, ce feu, cette passion qui vous traversaient. Dionysos était autant chez vous qu'Apollon, dans ce dialogue constant des oppositions qui vous caractérisait.

Vous viviez la liberté comme un nomade : ici et là, hôte de passage dans le monde tel qu'il est, homme qui ne veut dépendre de rien, ni argent, ni titres, ni propriété... Votre cerveau, le destin qui vous habitait, les vôtres et la maison de Colombey. L'on vous a décrit comme un homme dur, cassant, intransigeant... et le service de la République vous a conduit à l'être quelquefois dans des circonstances dramatiques. Mais l'attribut cardinal de l'homme qu'est sa liberté se construit sur la recherche constante de son intégrité et de sa dignité. Se tenir debout, voir loin au-dessus des nuages, vivre l'ivresse de la liberté acquise par chacun comme l'ultime respect des autres. On ne sait approcher le mode liberté dans votre logiciel si l'on n'y mêle pas le courage, le respect kantien de la règle, le refus de céder. Encore une fois, ceux qui font leur devoir et les autres...

Obsédé par le réel et les faits, vous connaissiez aussi l'importance des intentions et le poids du pardon. J'ai entendu un jour un échange bref entre mon père et vous, un dimanche à l'Élysée après déjeuner, alors que nous descendions le petit escalier qui menait de votre logement au rez-de-chaussée, pour commencer le fameux tour du jardin. Je cite de mémoire : « Les gens ne se jugent que sur ce qu'ils font, pas sur leurs intentions », disait mon père. Réponse plus nuancée :

« Les intentions sont essentielles, et puis, on ne réussit pas toujours... En est-on moins grands ? »

Dans vos discours aux peuples de la Terre, c'est une interview devant quelques journalistes qui m'a le plus ému, celle où, après avoir reçu à Paris, en 1965, le maréchal Amer[1], vous expliquez votre politique arabe : « Il faut parler de tout ce qui se fait parce que cela prépare l'avenir, et il faut voir loin. Voyez-vous, il y a, de l'autre côté de la Méditerranée, des pays en voie de développement. Mais il y a aussi chez eux une civilisation, une culture, un humanisme, un sens des rapports humains que nous avons tendance à perdre dans nos sociétés industrialisées et qu'un jour nous serons probablement très contents de retrouver chez eux. Eux et nous, chacun à notre rythme, avec nos possibilités et notre génie, nous avançons vers la civilisation industrielle. Mais si nous voulons, autour de cette Méditerranée – accoucheuse de grandes civilisations – construire une civilisation industrielle qui ne passe pas par le modèle américain, et dans laquelle l'homme sera une fin et non un moyen, alors il faut que nos cultures s'ouvrent très largement l'une à l'autre[2]. » La leçon est donnée par l'un des grands représentants historiques de la civilisation occidentale. Il ne dit pas qu'elle est dominante. La culture est notre fondamental. Le rassemblement dans le respect de chacun est votre credo politique, qui implique l'acceptation des oppositions et l'obligation de se reconnaître pour se respecter.

Après l'épreuve, après la justice qui passe, vient le moment du pardon. Lorsqu'on vous interroge, après

1. Vice-président de la République arabe unie, Égypte aujourd'hui.
2. Cité dans les *Cahiers de L'Herne : De Gaulle.*

la guerre, sur le thème de l'amnistie aux anciens criminels, votre réponse[1] est simple : « L'amnistie ? Il y a cinq ans que la guerre est finie et même davantage. Il faut que la nation pardonne à beaucoup de ceux qui se sont égarés, à tous ceux qui n'ont pas commis un crime caractérisé. La justice a été rendue, c'est le temps de la clémence [...] Il faut qu'un jour nous puissions, sauf pour les criminels, voir la France retrouver ceux qui ont été trompés. Il faut qu'un jour nous puissions lui dire comme Péguy : "Mère, voyez vos fils qui se sont tant perdus ! Qu'ils ne soient pas jugés sur quelque basse intrigue ! Qu'ils soient réintégrés comme l'enfant prodigue ! Qu'ils viennent s'écrouler entre deux bras tendus !" » C'est la clémence de la mère patrie, de cette maman qui nous rassemble sans exclure, qui ne pardonne pas tout mais ouvre ses bras, et qui ne survit que dans la réconciliation des siens.

« À la France, à Notre-Dame la France, nous n'avons rien à dire qu'une seule chose, c'est que rien ne nous importe ni ne nous occupe, excepté de la servir. Notre devoir envers elle est aussi simple et élémentaire que le devoir des fils à l'égard d'une mère opprimée [...] Nous n'avons rien à lui demander, excepté peut-être, qu'au jour de la liberté, elle veuille bien nous ouvrir maternellement les bras pour que nous y pleurions de joie et qu'au jour où la mort sera venue nous saisir, elle nous ensevelisse doucement dans sa bonne et sainte terre[2]. »

Le triptyque est posé : La France, la terre, la mère avec un sentiment qui lie cette relation spirituelle.

1. *Discours et Messages*, vol. II, Plon, 1970.
2. *Ibid.*, vol. I.

Celui-ci se nomme la clémence. Michel Cazenave écrit[1] : «Tous les morts aboutissent dans la terre. La terre de France se referme sur tous, les saints et les pécheurs, les héros et les lâches, les traîtres et les martyrs.» Bien sûr ! C'est l'effet de la chute des corps ou de la pesanteur des choses dans ces civilisations qui procèdent à la mise en terre des siens disparus. Chez de Gaulle, la clémence, le pardon de la mère adoucissent la descente. Le don à la France transfigure le passage. La terre n'est pas que réceptacle, elle est lieu de réunion, de rassemblement, d'égalité.

Vous avez sauvé deux fois ce pays, le laissant après votre passage toujours plus fort que vous ne l'aviez trouvé. Vous êtes, pour moi, plus grand en 1970 qu'en 1946. Sans doute l'épopée de la France combattante, que je n'ai pas vécue, est-elle retenue par beaucoup comme le sacre du héros. Elle est d'ordre mythique comme quelque chose vers lequel l'on retourne sans cesse, constamment, inconsciemment, là où la pierre, le feu, le lit du fleuve sont aussi inévitables que l'aile de la légende. Mais je reconnais admirer davantage l'universaliste d'après, que j'ai connu et qui meurt en 1970, tant il ajoute de l'humain au héros. Je cite un poète qui vous aimait, Pierre-Jean Jouve, et l'approuve : «Le destin veut qu'il découvre le secret de réunir, le secret de contraindre, le secret de guider les pas chancelants du peuple affolé par sa propre volonté de souffrance, mais ayant retrouvé sa république. Au milieu des grands peuples plus favorisés [...] il doit replacer la France nue et désespérément courageuse. Il doit le

1. Dans *De Gaulle et la terre de France*, Plon, 1988.

faire sans que rien ne vienne ternir, par un nationalisme jaloux, la fraternité des pensées et des armes [...][1] » C'était avant la IVe République où la France a recommencé de disparaître. Cela restait vrai en 1958.

Le mythe est présent. Il est partagé par beaucoup qui ne vous connaissaient pas. Mais l'oreille de l'homme est aux aguets, désespéré et avide d'écouter la musique du cœur le plus profond.

En réponse à un commentaire que vous lui auriez fait dans *Les chênes qu'on abat*[2], je cite : « Ce que j'ai fait ne s'est jamais défini pour moi par ce que je faisais », André Malraux risque une interprétation : « Il existe une éloquence des actes qui n'est pas celle de la parole, bien qu'elle la suscite souvent. L'appel du 18 Juin lui appartient. Et même une mystérieuse action sur le monde, étrangère à la politique... Qu'a-t-il pu saisir de l'enthousiasme qui ne cessa pas, depuis l'Appel, de l'entourer au loin, la promesse recueillie de toutes parts sur les continents, comparable, finalement, à cette part du sorcier que jadis le tribunal de Rouen avait si bien reconnu en Jeanne ? » J'ignore la réponse. Mais le fait demeure. Souvenons-nous de « Au Guélowâr », ce poème de Léopold Sédar Senghor, prisonnier de guerre au camp d'Amiens, écrit en septembre 1940 : « [...] Guélowâr !/Ta voix nous dit l'honneur, l'espoir et le combat, et ses ailes s'agitent dans notre poitrine./Ta voix nous dit la République, que nous dresserons dans la Cité dans le jour bleu/dans l'égalité des peuples fraternels. Et nous répondons "Présents, ô Guélowâr[3] !" »

1. *Cahiers de L'Herne : De Gaulle, op. cit.*
2. Gallimard, 1971.
3. *Cahiers de L'Herne : De Gaulle, op. cit., citation partielle.*

Que dire de mieux sur ce faiseur de liberté qui n'était pas que libérateur de la patrie ? Vous aimiez Tintin, et découvriez avec amusement les aventures d'Astérix car le petit ne doit pas se laisser manger par le grand. C'est après votre disparition que s'est envolée la légende, et si elle s'est forgée dans le creuset de la France libre, vous n'avez cessé d'en tisser la trame, avec l'allégeance du croisé. Jusqu'à quel degré aviez-vous conscience de la charge et son illumination ? Comment viviez-vous avec votre statue ? Dans le premier tome des *Mémoires de guerre*, vous donnez votre réponse. Elle est connue : « Le fait d'incarner [...] le destin de notre cause [...] allait commander mon comportement et imposer à mon personnage une attitude que je ne pourrais plus changer. Ce fut pour moi, sans relâche, une forte tutelle intérieure en même temps qu'un joug bien lourd. » Je préfère le souffle plus littéraire et romantique de celle écrite après l'échec de Dakar. Elle oublie un instant le « moi », le neutralise et lui donne figure : « Au large, dans la nuit noire, sur la houle qui gonflait l'océan, un pauvre navire étranger, sans canon, toutes lumières éteintes, emportait la fortune de la France. »

Vous vous saviez homme du destin mais sans orgueil, accueillant ce poids avec volonté et fatalité pour faire vivre et maintenir une image que le pouvoir ne devait pas ternir. Il est difficile de vous évoquer sans ressentir ce dévouement irraisonné à la cause de la France et des hommes, l'acceptation du sort, le vôtre, sans ostentation intérieure, sans l'avoir recherché mais après s'y être préparé, au service de la liberté. Irraisonné n'est pas au fond un adjectif adapté. Il y a du hasard, celui des circonstances, et de la nécessité.

Ce « vouloir vivre » appartient à une éthique du refus, raisonnable et construite, qui relève plus de la philosophie que de la religion. Romain Gary, votre Compagnon de la Libération, dit votre vision permanente : « une foi – profondément enracinée dans notre civilisation occidentale – en la capacité de l'homme à se transcender, à s'élever au-dessus de lui-même et à étendre son règne[1] ». Ce qui par-dessus tout vous intéressait, c'était l'homme du Zarathoustra : cette « corde tendue entre la bête et le surhumain, une corde sur l'abîme [...] Ce qui est grand en l'homme, c'est qu'il est un pont et non un but ; ce qu'on peut aimer en l'homme, c'est qu'il est une transition ou un déclin ».

Kant n'est pas dans votre bibliothèque. Il fait pourtant partie de votre formation et vous y faites référence dès vos carnets de captivité. En 1916, vous écrivez : « D'abord agir, toujours d'après Kant, comme si la règle de son action devait être érigée en loi universelle. » C'est le monde des impératifs catégoriques qui forment la vie en société. C'est du classique. Mais vous ajoutez plus tard, en 1927, toujours dans vos carnets : « D'après Kant : au-dessus du monde de la nécessité, il y a celui de la liberté. » Cette phrase est essentielle qui nous fournit une clé de votre philosophie, pas seulement politique. Comme souvent pour d'autres auteurs (Bergson...), vous interprétez Kant. Là encore, peu importe l'exégèse ! Dans la succession nécessaire des causes et des effets, il y existe des causes libres non déterminées par des causes antérieures. Le déterminisme causal relève de

1. *Ode à l'homme qui fut la France, et autres textes autour du général de Gaulle*, Gallimard, coll. « Folio », 2000.

l'univers que nous connaissons, celui des phénomènes, de la réalité que nous appréhendons, de l'histoire que nous construisons. Dans cette logique, il y a pour vous, à côté, une liberté « libre » qui échappe au déterminisme, une loi de l'être, inconnaissable, et au-dessus une condition unique de la vie morale dont l'usage conditionne la rénovation de l'homme. L'exercice systématique de la liberté est le chemin pour atteindre un morceau d'infini chez vous : la dignité de l'individu, obsession permanente qui fait de celui-ci le centre de l'univers. Camus n'est pas dans votre bibliothèque de Colombey[1]. Je vous avais demandé pourquoi. Vous me parlez brièvement, non de son œuvre, mais de son roman posthume : *Le Premier Homme*[2]. Votre réponse me surprend encore lorsque vous citez l'un des personnages, un soldat, Cormery, qui s'insurge avec véhémence devant le cadavre d'une sentinelle égorgée la nuit sur le chemin : « Non, un homme ça s'empêche ! – Voilà ce qu'est un homme, ou sinon... »

Je me suis souvent demandé, grand-père, si Dieu vous était nécessaire. Je ne parle pas de votre foi chrétienne, évidente et pratiquée dans la discrétion, sans jamais mélanger la vie publique, laïque, et l'intimité. D'ailleurs, en tant que chef de l'État en exercice, vous n'avez jamais communié, sauf à quelques exceptions lors de vos voyages, à Moscou en 1944, à Saint-Pétersbourg en 1966, à Gdańsk en 1967, ou à Istanbul en 1968. À l'étranger, pas en France. Votre foi n'était pas démonstrative, et je me souviens de plusieurs

1. Voir chapitre 9.
2. Gallimard, 1994.

messes célébrées à La Boisserie, dans le salon, par mon oncle François de Gaulle quand il était avec nous, ou dans des églises alentour lorsque vous vouliez éviter la foule souvent un peu trop présente dans celle de Colombey.

Je n'ai jamais osé vous poser ces questions simples : qui était Dieu pour vous, et l'Église catholique romaine est-elle une médiation unique et nécessaire ? Je le regrette, vous qui ne refusiez jamais de répondre. J'ai juste le souvenir d'une conversation, plutôt de votre phrase, au sortir de la messe un dimanche : « À l'église, ce n'est pas tant le rite qui me parle que la conscience de tous ces êtres humains, pleins de souffrance et d'espoir, et depuis si longtemps, qui y sont entrés pour prier, pour espérer, au point d'user, de leurs pas, de leurs larmes, cette pierre de granit qui en marque le seuil. » Encore l'espérance, toujours cette place de l'homme, ce créateur de beaucoup qui paraît être au centre. Pourtant, ce qu'infère chacun de la profondeur et la qualité de votre foi est spéculation. Jean Lacouture voyait votre pensée « désencombrée de Dieu » ; mon cousin Rémy envisage au contraire la vie de son grand-oncle transpercée par son immanence[1] ; André Malraux s'amusait à imaginer qu'il n'était en réalité pas croyant tout en imaginant l'être... François Mauriac : « Je m'interroge sur ce jeune chef qui, en 1927, au même titre que moi était un écrivain, qui avait été un enfant, un adolescent, qui avait dû souffrir, qui avait dû être aimé et aimer, qui priait, qui avait une idée de Dieu et des rapports avec Dieu : pas une ligne de ce qu'il a écrit

1. Laurent de Gaulle, *Une vie sous le regard de Dieu*, L'Œuvre, 2009.

à ma connaissance ne concerne cet inconnu[1]. » L'un de ses aides de camp, François Flohic : « Il m'apparaît qu'il approchait Dieu par un processus plus intellectuel que sensible, et s'il en parlait peu on pouvait cependant sentir qu'il lui était nécessaire de croire. Mais ce n'était pas une croyance simple et tranquille. Il avait trop d'imagination et de sensibilité pour cela[2]. »

Nos limites ne sont pas les vôtres et l'on sait finalement peu de chose les uns des autres. Ce que vous avez voulu dire sur ce thème est connu. Je ne rappellerai que vos mots écrits au révérend père de Solages, le 29 décembre 1969 : « Si ma vie a pu avoir une signification, ce n'est que par la grâce de Dieu. J'en suis, en outre, reconnaissant à mes anciens maîtres, à leurs leçons et leur exemple[3]. » Votre croyance en Dieu vous était consubstantielle, qui venait de votre éducation, de notre histoire, et du fond de notre culture. Elle n'entrait pas, je crois, dans l'ordre du questionnable. « Je suis un Français libre, je crois en Dieu et en l'avenir de ma patrie[4]. » Votre foi sans ostentation, presque non confessionnelle par respect pour les autres pratiques religieuses, était claire comme le jour partout illuminé parce que, « quels que soient les dangers, les crises, les drames [...] nous allons, même quand nous mourons, vers la Vie. » Malraux, dans la pertinence de son dialogue imaginaire[5], écrit probablement le plus juste en parlant d'elle : « Elle était si profonde qu'elle néglige tout domaine qui la mettrait en question [...] Cette foi

1. *De Gaulle*, *op. cit.*
2. *De Gaulle intime*, L'Archipel, 2010.
3. *Lettres, Notes et Carnets*, *op. cit.*
4. *Ibid.*
5. *Les chênes qu'on abat*, *op. cit.*

recouvre un domaine secret, qui est sans doute celui du Christ, et aussi d'une interrogation, non sur la foi mais sur les formes qu'elle prend [...] Du moins cette foi est-elle nourrie par deux millénaires. »

De fait, vous refondez deux fois la République dans cette France qui vient « du fond des âges ». Elle s'est bâtie durant des siècles sur la chrétienté, et ses rois l'étaient par la grâce de Dieu. La République est laïque. Le respect et la déférence que vous avez montrés à l'égard de l'Église catholique romaine, qui était la vôtre, se sont inscrits sans relâche dans cette exigence : chacun chez soi. Même sans rien oublier des origines chrétiennes de notre pays lorsque vous renouez la chaîne du temps à la Libération, dans cette cathédrale de Paris où retentit le « Te Deum » qui nous réunit, nous fait souvenir et lance toutes les cloches des églises de France. Dans notre pays républicain, le respect de l'homme va de pair avec celui de sa pratique religieuse, d'où qu'elle vienne. Malraux se demande quelque part si vous aviez bien lu saint Augustin. Oui. Il suffit pour s'en convaincre de citer l'avant-dernière phrase relevée dans votre ultime carnet de notes en 1970 : « *Posse quod velit. Velle quod oportet*[1] », qui peut se traduire par « La liberté n'est pas de faire ce que l'on veut mais ce que l'on doit ». Malraux reconnaît votre foi, sans peut-être la connaître lui-même, mais sait qu'elle vous entraîne vers une conscience, une morale, une pratique qui vont de Dieu à la religion. C'est l'une des acceptions du mot : la religion pour vous n'a pas tant pour but de relier, de rassembler que de faire vivre Dieu en chacun.

1. Saint Augustin, *De Trinitate.*

Votre lecture de saint Augustin en souligne ainsi le moment le plus intime : « *Deus meus, interior meo* » avec « Crois et tu comprendras ». Pour autant, la foi précède-t-elle l'intelligence ?

J'ose poser cette question jusqu'à l'impertinence. Je n'ai jamais cru que, chez vous, grand-père, la pensée ne pouvait interroger la religion. Votre esprit sans cesse aux aguets, ne tenant aucun raisonnement pour acquis sans examen préalable, ne pouvait pas éviter d'interroger l'inconnaissable. La foi du charbonnier ne vous était peut-être pas suffisante, et en vous voyant à la messe de Colombey, debout, lointain, ailleurs, le signe de croix simplement esquissé, je me suis souvent demandé : « Où est-il ? » Encore Malraux dans *Les chênes qu'on abat*, et qui dit vous citer : « Il y a une consolation religieuse, il n'y a pas de pensée religieuse. » Ce n'est pas évident. J'ai la conviction sans preuve qu'avec ses doutes, ses interrogations, ses remises en cause, la raison et la règle vous conduisaient aussi vers la foi, comme parvenant à une démonstration. Rappelons deux de vos phrases, la première : « La vie n'est, sans doute, qu'un mouvement de la matière[1] » ; la seconde prononcée beaucoup plus tard à Buenos Aires en 1964 : « Rien ne procède que de l'esprit, et celui que Dieu nous a donné forme un tout[2]. » Matière, vie, esprit, Dieu... Il y a un côté Spinoza chez vous ! Vous marchez vers Dieu sur deux jambes en ne voulant pas, je crois, subordonner davantage la théologie à la raison que la raison à la théologie. Chacune a son domaine où elle est maîtresse

1. Maeterlinck, cité dans *Vers l'armée de métier*, Berger-Levrault, 1924.
2. *Discours et Messages*, *op. cit.*

et d'où elle ne doit pas sortir. Les séparer, c'est votre manière de les concilier. Personne n'a défendu plus résolument les droits de la conscience, de la lucidité extrême, personne n'a parlé plus respectueusement de la foi. Si je vous ai entendu incrédule devant les images données par les Écritures, faites pour des « petits enfants », vous croyiez pourtant à la Révélation et votre âme en était profondément imprégnée. Si la religion chrétienne, à mes yeux, n'était peut-être pas pour vous toute la vérité : elle est vraie cependant, et ce qu'elle enseigne est excellent. Consolatrice d'une grande partie du genre humain, elle nous vient, pour vous, directement de Dieu, elle est l'œuvre de Sa grâce. Pour autant, il reste l'esprit. Cette démarche spinoziste me semble vôtre, grand-père, le libertaire, qui réclame sans cesse le loisir de penser comme, peut-être, un autre chemin pour accéder à l'amour de Dieu. Après tout, qu'on définisse Dieu avec Platon ainsi que l'idée du bien, ou avec Aristote telle une pensée qui se pense elle-même, ou avec les stoïciens en tant qu'une raison, un logos immanent au monde et travaillant à réaliser la plus grande beauté, toutes ces philosophies, si différentes qu'elles soient, s'accordent au moins en un point : c'est l'intelligence qui est l'attribut essentiel de la divinité. Conscientes en nous, les idées sont donc aussi accompagnées de conscience en Dieu. Peut-être encore, comme Spinoza, avez-vous posé à votre démarche un préalable qui est d'avoir exigé de vous-même ce qu'on pourrait appeler la pureté des mœurs et l'amour du prochain. J'aime citer cette phrase de ce philosophe considéré comme hérétique, qui n'a pas été condamné parce qu'il écrivait dans la langue de l'Église : « Tout désir, toute action dont nous sommes nous-mêmes la cause, en tant que nous avons l'idée de Dieu, je les rapporte à la religion. J'appelle piété le désir de faire le bien dans une âme que la raison conduit. »

Il est inutile de revenir sur votre indifférence à l'argent, votre vie d'hôte de passage dans les palais de la République, ou votre maison modeste, avec sa bibliothèque et son jardin. « À La Boisserie, le calme, le recueillement, le rythme de vie, la méditation ininterrompue [...] me rappelaient l'atmosphère des monastères [...] Comme le moine, il vivait dans la règle, s'efforçant de l'appliquer à tous les actes de sa vie. Sous cet éclairage aussi, il donnait, quand on venait à le bien connaître, une frappante impression d'unité. L'homme public et le privé relevaient de la même éthique[1]. » La conscience de la règle... Le dévouement à sa patrie... Le courage sans lequel toute décision n'est le plus souvent que velléité... La mort à laquelle vous dites être prêt. Et puis, le respect pour chacun, pour toute forme de vie qui a droit à sa dignité, « contagieusement ».

Je crois, peut-être indûment, que, même lorsqu'il s'agit non de l'action mais de la croyance, le mécanisme de pensée de Charles de Gaulle est centré sur l'individu et ses aspirations les plus profondes. L'homme est au centre non de l'univers mais de l'histoire, qu'il construit en usant de sa liberté. Dieu n'est pas absent. Il est. Mais c'est l'homme qui compte, qui vit, souffre et se débat : « nos pauvres vies », comme vous le disiez vous-même, en confiant, lors d'un voyage officiel à une mère supérieure de couvent, que vous n'aviez pas encore trouvé la « paix de l'âme ». En relisant ce qu'écrivait le cardinal Daniélou dans *Le Monde* du

1. Pierre-Louis Blanc, *De Gaulle au soir de sa vie*, *op. cit.*

14 novembre 1970, j'imagine une hypothèse peut-être pas si invraisemblable : « De Gaulle est le type privilégié du laïc chrétien à la fois dans la valeur de sa vie privée et dans cet esprit de service, de don total de soi-même qui l'a poussé à un degré héroïque, au service non seulement de la France mais de Dieu. Cela me paraît être de l'ordre des choses qui peuvent être considérées comme relevant d'une certaine sainteté. »

Le 9 novembre 1970 au soir, je dînais chez des amis, dans l'insouciance, l'absence de tension ou de regret, presque la paix d'une soirée paisible qui fait quelquefois goûter au bonheur. Mon hôte, qui connaissait bien le général de Gaulle pour avoir été secrétaire d'État dans les gouvernements Pompidou et Couve de Murville, parlait de lui, comme souvent. Coup de téléphone pendant le repas. « Yves, c'est pour toi, ta mère ! » Étonné, je me suis levé après les excuses d'usage et suis sorti de la pièce pour répondre. « Il est arrivé un grand malheur... Ton grand-père est mort brusquement tout à l'heure... Garde-le pour toi... – Je rentre dès que possible. » J'ai raccroché lentement. La lumière s'est éteinte en moi, un instant. Il fallait pourtant revenir sans rien laisser deviner, et continuer le repas, sa conversation, le sourire aux lèvres et le ton léger. Le barrage a tenu. J'ai retrouvé ma mère et mes deux derniers frères plus tard dans la nuit, au domicile familial. Nous ne savions que dire. « Quand ? Vers 19 heures alors qu'il faisait une réussite dans la bibliothèque... – Comment ? – Il s'est couché brusquement sur sa table... » Ces quelques mots qui cherchent à dire quelque chose sur ce soudain silence venu de Colombey, cette brutale absence, sidérale, bouleversante d'une émotion qu'il fallait contenir, même en famille. Chez nous, pleurer est affaire de solitude. Je suis parti à Colombey le lendemain matin, avec la petite Austin Mini beige de ma maman. Il faisait si beau ! Je conduisais plein de brouillard dans les yeux, envahi d'une peine qui ne se peut décrire. J'ai été arrêté par un gendarme, vers 11 heures, dans un de ces villages déserts de l'Aube, plantés sur la N19, qui n'ont qu'une seule longue et morne rue principale. « Vos papiers, vous roulez trop vite ! » Je l'ai à peine regardé, sans rien dire ; il paraissait si jeune pour porter l'autorité, à peine plus vieux que moi. À la lecture de mon nom, il s'est mis à sangloter... « Allez ! », en me touchant l'épaule. Encore quelques kilomètres avant d'atteindre le village, puis de descendre l'allée de gravier, sombre de tous ses arbres. J'ai poussé la porte de la maison silencieuse. Ma tante Élisabeth était là dans le hall. Nous nous sommes embrassés, ce qui n'arrivait jamais, et je suis entré dans le salon. Ma grand-mère veillait son Charles dont la disparition venait de créer un vide irrémédiable, sans détour, pour le reste de son existence. Elle est venue vers moi ; nous nous sommes regardés et embrassés, lentement, tous les deux les yeux si clairs, mouillés d'une infinie tristesse. « Ton grand-père t'aimait bien. » Et puis, lui, j'ai enfin osé le voir, je n'osais pas l'incompréhensible. Grand-père, de ma courte vie je ne vous avais jamais vu couché ! L'uniforme kaki, le drapeau de France vous couvrant le bas du corps, les mains croisées sur un chapelet, et votre visage que le souffle de la vie venait de laisser si seul, si reposé, maintenant loin des hommes. On ne sait pas décrire la présence qui n'est plus ; on ne sait pas non plus la combler ; il faut tant de temps pour y repenser avec, vous le disiez à propos de votre fille Anne, « une indicible douceur ».

Mes parents et mes deux autres frères sont arrivés plus tard dans la journée. Mon frère aîné le lendemain matin, qui venait des États-Unis. Le soir venu, la mise en bière. Nous étions autour du cercueil, de simple bois en chêne clair. Rien de plus dur que ce moment avec ces larmes décidément, pour moi, impossibles à retenir, l'ultime disparition de votre visage car, jusque-là, vous étiez encore avec nous, immobile mais tellement présent.

Lorsque la voiture qui nous conduit à l'église franchit le portail et tourne à gauche vers le village, un incroyable silence claque, celui si grand de toutes ces femmes et ces hommes de France, venus de partout, portés par le seul chagrin de leur recueillement. Pas de distinction, pas de division, pas de différence... Pourquoi faut-il le plus souvent que seul le passé, ce qui vient de passer, rassemble ?

La messe, elle aussi, passe. Un jeune saint-cyrien qui encadrait votre cercueil tombe soudain. Les chants du « cœur des vierges » sont plus longs qu'à l'habitude. Comme vous mais vivant, je ne suis plus là. Les tréfonds du souvenir commencent à remonter alors que je regarde ma grand-mère, mon père, les autres membres de ma famille que je peux voir sans me retourner, mon oncle François, père blanc, que j'aime beaucoup tant son humanité est généreuse, qui officie, tout à sa prière, aux côtés de l'évêque de Langres. Nous sommes tous orphelins. Ceux qui sont ici et dehors, présents et lointains, les croyants, les fidèles et les autres.

Dans le cimetière, la lettre de votre testament est respectée. Pas de tambours, personnalités officielles, ou trompettes. Simplement : la famille, les Compagnons de la Libération, vos camarades de Saint-Cyr, vos voisins et le peuple de France venu faire à votre mémoire « l'honneur d'accompagner [votre] corps jusque sa dernière demeure[1] ». Le silence aussi, encore lui, troublé par le glas et les crépitements des photographes ; le silence de la stupéfaction, du chagrin contenu, peut-être d'une forme de paix car l'histoire entrait dans l'éternité et la légende pouvait prendre son essor. Après tout, vous avez réussi votre vie, ainsi que votre mort, sans compromission, et sans déchéance physique ou mentale. Vous êtes maintenant et pour toujours ici chez vous, grand-père, mis en terre simplement comme un chevalier parmi les siens. Bonnes gens de ce royaume, Françaises, Français de notre patrie républicaine, notre Charles est à Dieu commandé ! Je ne vous verrai plus ! Vous ne reviendrez pas ! J'ai entendu beaucoup plus tard, en Espagne, sur cette terre illuminée d'ombre que vous n'avez visitée qu'une fois, quelqu'un me dire dans sa langue que je traduis mal : « La signification de De Gaulle, c'est la liberté de l'homme dans le respect intime de tous les autres. »

1. Testament de Charles de Gaulle.

3

Violence et raison

Étiez-vous philosophe? Alain Bozel vous fait dire que vous auriez pu l'être. Il raconte une conversation de janvier 1946[1] : «Le destin est une chose étrange. Au début de ma vie j'ai cru que je serais un homme de guerre et je m'y suis préparé. Or je n'ai pas été un homme de guerre. Et voilà qu'aujourd'hui je suis un homme d'État. Maintenant je me demande si mon vrai destin n'était pas d'être un philosophe, car je sais que j'ai des choses à dire à mes contemporains.» C'est vraisemblable. L'acceptation du «destin»; la guerre; «je sais...»; «des choses à dire...». Être philosophe comme celui qui agit dans l'histoire des hommes, ami non de la sagesse mais de la vérité. Vous n'avez pas laissé de manuel, de traité ou d'essai comme un «professionnel» de la pensée philosophique. Peu nous importe tant nous dit l'action de votre vie, qui suffit pour tenter de répondre. Il y a un principe directeur qui vient de votre obsession du réel. J'y reviendrai : «Rien n'est bon ou mauvais par soi-même, toute chose est ce qu'elle peut être et elle est ce qu'elle doit être.

1. Citée dans les *Cahiers de L'Herne : De Gaulle, op. cit.*

Il n'y a pas de possible au sens absolu du mot, cela seul est possible qui est», nous dit Spinoza[1]. Ce qui aurait pu être est mauvaise conjugaison.

Il y a aussi une méthode qui est votre manière de penser l'acte de philosopher comme le faisaient d'abord les anciens, les stoïciens en particulier : un art de vivre, plus ou autre chose qu'une doctrine, sans distance entre l'intime et le politique, la rue et les estrades, sans distinction entre les disciplines, sans clivage entre la pensée et l'action. Vous n'êtes pas un créateur de système, susceptible d'analyse, d'exégèse ou, comme au Moyen Âge, de sublime récapitulation par divers disciples. Vous êtes, dans votre démarche, finalement plus proche de Montaigne que de Kant, même si vous avez cité davantage le second que le premier.

Le chapitre VII du volume II des *Mémoires d'espoir*, je l'ai dit, devait nous donner un texte étrange fait d'une conversation avec les grands hommes de notre histoire. Fil rouge : «Qu'auriez-vous fait vous-même à ma place?» Ces lignes nous manquent. Là encore, c'est le verbe faire qui ressort. Pour autant, rien chez vous, dans la coprésence des temps qui fondait votre culture, ne surgissait brutalement de l'imprévisible. Tout était déjà pensé, et depuis longtemps, pour s'éclairer, se fusionner, se réaliser dans l'immédiat de l'action mue par la volonté. «La France vient du fond des âges...» qui ne peut pas mourir en 1940 et qu'il s'agissait de redresser; la France combattante, creuset d'une «révolution» générale avec en perspective la décolonisation; l'exercice répété du suffrage et la participation; le «Québec libre» déjà imaginé en 1959, etc.

1. Dans *L'Éthique.*

Même s'il est insensé de chercher à vous mettre en système, vos écrits multiples et les chemins de votre action nous ont laissé bien des traces : Charles de Gaulle pratiquait la philosophie parce qu'il se servait de sa raison pour « fabriquer » de la pensée, essayer de structurer le monde, de le réparer en agissant, et se rapprocher d'un idéal commun aux autres et à sa propre vie. Ce n'est pas tant votre « philosophie du recrutement[1] », celle du commandement ou du gouvernement qui doit nous importer que de se demander si, dans cet acte profond de rumination que vous pratiquiez sans cesse, il n'y a pas quand même les signes d'un système, ce qu'Alexandre Jardin appelle le « charlisme mental[2] ». Le « Bien juger pour bien faire » de Descartes n'implique pas forcément l'édification d'une doctrine. Et votre pensée n'était pas qu'une pensée politique ou une morale de l'action humaine, comme votre « philosophie » qui était probablement plus vaste que celle de l'action. Je n'ai pas l'inconscience ou l'audace de tenter une synthèse qui vous trahirait. Mais j'ai cherché chez vous quelques éléments de ce qui ressemblerait à des concepts, des unités de raisonnement qui nous permettent de penser ensemble, histoires et discours, pour mieux les distinguer, ou les réunir, en tout cas établir entre eux des rapports « nécessaires » sans lesquels le désordre et le chaos du monde pèsent trop lourd sur la conscience, pas seulement sur celle « d'un vieux Français ». Et puis, si des concepts peuvent s'inférer de la pensée et l'action de Charles de Gaulle, est-il difficile d'imaginer que ceux-ci s'articulent entre eux, en

1. *Lettres, Notes et Carnets*, *op. cit.*
2. *Mes trois zèbres*, Grasset, 2013.

chaîne, en architecture ou en système ? Ces concepts s'éclairent les uns les autres et participent de l'intelligence de l'ensemble. Je crois même, naïvement, chez vous, à un peu de métaphysique, comme allant au bout de ce qui peut être réfléchi, au-delà de la connaissance par l'analyse raisonnable, avec finalement de l'étonnement devant l'inexplicable, mais sans jamais de résignation. Ce n'est évidemment pas un système clos. Nous sommes loin du cercle de la pensée absolue. C'est ce « pauvre homme » qui « philosophe », qui dit « je » (moi ou de Gaulle), et laisse ouvert, à l'infini comme à chacun de nous, le choix d'y ajouter quelque chose, surtout de contradictoire. Je ne laisse pas d'être sidéré par l'unité, la cohérence, la gravité de votre personne.

Force, violence et puissance forment pour vous la soupe primitive de notre évolution. « Si la paix est le rêve du sage, la guerre est l'histoire des hommes » : elle est « une loi de la nature, elle enfante tout, à l'origine de tout, il y a la guerre[1] ». « La guerre méchante, la guerre souffrante, la guerre qui est un art [...] le plus élevé. Sans la force, en effet, pourrait-on concevoir la vie ? Qu'on empêche de naître, qu'on stérilise les esprits, qu'on glace les âmes, qu'on endorme les besoins, alors, sans doute, la force disparaîtra d'un monde immobile. Sinon, rien ne fera qu'elle demeure indispensable. Pavois des maîtres, rempart des trônes, on lui doit tour à tour l'ordre et la liberté. Berceau des cités, sceptre des empires, fossoyeur de décadences, la force fait la loi aux peuples et leur règle leur destin[2]. » Et pas seule-

1. Héraclite d'Éphèse cité dans les *Lettres, Notes et Carnets*, *op. cit.*, t. 1, année 1916.
2. *Le Fil de l'épée*, Berger-Levrault, 1932.

ment celui de la seule France qui «fut faite à coups d'épée». Zarathoustra n'est pas loin de vous, qui dit : «Le monde des forces ne souffre aucun arrêt [...] ne parvient donc jamais à un point d'équilibre ; il n'a pas un instant de repos ; sa force et son mouvement sont d'égale grandeur en tout temps.»

Ce sont les armes qui sont le prolongement de la force. *Le Fil de l'épée* s'étend assez longuement sur cette tragique dialectique, au point de rendre inutile la paraphrase : «Sans manquer de déplorer les maux que les armes traînent après elles, comment ne pas saluer leur rôle prodigieux ? La destruction est leur œuvre [...] Elles furent, de tout temps, les instruments de la barbarie [...] Elles remuent au fond des cœurs la fange des pires instincts. Elles proclament le meurtre, nourrissent la haine, déchaînent la cupidité. Elles auront écrasé les faibles, exalté les indignes, soutenu la tyrannie [...] Elles détruisent l'ordre, saccagent l'espérance, mettent les prophètes à mort [...] Elles ont aussi façonné le monde [...] Les lumières qui en ont jailli éclairèrent bien souvent le domaine de l'intelligence [...] Portant les idées, traînant les réformes, frayant la voie aux religions, elles répandirent par l'univers tout ce qui l'a renouvelé, rendu meilleur ou consolé [...] À leur appel, la science et l'art ont ouvert aux humains des sources merveilleuses de connaissance et d'inspiration.» Aucune conclusion à ce balancier terrible dont le mouvement ne cesse pas. L'histoire des armes est celle des hommes, «honteuse et magnifique». Sans doute faut-il essayer d'en contenir les excès, mais croire à la paix est une exigence constante, qui demande toute la lucidité de nous reconnaître : «Mais quoi ? Sans désavouer aucune espérance, où voit-on que les passions et les intérêts d'où sortent les conflits armés taisent leurs exigences, que quelqu'un renonce de bon gré à ce qu'il a et à ce qu'il désire, que les hommes, enfin, cessent d'être des hommes? Tient-on pour définitif l'équilibre d'aujourd'hui, tant que les petits veulent grandir, les forts dominer, les vieux subsister? Comment stabiliser les frontières et la puissance si l'évolution continue?»

En même temps, ces armes n'ont de vertu que lorsqu'« on les a vues aux mains de l'Archange. Par leur fait, le courage, le dévouement, la grandeur d'âme atteignirent des sommets. Elles ont enrichi le capital moral des hommes en particulier par le lien causal existant entre la force des armées et l'abnégation du soldat. Et puis, cette abnégation des individus au profit de l'ensemble, cette souffrance glorifiée – dont on fait les troupes – répondent par excellence à nos concepts esthétiques et moraux : les plus hautes doctrines philosophiques et religieuses n'ont pas choisi d'autre idéal. Si donc ceux qui manient la force française venaient à se décourager, il n'y aurait pas seulement péril pour la patrie mais bien rupture de l'harmonie générale».

Vous tirez cette même leçon des victoires grecques acquises durant les guerres médiques. Les armes, lorsqu'elles sont portées par la culture, ont quelque chose d'invincible : «Ainsi, non seulement les Grecs avaient repoussé la guerre de leurs foyers, mais ils la portaient déjà chez leur ennemi [...] Qui eût cru, quelques mois auparavant, que la grandeur de l'Asie trouverait en Grèce son tombeau? Toutes les multitudes de l'Orient ne purent prévaloir contre cette petite nation qui avait dans son camp le génie de la civilisation et le génie de la liberté. C'était aussi un monde jeune qui l'emportait sur un monde vieillissant et épuisé. Les Grecs le sentaient eux-mêmes. Leur cri de ralliement était Hébé, la Jeunesse. »

Restons un instant sur cette violence originelle. C'est une donnée irréductible qui tisse le destin humain et le soumet à sa loi. Pascal dit comment le juste est pratiquement dépendant de la force : « la justice est sujette à dispute, la force est très reconnaissable et sans dispute [...] Et ainsi ne pouvant faire que ce qui est juste fût fort, on a fait que ce qui est fort fût juste[1] ». Pour vous, la force, consubstantielle à la nature, peut et doit être contenue, encadrée, tendue par la défense des valeurs cardinales que sont l'ordre, la justice, la liberté. Qui sous-tend cette défense? Une éthique du combat, une morale de l'exigence, un idéal du dépassement. À la violence primitive, pour ne pas rompre un équilibre fondamentalement instable, correspond une valeur qui fait contrepoids : l'abnégation, celle du soldat, dans une armée que l'on a de toute façon chez soi, la sienne ou celle des autres; celle de chacun qui lorsqu'elle existe va jusqu'à l'oubli de soi. L'on retrouve cette phrase du *Fil de l'épée* : « C'est qu'il existe en effet un curieux rapport, mais incontestable, entre le renoncement des individus et la splendeur du tout. » Le courant électrique qui alimente ce mouvement (qui n'est pas que celui de la matière) s'appelle l'action, polarisée par les valeurs morales. Nous connaissons tous chez vous cette perspective d'analyse, tendue sur ce premier couple d'extrêmes : violence de l'univers – éthique de l'individu. Y en a-t-il d'autres?

Je me suis souvent interrogé sur cette « rupture de l'harmonie générale » que vous déplorez dans les

1. *Pensées*, fragment 298.

bouleversements du monde. Votre lecture des choses débute par une marche progressive qui va de la force primitive à la violence des hommes, puis à l'action qui fait l'histoire. L'histoire est la scène, l'action en est le mouvement, l'espace de l'action n'est pas celui seul de la pensée. L'homme est lui-même partie de la mise en scène. Qui est le rédacteur de la pièce ? Je ne crois pas qu'il faille chercher réponse à cette rupture dans un quelconque déséquilibre causé par l'humanité par rapport à une révélation. Votre pensée se résout par et dans l'action. Est-ce une théorie de l'action ? Non ! Chez vous ce premier mot n'est pas porté. Plus pertinente est votre analyse de l'espace étroit entre l'une et l'autre. Gaëtan Picon, dans les *Cahiers de L'Herne* qui vous sont consacrés, l'exprime en substance : l'action se mesure, comme une force, à la résistance qu'elle éprouve. Mais il n'y a pas, chez l'homme, d'équilibre dans l'exercice de forces contraires. La pensée qui l'anime paraît se réduire en agissant. L'on n'y est pas tout entier, ou plutôt il n'y a pas d'action totale correspondant à la totalité des pensées et des valeurs de celui qui est. L'action, qui est réductrice, se vit comme une opportunité, une réponse à une circonstance dans un monde où tout ce qui se produit aurait pu ne pas être. Cette limite porte un nom : pour agir, il faut choisir donc opter pour une amputation du possible. Pour moi, grand-père, votre vie porte un double témoignage du choix : d'un côté, devenir, accepter et être celui qui assume et choisit, entre le possible et l'impossible, surtout quand le possible paraît irréaliste aux autres, entre l'ordinaire et l'extraordinaire ; de l'autre, rester celui qui, agissant, ne laisse pas de demeurer dans la culture et dans la pensée. Malraux doit être assis à votre droite, et longtemps, pendant les Conseils des ministres car, « quand le débat est grave, son fulgurant jugement m'aidera à dissiper les ombres[1] ». Lui-même disait, lors de votre première rencontre, dans ses *Antimémoires*[2] : « J'avais vu un officier général qui aimait les idées et les saluait imperceptiblement au passage [...] un personnage hanté, dont le destin qu'il devait découvrir et affirmer emplissait l'esprit [...] »

Dans le bruit souvent désespéré de l'histoire, le héros peut jouer sa partition. Il en est un peu comme dans cette musique aléatoire « écrite » dans la seconde moitié du siècle dernier : l'orientation générale est fixée par le compositeur mais l'interprète a la faculté partielle de choisir lui-même ce qu'il joue. Vous revendiquez votre capacité de jouer votre musique et l'exprimez très clairement et très tôt. Il s'est trouvé des « hommes de caractère » capables de saisir, dans des circonstances qu'ils n'ont pas choisies, une « résultante de forces » susceptible d'infléchir le cours des événements. Cela vous distingue du matérialisme dialectique pour qui l'histoire, remplie « de bruits et de fureurs », n'est, selon les mots de Engels, que « [le] résultat final des conflits résultant d'un grand nombre de volontés individuelles, dont chacune à son tour est faite telle qu'elle est par une foule de conditions particulières d'existences [...] d'où ressort une résultante – l'événement historique – qui peut être regardée elle-même, à son tour, comme le produit d'une force agissant comme un tout, de façon inconsciente et aveugle [...] Ce qui s'en dégage est quelque chose que personne n'a voulu [...] »

1. *Mémoires d'espoir*, *op. cit.*
2. Gallimard, 1967.

Une intention, sinon un horizon indépassable, peut-elle sortir de ce hasard ? Y a-t-il un compositeur ? Votre idée était que oui lorsque le « héros s'en mêle », et il y en a toujours eu, des chefs militaires, des prophètes, des philosophes, dans chaque civilisation et chaque pays, qui ont marqué ou même changé le cours des choses. Le mystérieux, sinon le mythe, dans cette histoire, est de s'interroger sur son origine et sa portée. Michel Cazenave et Pierre Solié[1] soutiennent que le Général et Charles ne sont pas sur le même plan, ce qui est évident, et qu'il serait « grotesque » de vouloir les ramener l'un à l'autre. Ces deux pénétrants auteurs évoquent l'absence de continuité qui va de l'individu au héros, cette rupture de nature, cette déchirure verticale qui fait du personnage que vous êtes, non un imaginaire issu d'un rassemblement de projections et d'espoirs individuels, mais une incarnation d'essence différente, une « Idée », un dépassement qui ne peut se refermer « dans l'ordre de l'histoire ».

Ils citent à l'appui ce que vous auriez répondu à Edmond Michelet qui cherchait à régulariser votre situation administrative après votre départ en 1946 : « Depuis le 18 Juin [...] date du jour où je suis sorti du cadre pour entrer dans une voie assez exceptionnelle, les événements qui se sont déroulés ont été d'une telle nature et d'une telle dimension qu'il serait impossible de régulariser une situation sans précédent [...] La seule mesure qui soit à l'échelle est de laisser les choses en l'état. La mort se chargera un jour

1. *Moi, de Gaulle*, Imago, 1988.

d'aplanir la difficulté si tant est qu'il y en ait une. » Je ne crois pas à cette « déchirure verticale ». Je ne l'ai pas sentie. Vous êtes pour moi l'homme de la plus grande unité, de la plus forte densité qui accapare les dimensions des extrêmes. Héros, vous l'avez été sans vouloir les circonstances qui l'ont permis mais en vous y étant préparé. Vous n'en aviez pas le culte. Même si Malraux, encore lui, le dit justement : « Il était un homme du destin et se savait comme tel », qui a suffisamment insisté sur votre humilité comprise comme le sentiment de votre propre insuffisance ? « Je me sens accomplir une fonction qui dépasse de très loin ma personne », celle de « ton pauvre mari » comme vous l'écriviez à grand-mère ? C'est peut-être un autre « lieu géométrique » de votre personne : le souffle de la grandeur alliée à la conscience de la fragilité, du périssable, du presque rien.

Je ne vous crois pas entré dans l'histoire par la volonté des dieux anciens pas plus que d'essence supérieure au commun. Seule votre existence m'importe. Vous êtes un homme parmi les hommes, qui a su rassembler en lui-même tous les morceaux de l'histoire possible, par la mémoire, la réflexion poussée jusqu'à la rumination, la volonté d'agir, tout simplement la conscience d'être, somme de qualités simples, réunies à l'extrême dans une synthèse inégalée. Trop pénétrée de fragilité, de hasard, d'incertitude dans l'énoncé, le battement, le bruit des événements, c'est une fois encore l'alliance des circonstances et du caractère qui a propulsé la machine. L'Appel n'était pas celui d'un demi-dieu mais d'un homme, malheureusement seul, qui s'est vu le devoir d'assumer. Vous auriez aimé être rejoint par plus « gradé » que vous. Mais, ce qui vous tient au plus profond, Malraux vous le fait dire dans ses *Chênes qu'on abat*, c'est que « l'Histoire ne pourra pas oublier qu'à Londres, [vous avez] accueilli tout le monde », oui, tout le monde comme un rassembleur, avec au bout du chemin la mort qui égalise tout. Dans l'épreuve, la dilatation extrême qui distend l'homme vers le héros ne détruit pas sa continuité. J'ai toujours été, je l'ai déjà dit, et plus encore aujourd'hui, sidéré par votre unité d'homme parmi les hommes, parmi les Français qui ont fait l'histoire de France, peut-être plus grand et plus large, formant une densité d'existence hors du commun, mais avec nous, parmi les siens. Tout le monde, hors le mythe, peut comprendre et s'approprier le général de Gaulle.

On vous a décrit comme un royaliste de cœur et un républicain de raison. Cette analyse d'inspiration sociologique me paraît élémentaire. Vous êtes plutôt viscéralement démocrate parce que c'est votre philosophie du pouvoir conçue comme un double respect de la réalité et de l'équilibre. À travers la forme de la république, que vous avez deux fois rétablie, c'est le seul système de gouvernement des hommes que vous jugez adapté au réel parce que le plus propre à assurer la stabilité, surtout dans un monde où l'information n'est pas contenue. Je vous ai entendu regretter la durée du temps des rois qui avaient l'espace devant eux pour gouverner et construire. Les mandats républicains sont courts et instables. Mais le dispositif se doit d'être pérenne. Loin de toute marque sociologique, votre adhésion profonde à ce type de régime est totalement cohérente avec l'effort qu'il faut sans cesse accomplir en faveur de la liberté de chacun, *contagieusement*, avec tout ce qu'il y a de pluralité dans son expression. Votre adhésion à la république est de permettre à l'irréductible diversité de se manifester, et votre politique, dans sa recherche constante de la paix, est de défendre et maintenir cette pluralité par l'action du droit et de l'État. C'est, je crois, votre vision de l'équilibre, avec un « chef de l'État qui répond de l'intérêt supérieur et permanent de la nation » dont la légitimité est assise sur le suffrage de chacun. Qui sont les « usurpateurs » ? Évidemment ceux qui, par la violence comme celle du « pronunciamiento militaire » en Algérie, veulent renverser la République. Réponse : « L'avenir des usurpateurs ne doit être que ce que leur destine la rigueur des lois[1]. » Plus profondément, tout ce qui relève de l'appropriation du pouvoir au profit d'intérêts particuliers relève chez vous de l'usurpation. Cela va loin, y compris dans ces coups d'État permanents pratiqués par le système des coalitions de la IVe République qui, par jeux et combinaisons successives et instables, privaient le citoyen de son droit politique élémentaire. Avait-il voté pour cela ? On retrouve Tocqueville, non pour sa modération mais parce que la plus grande assiette donnée au suffrage garantit un équilibre plus supportable, avec moins de misère, moins d'ignorance, et davantage de bien-être collectif. Quel étrange balancier qui va de l'abnégation de l'individu, sa vertu, ses impératifs catégoriques, vers l'harmonie de l'ensemble, son équilibre dynamique, qui révèle à son tour l'expression la plus entière de l'individu d'où qu'il vienne et le respect rigoureux de sa diversité !

1. *Mémoires d'espoir*, *op. cit.*

« Dans le jardin à la française, aucun arbre ne cherche à étouffer les autres de son ombre, les parterres s'accommodent d'être géométriquement dessinés, le bassin n'ambitionne pas de cascades, les statues ne prétendent s'imposer seules à l'admiration. Une noble mélancolie s'en dégage parfois. Peut-être vient-elle du sentiment que chaque élément, isolé, eût pu briller davantage. Mais c'eût été au dommage de l'ensemble, et le promeneur se félicite de la règle qui imprime au jardin sa magnifique harmonie[1]. » Vous étiez vous-même ce grand funambule, homme des oppositions, des contraires, des polarités dont vous n'avez cessé de chercher les synthèses. Commençons, ou plutôt revenons à celui très bien connu qu'est le pôle du défi/rébellion et de l'affirmation/rassemblement : fils loyal et respectueux de Jeanne et d'Henri, vous aviez depuis longtemps choisi la vie militaire faite davantage d'abnégation que de grandeur. Il en fallait pour sortir ces hommes de la tranchée, et franchir le parapet avec la quasi-certitude d'être tué. Mais qui était plus rétif à l'obéissance aveugle surtout à des supérieurs insuffisants ou des doctrines imbéciles ? Vous avez défié, en court-circuitant allègrement la voie hiérarchique, tout ce qui ne collait pas avec votre vision du commandement et de l'organisation des armes, tout cela, on le sait, au point de partir à Londres et d'en être condamné à mort par Vichy, avec acharnement. En même temps, vous le rebelle exilé et seul, « sans prédécesseurs », souhaitez avoir des successeurs pour représenter le maintien « à niveau » de la France et de la République. Vous voulez rassembler,

1. *La Discorde chez l'ennemi.*

« sauver et mettre en ordre[1] », appeler à l'unité des Français dans la continuité de la guerre et la Résistance. Citons pour mémoire la rébellion contre des Alliés trop indifférents au sort de la France, et la recherche, avec eux, de solutions communes, puis, au-delà de la paix retrouvée, la volonté de remodeler sur plus d'équilibre l'organisation de la République. Il y a bien d'autres exemples politiques de cette tension entre défi et rassemblement au cours de votre vie. S'y superpose d'ailleurs une autre polarité de contraires : celle de l'équilibre, au service de votre mission, entre votre inflexibilité, voire votre brutalité tactique, et l'adresse doublée de patience, de conscience que vous saviez manier. Les *Mémoires* le racontent à l'envi, qu'il s'agisse de vos rapports avec Churchill, avec Roosevelt lors, par exemple, de la poignée de main photographiée avec Giraud, ou avec Eisenhower pour tracer la campagne de France. La conduite de l'affaire algérienne, pleine de déchirements y compris pour vous, n'a pas manqué non plus d'équilibre : morceau d'histoire du pays/avenir de la nation ; conviction intime d'une autodétermination nécessaire/choix des circonstances pour la faire accepter. Il faut y ajouter le jeu dialectique entre le romantisme du héros, dans le tourbillon du monde « que les faits déforment sans relâche », qui peut décider et prescrire, de manière éventuellement spectaculaire, afin de rendre irréversible une politique, et l'homme de raison et de mesure dont l'ultime est de choisir le moment et d'adapter parfaitement cette politique aux moyens dont il dispose, avec, quelquefois, une lucidité désabusée, une résignation au succès

1. *Mémoires de guerre*, *op. cit.*

partiel. C'est la dure sujétion de l'arbitrage, pris sur la crête de la montagne, en équilibre sur la médiane des deux versants.

Héraclite était l'une de vos sources. Je me suis demandé pourquoi, le philosophe n'ayant laissé que des fragments, pas même un livre. Beaucoup après lui se le sont approprié, à commencer par Platon. C'est la lecture de Lucien Jerphagnon[1] qui m'a fourni une clé. Je le cite : « Que faut-il comprendre du monde [selon Héraclite] ? Son unité, naissant du choc incessant des contraires en lutte, chaque force subsistant par la force antagoniste : santé-maladie ; jour-nuit ; justice-injustice, etc., toutes choses combien présentes, en leur joute furieuse, dans la vie des mortels ! C'est pourtant de là que naît l'harmonie [...] Bref, les unions sont des touts et des non-touts, rapprochement et différence, accord et désaccord ; l'un naît de toutes choses, et toutes choses naissent de l'Un. Qu'en est-il du fond des choses ? Cet univers identique pour tous [...] fut toujours et sera un feu éternellement vivant s'allumant avec mesure et s'éteignant avec mesure. »

Votre tour de pensée, qui avait intégré d'aussi près que possible ce qui relevait de la tradition, allait constamment vers la contestation des réalités visibles, le refus des ordres apparemment établis, la recherche d'une subversion systématique des opinions dominantes. Cet assemblage curieux, entre une aspiration au mouvement et un désir d'atteindre l'immuable, s'élabore à mon sens autour d'une approche par ruptures, d'une recherche systématisée des polarités contraires, comme une attitude d'attaque dans un monde marqué

1. *À l'école des anciens*, Perrin, 2014.

par la contingence, « le caractère de ce qui aurait pu ne pas être ou être différent ».

Votre démarche est donc philosophique d'abord par attitude. Le monde est en ruine, depuis l'aube. L'homme y est jeté depuis ce ciel d'enfants que la religion a appelé le « paradis perdu ». Il n'y a que lui qui agit pour le bien et le pire. Le mot destin revient sans cesse dans votre pensée. Rappelons-nous la petite saynète (*Une mauvaise rencontre*) de l'adolescent Charles qui présente son mauvais garçon, César Charles Rollet, « né brigand de grand chemin comme d'autres sont nés rois, officiers ou maçons ». Le fond est déjà pétri de violence : « Sur ma tête, autrefois, s'agitait une plume [...] Pourquoi me rappeler ce superbe panache dont un coup de bâton cruel trancha les jours ? [...] Oh ! Ce fut un combat terrible, horrible, laid, grand, géant, furieux, effroyable. C'était le chaos monstrueux, sans grâce, horrible et morne d'un brigand révolté contre un homme à bicorne. » Chacun reçoit ou fabrique son destin qui n'est pas le domaine réservé à l'exception. Il faut construire, ou reconstruire, donc penser et agir, et chaque pierre a, pour vous, toute son importance. L'acte de philosophie, qui est en nous, résulte du tumulte de la violence et de la guerre. Il se pratique partout, dans la rue comme à l'université, et à chaque niveau. Cet acte de subversion permanente n'a peut-être, devant le vide, que le vouloir d'un peu de certitude.

Lorsque l'on relit les *Mémoires de guerre* ou vos *Discours et Messages*, ce qui frappe est que vous êtes partout – présence, lettres et discours –, pas seulement pour vous montrer, mais aussi pour voir, entendre et comprendre ; finalement pour agir et réparer ce qui tombe, se délite et décroît. Charles de Gaulle, pétri par la coprésence des temps, agit dans l'espace. Lors d'une conférence de presse[1], quatre mois avant votre seule élection au suffrage universel, vous répondez à l'accusation dc pouvoir personnel par la boutade sur « l'inauguration des chrysanthèmes ». Plus profonde est l'énumération de surface qui suit et montre l'étendue de votre présence comme sa manière : « De combien d'avis et de consultations ne s'est-il pas entouré ! Jusqu'à présent, au cours du septennat, le chef de l'État a réuni 302 fois le Conseil des ministres, 420 fois des conseils interministériels restreints, reçu dans son bureau 505 fois le Premier ministre, 78 fois les présidents des Assemblées, près de 2000 fois l'un ou l'autre des membres du gouvernement [...] Environ 1500 fois les principaux fonctionnaires, experts, syndicalistes [...] Encore, pour ce qui est des problèmes extérieurs, quelque 600 heures de conversation avec des chefs d'État ou de gouvernements étrangers et un millier d'entretiens avec leurs ministres et leurs ambassadeurs. » Charles de Gaulle, l'homme d'État mais combien philosophe, écoute, décide et agit, pour reconstruire et bâtir. Il bouge sans cesse et parle aussi, cet homme qui couvre l'espace, avec dans la même période : « 30 allocutions adressées au pays tout entier [...] 12 conférences de presse [...], 36 discours solennellement prononcés [...], 94 voyages accomplis dans les départements de la métropole et d'outre-mer, au cours desquels le chef de l'État a vu, de ses yeux, au moins 15 millions de Français [...], visité environ 2500 communes et parlé depuis des estrades dans plus de 600 localités. » Il explique, dit ce qu'il fait ou va faire. Il

1. 9 septembre 1965.

ne dialogue pas. Il affirme non sa sagesse mais sa vérité. Il sait le désordre des choses, de la France, mais agit pour redresser, réparer, ne pas laisser, comme le dit Bernard-Henri Lévy, « le dernier mot à l'inhumanité ».

Cette démarche va-t-elle jusqu'à un peu de dialectique conçue comme mouvement de l'esprit vers l'accès à une connaissance supérieure « qui vise l'être, ce qui demeure toujours identique à soi-même[1] » ? Sans posséder une telle ambition, avez-vous cherché, grand-père, consciemment ou pas, une sorte de grille de pensée, de référent, conçue comme une digue contre le désespoir et un guide permanent pour l'action ?

L'influence de Platon dans votre formation est claire. Je voudrais ne retenir que ce qui me paraît être une communauté de démarche. Dans son livre lumineux[2], Karl Jaspers, qui commente le processus dialectique platonicien, nous dit, entre autres, ce qu'est la tension permanente de sa réflexion : « Platon lui-même ne nie jamais les limites du savoir de l'homme et de sa capacité de connaître, qu'il signale si souvent, comme il ne nie pas non plus la haute possibilité de l'essor. Il purifie l'âme par la rationalité, il fait pressentir l'être en soi. Il reste en mouvement. Toute réponse redevient question. Le sens de sa démarche est de nous assurer de ce en quoi nous mettons notre confiance tandis que nous le cherchons encore, au sein de quoi nous sommes déjà, alors que nous nous y acheminons. »

Charles de Gaulle avait, je crois, cette attitude d'esprit qui « reste en mouvement », comme l'action, se construisant à partir d'oppositions et de résistances,

1. Platon, *Philèbe*, 15a.
2. *Les Grands Philosophes*, Plon, coll. « Agora », t. 2, 1989.

qui se mouvait dans l'histoire du monde y captant les similitudes, les analogies par-delà les différences de circonstances. Vous aviez le don de la pensée alternative, analogique, perpétuellement « analysante » et s'analysant elle-même pour retourner aux choses. Objectif : parvenir à un inventaire permanent mais toujours plus riche de la conscience, elle qui s'étonne de sa propre existence comme de celle du monde. D'où une « métaphysique » qui va chercher ses ancrages : Dieu, la France, la dignité de l'homme, la liberté. Cet éloge de la conscience semble d'abord vous isoler, homme sorti de rien ou presque; guide sans dictature; inconnu mais qui parle au nom de la France; général sans armée, à titre provisoire, dont les ministres, ambassadeurs, officiers généraux « pleins », gouverneurs, tenaient vos ordres pour indiscutables; chef de gouvernement sans Constitution, désigné mais jamais élu avant 1965; homme sans ascendance et sans descendance... Mais vous avez donné un récit à notre histoire, une chanson de geste qui vous fait demeurer parmi nous, et vous nous appelez à réfléchir sans cesse, là où nous sommes, ici et maintenant.

Cette démarche, cette manière d'être, est celle d'un philosophe. Elle ne révèle pas le contenu d'une métaphysique, construite et enseignée, conçue comme un mode d'accès à l'être. Mais la curiosité qui s'interroge, la méditation tendue et constante, l'action physique qui réalise, là où vous êtes, en voyant loin tout en saisissant l'instant, sont un art de vivre, transfiguré par l'histoire.

Vous avez une phrase que je trouve obscure, citée dans vos carnets de notes de jeunesse[1] : « À propos de

1. *Lettres, Notes et Carnets*, *op. cit.*, année 1916.

la philosophie de l'action, montrer qu'elle ne peut produire et réaliser des résultats que sous la condition qu'au préalable soient disposés dans un certain ordre les éléments auxquels elle s'applique. » Vous n'avez pas défini le « montrer ». Ces mots ne paraissent pas vous correspondre, qui laissent croire à une disposition préalable des choses en dehors des hommes et conditionnant leur action. Il y a peut-être encore du Spinoza là-dedans : « Les affections corporelles ou images des choses s'ordonnent et s'enchaînent exactement dans le corps suivant l'ordre et l'enchaînement qu'ont dans l'âme les pensées et les idées des choses[1]. » Cela ne paraît pas cohérent avec l'irruption créatrice du 18 Juin, sauf à entrevoir un autre clivage entre le possible et l'impossible chez de Gaulle. Je crois davantage à l'existence de ces bifurcations improbables qu'ouvre, à un moment, l'expression, criée ou diffusée, du « oui », le oui au destin de ce pays dont vous avez une idée certaine. En franchissant la Manche, vous « vieillissez » d'un coup de plusieurs siècles. Le possible, qui vient par effraction le 17 juin et se dit le lendemain, surgit du fond du temps qui est le fait des hommes parce qu'ils font l'histoire, la racontent et s'en souviennent. Ce faisant, ils ne cessent de choisir, comme vous, déterminés et bornés par les dimensions de leur conscience. En élargissant celle-ci aussi loin que possible, vous nous faites voir, grand-père, que le possible prend le pas sur son opposé. Nous y croyons. Nous continuons d'y croire aujourd'hui, sinon, à quoi bon ? Mais y a-t-il un ordre préalable ?

1. *L'Éthique*, *op. cit.*

Pendant un tour du jardin, vous m'aviez fait saisir, pour moi dans un instant de lumière, cette complexité de l'histoire qui n'est pas simplement la connaissance linéaire, chronologique, de ce qui est arrivé. J'ai entrevu, en vous écoutant, les trois sens de votre vision. D'un côté il y a ce que les hommes ont fait. Ils ont choisi un chemin, l'histoire visible, et donc pas le « que se serait-il passé si ? ». Quand les vainqueurs oublient les vaincus, quelle est la somme des potentialités que nous avons détruite en agissant dans un certain sens, même pour le bien, en choisissant la particule plutôt que l'onde ? Si toute notre histoire écoulée continue de vivre dans notre présent, y a-t-il aussi quelque chose qui demeure de celle qui aurait pu advenir ?

De l'autre côté, il y a le double langage du réel, celui du réel « vrai », déjà là, qui ne nous est pas accessible (« l'impossible » de Lacan), et l'ordre de la réalité qui est largement notre interprétation, que véhiculent, entre autres, le langage et ses symboles, et qui rencontre le réel lorsque celui-ci nous surprend et nous conduit à son tour à en revoir la représentation. Mener la France « par les songes », lui « chanter la romance de sa grandeur » et la reconstruire en même temps, créer l'espace de la liberté par l'appel du 18 Juin en agissant sans relâche pour que vive la France, proclamer sans cesse la dignité des peuples, ce qui est déjà la faire ressentir...

Enfin, comprendre combien, même quand il s'agit de Charles de Gaulle, la conscience individuelle est restrictive et compte peu, dans le temps et pour les autres. Vous m'avez cité une fois encore les *Mémoires d'outre-tombe* de Chateaubriand, l'une de vos relectures du moment : « Les souvenirs qui se réveillent dans ma mémoire m'accablent de leur force et de leur multitude : et pourtant, que sont-ils pour le reste du monde ? » Il faut toute la puissance de l'action politique pour leur donner chair et constance, et celle-ci n'est jamais qu'inachevée.

Cette leçon de connaissance, commencée en montant la grande allée qui mène au portail de votre maison, s'achevait en descente, de l'autre côté du jardin, le long des grands sapins qui le bordent. Apprendre est plus que recevoir ; c'est être aussi traversé par une parole dont l'empreinte reste longue. Vous m'avez, grand-père, souvent illuminé. Je vois encore ces instants baignés de la lumière qui n'était pas que celle de l'été. Si chacun, par sa propre réflexion et sa culture, peut et doit accéder à son propre jugement, qui peut nier le rôle crucial, en plein et en creux, de ceux qui nous parlent et enseignent ?

J'ai souvent repensé à cette dimension de la conscience individuelle, que vous aviez portée à un niveau si singulier et qui vous faisait doute, non de son existence, mais de son importance pour les autres. Cette conscience englobait chez vous, par la coprésence des temps, le regard sur tous les peuples et leurs cultures, la réflexion jusqu'à l'extrême, votre vision symphonique du monde où chaque instrument doit exprimer ce qu'il est, une dimension multiple qui se résout tout entière dans l'action. Mon étonnement est encore dans cette distance « ontologique » que vous avez créée dans votre philosophie du vécu : Charles regarde de Gaulle ; la création de votre destin, qui empêche l'histoire d'être un horizon indépassable, reste cependant déterminée par son environnement multiple ; l'ascèse, le dépassement, l'abnégation qui sont vôtres laissent une œuvre par nature inachevée. Vous êtes pleinement dans votre action, jusqu'au sacerdoce, qui vous manque quand le lien est rompu avec cette nation que vous n'avez cessé de consulter, quand de Gaulle est rejeté par ce peuple que vous n'avez cessé d'aimer. Ce n'est pas du désespoir même s'il y a du chagrin. C'est l'expression de la liberté qui est au cœur de chacun, que vous acceptez quand elle vous rejette, et que Charles assume quand de Gaulle s'en va. Voilà ce que je dis et ce que je fais. Vous êtes libres de ne pas me suivre. Le pouvoir en démocratie ne peut être accaparé. Ce creux irréductible, constant, tragique, qui demeure entre Charles, de Gaulle et les autres n'est que de permettre à l'homme de choisir dans l'immense respect de sa dignité. Quoi de mieux aujourd'hui ?

4

Solitude et méditation

La méditation, la solitude, je ne sais pas, grand-père, qui des deux vous conduisait à l'autre. La première était chez vous systématique, chaque jour, délibérément, et sans voler d'instants au service de la France. Cela faisait partie de votre méthode de travail.

L'organisation de vos journées à l'Élysée est connue. Il n'est pas assez souligné que vous gardiez, dans votre emploi du temps, des périodes de réflexion, prévues ou pas. Vous êtes à 9 h 30 à votre bureau après avoir lu la presse française et étrangère. Trois après-midi par semaine « normale » étaient réservés dans votre agenda[1]. Chaque jour normalement ouvrable, vous preniez le thé avec grand-mère à 17 heures dans votre petit appartement situé au bout de l'aile ouest, côté rue de l'Élysée, pendant trente à quarante-cinq minutes. Lorsque de lourdes décisions devaient être prises ou des discours préparés, votre bureau était inaccessible. À 20 heures, la journée officielle était finie, ou plutôt 19 h 55 pour ne pas louper le journal télévisé. Après

1. Claude Dulong, *La Vie quotidienne à l'Élysée au temps du général de Gaulle*, Famot, 1977.

dîner, séance d'écriture : courrier personnel ou préparation de discours, avant de réfléchir et de lire... Les livres... Du temps, du temps pour penser.

Vous m'avez dit une fois : « Je ne travaille que huit heures par jour, au-delà, cela ne sert à rien et, parmi mes collaborateurs, ceux qui travaillent le plus ne sont pas les meilleurs. » Provocation ? Un peu. Votre conception du travail était particulière. En réalité, ce que vous appeliez le « tracassin » tournait tout le temps, même le week-end, ou en vacances. Boutade ? Non. Car il s'agit de réfléchir, donc, pour vous, de dégager l'essentiel, en tirer les lignes d'action adaptées, lever le nez du guidon pour anticiper.

Et garder ses distances... « Par principe, je ne téléphone qu'à de très rares exceptions et personne, jamais, ne m'appelle à l'appareil. La confrontation des points de vue et le choix des mesures à prendre, je les réserve, à dessein pour les conseils du gouvernement. Ma nature m'avertit, mon expérience m'a appris qu'au sommet des affaires on ne sauvegarde son temps et sa personne qu'en se tenant méthodiquement assez haut et assez loin[1]. » Votre horreur du téléphone s'est maintenue. À Colombey, le week-end ou en vacances, vous ne téléphoniez pas, ou rarement, pour fixer un rendez-vous ou demander un document. L'Élysée vous appelait peu et ce n'est pas vous qui décrochiez. Le tout se passait brièvement et, si possible, entre 19 h 55 et 20 heures. Le seul appareil de la maison n'était ni dans votre chambre ni dans votre bureau, mais au rez-de-chaussée, dans la soupente sous l'escalier, et rien n'a changé depuis.

1. *Mémoires de guerre*, *op. cit.*, vol. II.

Pierre-Louis Blanc nous dit : « Il menait une existence très semblable à celle des couvents... Les préoccupations de De Gaulle étaient à l'évidence différentes de celles d'un bénédictin ou d'un philosophe. Il avait sa propre terre à travailler [...] Néanmoins il veilla toujours à ce que l'accessoire ne prît jamais le pas sur l'essentiel et il s'arrangea pour réserver à la méditation comme à l'action la place qui revenait à chacune[1]. » C'était votre conviction pour appréhender le désordre du monde. « Tous les grands hommes ont été des méditatifs. Tous possédaient au plus haut point la faculté de se replier sur eux-mêmes, de délibérer au-dedans. » Ou encore : « L'homme de guerre doit être capable de considérer fortement et longtemps les mêmes objets sans être fatigué[2]. » J'étais moi-même sensible au silence de votre maison, à sa vibration, qui, chez vous, permettait l'échange entre la mesure de la pensée et la démesure de l'imagination. C'était une impression étrange. Je me souviens du calme d'un petit matin, un jour d'été et son soleil rasant, on ne le voit pas encore, au moins d'où je me tenais, sur le palier de l'escalier. Ses rayons tremblants transpercent déjà l'entrée sombre et brisent la perspective comme ils voilent le gris du seuil, ses meubles foncés, ou la pierre du sol. Les défenses d'éléphant se dessinent, le silence paraît dérangé ; je suis seul, immobile, respirant ce moment d'arrêt. Je sais mes grands-parents dans leur chambre où je ne suis jamais entré, plus haut sur ma droite ; devant moi continue de descendre l'escalier avec, en bas à gauche, le passage de porte menant au salon, à la bibliothèque,

1. Pierre-Louis Blanc, *De Gaulle au soir de sa vie*, *op. cit.*
2. *Le Fil de l'épée*, *op. cit.*

au bureau de grand-père... La paix est là. Je sais d'où je viens. Tout est bien. Pourquoi bouger?

Et pourquoi méditer? Vous avez répondu. Par tempérament bien sûr, mais surtout par exigence logique. Vous étiez un mangeur d'informations, si possible sans médiation, sans intermédiaire. Pour la traiter, la trier, la classer, il faut du temps, le temps du traitement par vos logiciels, dans votre mémoire vive. Je crois que vous auriez été heureux, aujourd'hui, de l'explosion de la Toile, comme moyen d'information sur le monde. Quelle machine à apprendre, et, après le tri, à savoir! À condition de posséder les bonnes grilles de lecture. C'est tout aussi vrai dans l'action de combat dont l'immédiateté se prépare longtemps. Napoléon travaillait des heures, couché sur ses cartes de terrain, pour préparer ses batailles. Donc du temps pour méditer et organiser sa vie en conséquence.

Comment méditiez-vous? Quelle était la méthode pour délibérer au-dedans et aussi longtemps que nécessaire? N'est-ce pas éternel que d'être quelqu'un qui cherche toujours à comprendre?

Vous avez dit, jeune officier : « Dans l'étude de l'histoire militaire, il ne faut à tout prix pas s'attacher aux événements eux-mêmes de manœuvre ou de combat pour s'en fabriquer des exemples. Il ne faut retenir pour les employer que les méthodes, les applications d'un caractère, bref ce qui a trait à la philosophie. Car les événements changent toujours de forme au fur et à mesure que se modifient les moyens d'une guerre à l'autre [...] Mais la philosophie de la guerre est immuable[1]. »

---

1. *Lettres, Notes et Carnets, op. cit.*

« La guerre, surtout la guerre moderne, soulève tant de problèmes [...] que, pour en assurer effectivement la direction, il faut des esprits d'une capacité synthétique absolument exceptionnelle. Or, les esprits à forme synthétique, c'est-à-dire aptes à la généralisation, capables de distinguer constamment l'essentiel de l'accessoire, et d'attribuer à chaque facteur exactement l'importance qu'il mérite, ces esprits sont très rares[1]. »

Je crois aussi chez vous à l'importance du rêve, non tant comme dans un songe l'expression d'un souhait ou d'un désir mais comme une recherche du possible. Il vous fallait desserrer le contrôle imposé au travail de votre pensée, voir ce que pouvait donner une réflexion galopante, sans contrainte, et pas celle du strict rationnel. Vous évoquiez vous-même, grand-père, indirectement, cette mystérieuse profondeur, non cartésienne, inapte à la démonstration, inaccessible aux autres mais si présente en chacun, quand vous m'avez récité, un jour, cet extrait de la méditation d'Hamilcar Barca[2], au dernier étage de sa maison, à Mégara, où le suffète, après avoir compté « les pierres rondes, obscures, ces abaddirs tombés de la lune », se coucha sur le sol après s'être couvert le visage d'un voile. « Il s'efforçait à bannir de sa pensée toutes les formes, tous les symboles et les appellations des dieux, afin de mieux saisir l'esprit immuable que les apparences dérobaient. Quelque chose des vitalités planétaires le pénétrait, tandis qu'il sentait pour la mort et pour tous les hasards un dédain plus savant et plus intime. Quand il se releva, il était plein d'une intrépidité sereine, invulnérable à la miséricorde,

1. *Ibid.*
2. Gustave Flaubert, *Salammbô*, Michel Lévy frères, 1862.

à la crainte, et comme sa poitrine étouffait, il alla sur le sommet de la tour qui dominait Carthage. » C'était plus qu'une méditation sur le pouvoir. C'est se pénétrer de cette insignifiance des choses qui en dévoile la profondeur, au-delà du doute et de la signification.

Ce lâcher de bride revient aussi dans vos lectures, celle de nouveau de l'histoire grecque[1] où vous encadrez, en captivité, ce curieux passage qui n'est pas politique mais souligne le lyrisme de la multitude, ses couleurs et ses sons. Déjà le regard de l'écrivain et votre côté Flaubert qui fait se choquer les images et sonner les couleurs : « Ce qui donnait à cette immense cohue un aspect plus effrayant encore, c'est que ces quarante-six nations s'avançaient pêle-mêle sous les costumes les plus étranges, avec les armes les plus diverses. Les Perses, les Mèdes, les Hyrcaniens, avec leurs vêtements à dessins variés, leurs cuirasses à écailles d'acier poli, leurs légers boucliers d'osier, leurs flèches de roseau et leurs courtes piques ; les Assyriens avec leurs casques de forme bizarre et leurs massues garnies de fer, les Saces armés de la hache ; les Indiens vêtus d'étoffe de coton ; les Arabes portant la *zéira* flottante ; les Éthiopiens couverts de peaux de lions et de panthères, qui laissaient voir leur corps peint moitié blanc et moitié rouge ; les Sagartiens armés d'un poignard et d'une corde terminée par deux filets ; puis tous les peuples de l'Asie Mineure, puis les Thraces et vingt autres encore. »

Durant l'été 1970, nous sommes partis, vous, grand-mère et moi, en voiture, pour déjeuner sur le rocher de

1. Voir chapitre 9.

Dabo. Au cours du trajet, nous nous sommes arrêtés dans la campagne, près d'un petit village appelé Nonhigny, en Lorraine, pas très loin de Lunéville. Pas d'intérêt pour moi, *a priori*, avant de vous voir regarder longuement, au loin, les prairies vallonnées et les bois, en silence, et me dire : « Tu vois, ton père est passé ici avec son détachement de blindés pendant la campagne de France [...] Il a dû évoluer par là-bas pour éviter les défenses antichar allemandes [...] » Durant le reste du trajet, vous avez suivi le parcours de votre fils, une carte sur les genoux. On a stoppé plusieurs fois. Vous étiez silencieux. Une fois encore je regardais l'artiste qui imaginait, derrière et devant les yeux, les évolutions et les scènes, qui les voyait presque littéralement, son et lumière. Je ne sais pas si vous auriez été un grand romancier mais probablement un grand scénariste et metteur en scène, avec cette capacité à peindre les situations, en coprésence, leur déroulement, leur enchaînement logique, leur rupture et leur multitude. Avec la braise de ses yeux bruns, sous de lourdes lunettes d'écaille, de Gaulle ne cesse de voir.

Il y a aussi les lieux qui suscitent la méditation : la terre, la terre de Colombey, pour vous aux multiples visages, celle que l'on foule aux pieds au cours des hivers interminables, celle qui finalement nous reprend et peut-être nous transcende, celle de ses paysages différents et changeants, qui a vu le passé et qui attend le renouveau, mais aussi qui fait face à l'azur avec, au milieu, ses bruits, ses oiseaux, ses hommes, et plus haut les étoiles.

De cet espace immense qui se déploie dans un temps plus long que le nôtre vous évoquez dans vos mémoires

« ses villages tranquilles et peu fortunés dont rien, depuis les millénaires, n'a changé l'âme ni la place ». Là aussi le temps est distendu qui se déroule dans nos présents : « Situé sur un plateau, marqué d'une colline boisée [là où est posée la croix], il passe les siècles au centre des terres que cultivent ses habitants. » Le commencement et l'aboutissement de vos pensées viennent de votre bureau, « de cette pièce d'angle » d'où vous découvrez « les lointains dans la direction du couchant », voyez « la nuit couvrir le paysage » et vous pénétrez « de l'insignifiance des choses ». Et dans l'espace-temps de vos séjours, que de « tours du jardin », que de marches dans les bois alentour ! Que de fois vous ai-je vu seul faire ce parcours, perdu dans vos pensées, regardant devant vous, précédé par votre canne de noyer sombre et patiné qui battait la mesure des pas et des idées. Je guettais votre départ mais sans oser toujours vous accompagner !

Et puis il y a la forêt, la forêt peuplée d'arbres, « ses têtes d'arbres ». Les sorties dans celle des Dhuits n'étaient pas des balades. Le rythme était celui du fantassin, qui accompagnait les conversations et les rumeurs des bois. Nous y étions régulièrement en famille. Les trajets étaient divers. Il n'y avait pas, contrairement à ce qui a été raconté, de chêne pluricentenaire faisant le convergeant de vos marches. Tout était mouvement, cadence, arrêt, regard sur autrefois et demain, ici et là-bas, l'immobilité des hautes futaies et la fuite des nuages. « Tu vois, à l'époque des Romains, la forêt s'étendait probablement jusqu'à Dijon. Les légions romaines n'aimaient pas cela car elles excellaient dans le combat frontal, non les embuscades. » Et la forêt se parcourt à pied car elle se mérite.

Quel besoin aviez-vous de tant sentir, voir et entendre les arbres qui s'enfoncent si loin et vont si haut, mais différemment, selon chacun, comme les hommes ! « Pourquoi t'effrayes-tu ? Il en est de l'homme comme de l'arbre. Plus il veut s'élever vers les hauteurs, plus profondément ses racines s'enfoncent dans la terre, dans les ténèbres, dans l'abîme, dans le mal », disait Nietzsche[1]. Retirons l'abîme et le mal. Il n'y a pas de morale dans votre fascination pour les peuples d'arbres. Ce sont d'autres vies, différentes, plus longues, dont les lignes de temps croisent celles des hommes, peut-être en les dépassant. Elles vous inspiraient. À quoi pensiez-vous seul à travers les bois ? Pas seulement à la préparation des discours ou à l'écriture. Nous connaissons la fin des *Mémoires de guerre* dans laquelle « [leur] sombre profondeur », celle des forêts, vous « submerge de nostalgie ». Ce n'était jamais celle du passé. Il est advenu et demeure en nous. C'est celle de la nuit qui tombe sur chacun mais qui ne vous arrête qu'un instant car « tout recommence toujours ». Le cycle de la terre est celui de l'éternité, celui de la vie, avec cette certitude que donnent les grandes futaies. Pour vous tout était lié, et cette terre de Colombey où vous êtes toujours et pour toujours, comme elle se prête à la méditation ! André Malraux dit à la fin de son récit imaginé[2] : « Il est le passé de la France, un visage sans âge, comme, derrière lui, la forêt couverte de neige qu'il a maintenant épousée. » Pas tout à fait ! Le passé, oui, mais avec l'avenir, le passé distendu mais qui se résout dans l'instant qui n'est que mouvement, changement,

1. *Ainsi parlait Zarathoustra*, 1883-1885.
2. *Les chênes qu'on abat*, *op. cit.*

résultante de forces, finalement action et projection dans le futur. Visage sans âge, oui comme « [les] génies [qui] ne sont jamais jeunes, sinon par la pensée ; tout le reste est vieux et sans âge et comme préhistorique[1] ». Toujours cette question présocratique : qu'est-ce qui bouge sans cesse ? Qu'est-ce qui ne change pas ?

Il faut être seul pour méditer, et vous étiez un solitaire. La distance d'avec les autres vient de loin. Vos camarades de captivité, en 1917 au fort IX d'Ingolstadt, à qui vous faisiez des conférences pour passer le temps et leur soutenir le moral, disaient de vous : « De Gaulle exerçait sur ceux qui l'entouraient un ascendant indéniable. Sous des dehors simples et parfois familiers, il savait demeurer distant. Tous les autres jeunes capitaines se tutoyaient entre eux. Personne n'a jamais tutoyé de Gaulle[2]. » Un peu exagéré, car vous tutoyiez vos camarades de promotion de Saint-Cyr, mais le copinage facile vous était étranger.

Certains mémorialistes assimilent chez vous la solitude avec le pessimisme, voire le renoncement. Pas si simple. La solitude tient avant tout à votre altitude de pensée. Malraux l'avait bien vu lorsqu'il disait : « Le domaine des conversations auxquelles j'ai assisté, lorsqu'il écartait l'action en cours, était celui des idées ou de l'histoire. La vie battait autour comme une mer confuse, ne s'y mêlait que par le ton d'une amère expérience. Son monologue intérieur n'apparaissait jamais. »

Dans les *Antimémoires*, le même, à l'occasion de votre première rencontre : « Il établissait avec son interlocuteur un contact très fort que l'éloignement semblait

1. Alain, *Les Cahiers de Lorient*, Gallimard, t. II, 1964.
2. Cité par Jean Lacouture dans *De Gaulle*, t. 1, *Le Rebelle*, Le Seuil, 1965.

rendre inexplicable. Contact dû d'abord à ce qu'il imposait le sentiment d'une personnalité totale. »

Ces rappels ne sont pas inutiles car, si c'était formellement différent dans l'intimité familiale, le fond demeurait. « Personnalité totale », oui, Charles de Gaulle n'était pas un autre en privé. Sa densité m'apparaissait constante ; pas de différence de paroles même si, en famille, la voix n'avait pas le timbre du discours.

Il était naturellement difficile d'être à votre niveau. Vos collaborateurs et ministres connaissaient votre aversion pour les mots inutiles, les pensées inabouties, les phrases mal faites ou les anecdotes sans rapport. Ils savaient à l'avance ce sur quoi ils devaient plancher et pendant combien de temps, heure précise, ponctualité de militaire, politesse des « chefs ». Tous ont noté l'exigence de l'exercice. Ils s'y préparaient et mesuraient leur obligation d'excellence. Tous redoutaient encore davantage la fin de l'entretien où, imprévisible, vous les interrogiez sur tout autre sujet, et là, il fallait se lancer tant vous n'aimiez pas les tièdes. Toute opinion était défendable devant vous, grand-père, même contradictoire, à condition d'être soutenue sans faillir et non sans « biscuits ». Vous recherchiez d'ailleurs la contradiction, plutôt par principe, pour savoir si vous aviez loupé quelque chose. « Que pensez-vous de [...] Que dit-on sur [...] ? Eh bien vous n'êtes pas curieux ! », auriez-vous dit un jour à l'un de vos collaborateurs. C'était bien vous. Claude Guy[1] l'écrivait : votre curiosité veille, « merveilleusement présente derrière un masque indifférent ». Aux aguets, prêt à bondir sur tout ce que vous n'aviez pas encore intégré.

---

1. *En écoutant de Gaulle. Journal 1946-1949*, Grasset, 1996.

Il fallait se grandir pour vous répondre. C'était aussi vrai pour moi, par exigence intérieure, et ne pas paraître idiot. Vous m'avez demandé un jour, en 1969, lors d'un tour du jardin à Colombey, ce que je pensais « de cette idée qui court selon laquelle il faudrait abaisser l'âge de la majorité pour pouvoir voter ». Elle était à vingt et un ans. J'en avais alors dix-huit et vous ai répondu que si, à cet âge-là, on était, et depuis longtemps, assez bon pour mourir en défendant sa patrie, on devait l'être aussi pour s'exprimer aux élections. Et vous, sans autre commentaire : « C'est vrai ! » J'ai compris : c'est bien ! Le sujet n'a pas reparu.

Nous sentions tous que, de temps en temps, vous n'étiez plus là. Mon père le dit aussi dans ses entretiens avec Michel Tauriac[1]. Cela arrivait soudainement, quelles que fussent les conversations ou les circonstances. Rien d'agacé ou d'agressif, vous vous échappiez simplement vers d'autres rivages. Nous avions presque le sentiment d'être de trop. C'était ainsi le cas pendant vos « patiences », qui vous occupaient les mains et la mémoire. Étrange exercice qui se concluait à la fin de chacune par la marque précise d'un curieux chiffre 4 écrit d'un trait continu, de bas en haut puis de gauche à droite, dont la barre horizontale était un peu allongée pour être strictement symétrique à la verticale, le tout coiffé d'un point en cas de partie gagnée ou laissé nu à l'inverse. Chaque résultat restait ainsi sur une feuille de papier blanc pliée en quatre, regroupée par séries de cent. La statistique était rigoureusement tenue, qui suivait, sur l'ensemble des parties, la loi des

1. Philippe de Gaulle, avec Michel Tauriac, *De Gaulle, mon père*, Plon, 2003-2004.

grands nombres. Votre mémoire visuelle des tombées attendues compensait presque en moyenne l'aléa de la distribution du jeu. C'était non une surprise, puisqu'une réalité chiffrée, mais, après combien de milliers de patiences, toujours un étonnement : celui d'une étrange distribution à court terme qui pouvait faire apparaître une réussite après plusieurs échecs, ou l'inverse, ou d'autres irrégularités qui s'équilibraient finalement en fonction croissante de leur nombre. Je vous l'avais demandé : pourquoi ces marques de réussite ou d'échec? À quoi cela vous sert-il? « Parce que je voudrais savoir si, un jour, après d'autres milliers de parties, il se produira, sinon une rupture, du moins un infléchissement de cet équilibre apparemment inexorable. » Puis vous avez enchaîné avec ces mots qui me surprennent encore : « Je crois à l'inattendu, à la survenance de ce qui paraît *a priori* improbable. Après tout, en 1940, la France a bien failli disparaître ! » Il y a quelque chose de plus implacable que le destin contre lequel les hommes peuvent tenter la révolte : les lois du monde, difficiles à nommer, qui imposent leur réel, où le hasard compte davantage que ce que l'on croit, « cette obscure fatalité », selon votre expression.

Nous nous gardions d'interrompre vos silences et attendions votre retour parmi nous. Cela ne nous gênait pas mais pouvait choquer certains, François Mauriac, par exemple, que cite son fils Claude : « Il ne nous voit pas. On n'existe pas à ses yeux en tant que personne distincte. Il juge *in abstracto* ce qu'on lui dit sans le rattacher à ce que l'on est, à ce que l'on sait... Plus loin, dans d'autres propos notés le même jour, le 16 février 1946 : "Ce pauvre Bidault", "ce pauvre Philip", toujours un adjectif péjoratif précède le nom de la personne dont il parle. “Ce brave père Gouin [...]”. Impossible de ne pas voir là un point faible de ce grand esprit. » C'était un mois après votre départ. Mauriac croyait à la République qui allait naître ; vous, qui n'aviez justement pas jugé les personnages cités hors le contexte politique et ses récifs, craigniez justement pour l'avenir. Où se situait finalement le « point faible » ?

La thèse de l'homme froid, indifférent à l'histoire des hommes, ayant du mépris pour les autres, est imbécile. L'action de l'homme d'État a sa rigueur, surtout au service de quelque chose de plus grand que soi. Cela n'a rien à voir avec la sensibilité, le cœur, la compréhension d'autrui. L'on vous présentait comme taillé dans le marbre froid, ou, pour reprendre un vers de Mallarmé « Calme bloc ici-bas chu d'un désastre obscur ». Je préfère cette phrase, plus humaine, d'André Malraux, encore lui : « Le sien [votre visage] s'était nuancé, au cours des années, d'une apparente bienveillance, mais il demeurait grave. Il semblait ne pas exprimer les sentiments profonds, mais se fermer sur eux. »

Je percevais réellement, au moins je le crois et à ma mesure, votre complicité avec les choses, la mesure que vous preniez des situations, votre bienveillance profonde à l'égard des hommes. Et puis ce besoin de sentir, les foules, les villes, les pays, les paysages, de regarder vous-même, d'entendre sans intermédiaire, de respirer librement, sans manteau s'il faisait froid ou commençait de pleuvoir, de capter des réponses à des questions nouvelles, d'ajouter toujours quelque chose à ce qu'il faut peut-être appeler la conscience. Je ne vous ai jamais dit, cela m'aurait paru ridicule, combien, lors d'une promenade avec vous, je me sentais moi-même à côté d'un monde au milieu du monde, captant aussi fort que je le pouvais les mots, même ceux du silence, les bruits, le rythme de nos pas, la vibration du jour, la mélancolie du soir qui vient, peut-être sans retour.

Mais il y a aussi la solitude, votre « tentation » puis... votre « amie » pendant la traversée du désert, puis après avril 1969. Ce n'était pas uniquement celle de l'écrivain confronté au miroir de la page quand l'action est interrompue. Je vous ai demandé une fois, au cours d'un après-midi – c'était hier : « Est-ce que cela a été difficile d'aller sans cesse contre le courant dominant, d'être toujours seul ? » Votre réponse au présent de l'indicatif m'a ému plus que je ne pouvais le montrer : « Si, c'est épouvantable ! » J'ai eu l'espace d'un instant, avec l'acuité irresponsable mais profonde de l'adolescence, l'impression d'entrevoir une part de vous-même, directement, sans apprêt. Vous avez d'ailleurs enchaîné sur les qualités humaines nécessaires à l'existence, non forcément réussie car il y a la part du sort, mais aussi digne qu'il est possible à chacun : « Le plus important, ce n'est pas l'intelligence, elle est d'ailleurs plutôt bien répartie entre les individus, et la proportion des crétins est la même partout, tous groupes, toutes classes sociales confondues, comme on dit aujourd'hui ; le plus important, c'est l'énergie, c'est la volonté. »

Votre intimité familiale était solidement verrouillée. Ma grand-mère y veillait, et cela vous allait bien. Nous n'avions pas nous-mêmes, vos petits-enfants, le droit de prendre des photos à Colombey, ni de vous ni de la maison. Je n'y ai vu, pendant nos vacances ou quelques fins de semaine, durant les années publiques de 1958 à 1970 que j'ai connues, personne en dehors de notre famille proche, si l'on excepte les allers et retours des aides de camp, ou la visite de l'histoire avec Adenauer. Nos visites au palais de l'Élysée étaient régulières, presque tous les quinze jours, le dimanche pour déjeuner, lorsque vous n'étiez pas en déplacement en dehors de Paris. Là aussi en famille, et en formation réduite. Vous occupiez trois pièces dans la partie gauche du bâtiment qui regarde le jardin. Rien de plus, et ma grand-mère n'avait pas de bureau. Vous vous considériez comme des hôtes de passage, sans ostentation ni étalage puisqu'il ne s'agissait que de servir la France, le temps du suffrage donné par les Français. Vous n'aimiez d'ailleurs pas cet endroit, ce « palais de la main gauche », peu digne d'abriter le président de cette République que vous veniez de créer, et, pour grand-mère, cette maison froide, impersonnelle qui la faisait prisonnière et n'était pas la vôtre. Le décor de votre petit logement ne ressemblait pas à celui majestueux de la bibliothèque que nous traversions pour vous voir (celui de la photo officielle) ; un peu mieux qu'un lieu de garnison militaire mais sans beaucoup plus. Quelle importance !

Les repas étaient de tradition, celle d'une cuisine familiale bourgeoise, qui nous vient de loin (entrée, plats en sauce, viande ou poisson, salade, fromage et dessert). Vous les animiez avec courtoisie et bonne humeur. Ces déjeuners se ressemblaient pour se terminer souvent par le soufflé arlequin, les poires Bourdaloue ou les crêpes Suzette, toujours réglés sur votre cassette personnelle. Ils étaient détendus, sans polémique et sans récrimination. Jamais d'agressivité même s'agissant de vos adversaires les plus médiocres. Une phrase ressortait d'ailleurs souvent lorsque vous vous adressiez à nous, quant à l'importance que vous donniez au comportement de chacun envers les autres, quoi qu'il en coûte : « Dans la vie, il faut être un gentleman. » Quel enseignement simple et difficile ! Dans l'ordre séculier de la politique, la polémique ne conduit nulle part lorsqu'elle ne vise que les personnes. Les différences, voire les oppositions ne nous séparent pas ; il y a au-dessus le bien commun qui naît d'un curieux dialogue : celui du courage, du combat, de la volonté avec la bienveillance.

J'attendais que l'on passât des sujets sur la guerre, qui m'intéressaient peu, à l'actualité du monde, plus charnelle et présente pour un adolescent de la paix, très attentif à écouter son grand-père. Ils sont dans mon souvenir nimbés de cette douce lumière qui nous fait apprendre sans effort. Charles de Gaulle était aussi notre professeur, un pédagogue, cet enseignant qu'il n'a jamais au fond cessé d'être. Aucune vérité assenée, toujours l'effort naturel et décontracté de la démonstration pour expliquer sa position, quel que fût le sujet. La contradiction était permise sous réserve d'être étayée. J'ai eu souvent l'impression qu'au fond il la guettait avec probablement l'espoir, non tant de convaincre, mais d'entendre quelque chose qui le surprenne et ajoute à sa pensée. Pour moi, par-dessus tout, venait de lui cette capacité de s'adresser à ses petits-fils, impressionnés et imprégnés depuis longtemps par le personnage, comme si nous étions des interlocuteurs crédibles, en âge non seulement de le comprendre, mais aussi d'apporter, le cas échéant, notre petite pierre à la démonstration. J'étais, je m'en souviens comme hier, plein de retenue mais sans appréhension, sans gêne, sans réserve d'être en sa présence. J'ai toujours pu lui poser toutes les questions que j'ai voulues, et, chaque fois, il y répondait sans détour avec sa franchise démonstrative. Cela remonte loin et il n'y avait aucun interdit.

Lorsque le général Jouhaud a été condamné à mort par le Haut Tribunal militaire en 1962, je vous ai demandé si vous alliez le gracier. Vous étiez assis sur votre canapé crapaud, à côté de la cheminée, et nous étions en famille. Je me souviens encore des mots de votre réponse, de leur vibration autant que de leur sens : « Je ne te répondrai pas car c'est une affaire entre ma conscience et moi. » On connaît la suite. Je ne sais toujours pas aujourd'hui comment traduire la profondeur de l'onde provoquée chez moi par ces paroles. J'ai pressenti, sans explication, ce que vous feriez grand-père, et le pardon entrevu m'a fait, pendant un instant immobile, deviner, je le dis simplement, la profondeur du sensible, cette part de l'homme qui le fait plus grand que sa raison.

J'avais un âge (onze ans) qui n'était pas celui de telles questions. Mais la simple franchise de votre réponse, donnée sans détour, sans condescendance, sans l'agacement si fréquent dans votre génération pour une « marmaille » qui n'avait pas droit à la parole, m'a transpercé. L'on n'oublie jamais d'être un interlocuteur accepté, digne de réponse, par un personnage tel que vous, sur un sujet grave. Cette question est la première « vraie » que je vous ai posée. Je l'ai fait car cette époque, la période algérienne, n'a pas été pour notre quotidien une période très agréable. Elle a incrusté de profonds souvenirs. Deux simples illustrations : nous étions, mes frères et moi, au début des années soixante, élèves à Saint-Jean-de-Passy, rue Raynouard à Paris, dans le 16e arrondissement. À la fin des cours, vers 12h15, un lundi de soleil, sur le trottoir où attendaient des parents d'élèves, habitants pour la plupart ce quartier si BCBG, j'ai eu la surprise de voir des poings se lever vers moi et entendre crier : «Bande de salauds, on aura votre peau!» Je vois encore leurs visages et savais qui ils étaient. La veille à la messe, le jour d'après insultant des enfants. Quel courage, quelle générosité, quelles belles âmes! Le second exemple, je le tiens de mon oncle Alain de Boissieu, qui me l'a raconté plusieurs années après. C'était en 1962, et le domicile de mes parents était surveillé le jour par un inspecteur de police posté devant la loge du concierge. Son rôle était, notamment, d'intercepter et de regarder le courrier, lorsque arrive, un matin, un petit colis qui nous était adressé, à mes frères et moi. Il l'ouvre, constate qu'il s'agit d'une boîte de balles de tennis (Dunlop), mais d'un poids un peu particulier qui l'interpelle. Il appelle ses collègues, emporte l'objet dans des locaux adaptés et l'ouvre pour constater que l'une des quatre balles était en fait une grenade offensive dégoupillée. Elle devait nous sauter au nez si nous avions ouvert la boîte. Même commentaire que précédemment auquel j'ajoute : quelle lâcheté!

Charles de Gaulle était d'abord notre grand-père, avant le Général ou le Président. Il nous suivait, sans intervenir dans notre éducation, mais attentif à nos progrès. Il ne formulait aucun désir de carrière. Je n'ai jamais entendu de sa part une question ou simplement un mot sur l'éventuel désir de tel ou tel d'entre nous de devenir officier. Nous étions libres et je sentais très tôt, confusément, que notre avenir était davantage borné par l'énergie que par l'intelligence. Cela dépendait de chacun, quelles que seraient les circonstances. Il savait bien qu'être son petit-fils n'était pas simple et qu'il nous faudrait trouver notre chemin, grâce ou malgré, mais à travers cette situation qui nous déterminait, dès la prime enfance, car de Gaulle était déjà de Gaulle à notre naissance. C'était un fait. À nous d'en tirer le meilleur sans laisser-aller, avec le droit au doute mais sans plainte, le devoir de poser des questions sans attendre forcément des réponses, et toujours la volonté de chercher à savoir, à comprendre, à se faire son opinion. Je n'ai lu que bien plus tard les lettres qu'il adressait à mon père, dans lesquelles il parlait de nous. À chacun de nos progrès, il insistait sur un mot : l'essentielle confiance en soi que donne le passage d'un examen comme la traversée d'une épreuve. C'est le mot qui me revient, confiance, en sa famille, en ses descendants, plus largement et malgré tout, confiance en l'homme, sans illusion mais sans réserve, à condition de faire tout son possible, « son devoir ». Dans cette intimité familiale, contrairement aux apparences, grand-père nous laissait l'extraordinaire chance de la liberté d'être. Bien sûr, la banalité du déterminisme social laisse son empreinte, d'ailleurs difficile à mesurer tant elle est implicite. C'est peu, pour moi, à côté de sa présence, si forte et vivante, même aujourd'hui. Rien ne m'a été imposé, même suggéré, tout au moins par le discours. Aucune instruction sinon de tirer le meilleur de soi qui ne dépendait que de moi ; encore votre phrase : « Je ne possède que mon cerveau. » Qui peut croire que, d'une large façon, cette famille m'a laissé le terrain vierge pour construire ma propre vie ? Et cette phrase racontée par mon père qui vous cite : « Que tes fils ne comptent pas sur moi pour trouver une situation ! » Tant mieux ! Cette idée ne me serait jamais venue. Ce n'était pas le style de la maison. J'ai eu pourtant du mal à concilier votre humanité profonde avec ce qui pouvait passer, non pour de l'indifférence, mais pour une prise de distance délibérée avec le devenir social de votre descendance directe. C'était différent avec les autres. Vous avez, par exemple, créé trois décorations : l'ordre de la Libération, la médaille de la Résistance, et l'ordre national du Mérite. Vous n'en avez donné aucune à mon père qui pourtant l'aurait mérité. Est-il si inconvenant de récompenser son fils, même lorsqu'on appartient à l'histoire ? Nous avions tous compris que ce qui comptait était, avant tout, d'être quelqu'un plutôt que quelque chose. J'avoue avoir vu dans cette attitude un excès de vertu, peut-être de l'injustice. Mais j'ai appris grâce à vous à ne rien attendre.

Que lui apportions-nous de notre côté ? Peut-être, dans le bruit du monde, un morceau de ce socle indéfectible qu'était notre affection inconditionnelle, sans attente, sans quémande et sans hypocrisie. Il était avec les siens.

Ma grand-mère a toujours été là pour vous. Elle vous connaissait bien sûr mieux que personne. Avec quels solidité, intelligence et dévouement a-t-elle accompagné votre personnage, au destin particulier, au caractère peu commun et peu commode ! Un adolescent sait peu de l'intimité d'un couple, et plus encore dans sa famille. Mais il perçoit les lignes de faille, les tensions, les irrégularités de ton qui sonnent le désaccord. Mes grands-parents se vouvoyaient. Grand-mère avait reçu cette éducation ouverte sur le monde qui était celle de la bourgeoisie industrielle du Nord et donnait clairement son avis sur tout autre chose que les seules affaires de ménage. Il vous agaçait quelquefois. Mais je n'ai jamais senti l'écart de tonalité qui brise l'harmonie, la connivence, l'être-ensemble qui fait bloc. Elle était une part de vous sans laquelle il aurait manqué un morceau d'essentiel. Grand-mère avait l'œil à tout, assurait ce qu'il fallait faire, veillait à l'indispensable sans jamais faillir, même en ignorant ce qui se passait vraiment, comme pendant ces journées de juin 1940 où, ayant tout laissé, elle était partie avec ses trois enfants dont ma tante, la petite Anne handicapée, en route vers la Bretagne. Objectif : ne pas se laisser déborder par l'ennemi. Direction : aller plutôt vers le sud de la France, pour s'éloigner de l'envahisseur. Résultat : devant les difficultés pour circuler en sécurité sur les routes et après avoir reçu les passeports indispensables, elle prit d'elle-même un bateau à Brest, le soir du 18 Juin, vers l'Angleterre, sans savoir que son mari y était. Elle n'a pas entendu l'Appel mais connaissait le sien : celui du courage avec, ce qui compte plus encore, la capacité de décider en situation d'incertitude. Et puis il y eut cette part que l'on doit à la Providence : le premier navire qui vient de quitter le quai sous ses yeux sera coulé en chemin par l'aviation allemande. Le sien parviendra le matin du 19 à Falmouth, l'extrême sud des Cornouailles. Ils y passeront la journée, puis la nuit, dans une pension de famille qui fera payer d'avance...

Je me souviens de son humour, et de nos éclats de rire en regardant *Ali Baba et les Quarante Voleurs*, avec Fernandel, à la télévision, ou *Le Corniaud* avec Louis de Funès et Bourvil, au cinéma. Elle avait sa personnalité, son coup d'œil, ses jugements avertis, sa présence discrète mais affirmée et constante ; une inaltérable stabilité qui avait peu à voir avec les commentaires de l'époque du genre « grenouille de bénitier » ou « petite-bourgeoise de Calais à l'esprit rétrograde ». Je la revois à Colombey conduire seule son Ami 6 Citroën bleu ciel pour aller faire ses courses à Chaumont ou Bar-sur-Aube. Je la revois planter ses fleurs, coiffée de son petit chapeau de toile beige, écosser les haricots dans la cuisine, chercher les œufs dans le poulailler. Je la revois veiller sur vous, discrètement mais constamment, non pour être sur votre dos mais pour essayer de protéger ce grand aventurier qui ne craignait que l'ennui, le froid, l'indifférence. La phrase de cette jeune fille de vingt ans : « Ce sera lui ou personne ! » laissait toujours, cinquante ans après, son écho, sa trace que rien n'avait effacé, pas même les épreuves. Vous étiez, je ne trouve pas d'autre phrase pour traduire votre retour, au moins celui que je sentais, plein d'attention et d'intention pour elle, vous qui aviez l'abnégation du soldat pour le sacerdoce exclusif de la France, tandis que votre « chère petite femme chérie » possédait, elle, à fond « le métier de vivre », et plus que tout auprès de vous. Trop d'exclusivité partagée au détriment de vos enfants à l'exception du « tout petit » ? Je ne sais pas ! Mon père l'a laissé transparaître. J'étais plus loin et savais que l'affection de grand-mère n'était pas démonstrative. Cela ne m'a pas manqué tant celle-ci était permanente par l'attention qu'elle portait à chacun sans qu'il fût utile de séparer les choses de la vie et celles de la pensée, du destin ou de l'histoire, car elle n'était nullement cantonnée dans ce que Chateaubriand appelait l'obscurité des soins domestiques. Elle était pleinement là, avec son mari, et près de nous.

J'ai relu dans les *Lettres, Notes et Carnets* le mot que vous lui avez envoyé au moment de votre installation à Beyrouth en 1929 ; vous étiez seul, en tournée d'inspection à Alep, et lui dites : « Il fait "froid" le soir et je pense qu'il en est de même à Beyrouth. Je t'aime de tout mon cœur. Tout le monde ici me demande : Et Madame de G. n'a pas été trop impressionnée par cette entrée en campagne ? Je réponds la vérité, c.-à-d. non, et je pense à part moi qu'elle l'a peut-être été mais qu'elle est si brave et si courageuse qu'elle a fait semblant d'être contente [...] Je n'oublierai jamais combien tu m'as soutenu et dans un moment en somme difficile [...] »

Après votre disparition, dans la solitude de l'hiver à La Boisserie, alors que j'étais avec elle regardant au loin par la fenêtre grise, ce qu'elle faisait de plus en plus souvent, je l'ai entendue me dire : « Tu sais, depuis que mon Charles est parti, tout cela ne m'intéresse plus beaucoup. » Cette phrase... et puis son regard... bleu faïence illuminé, intense et triste !

Pour vous, la partition absolue entre la vie publique et l'autre allait de soi, qui était paradoxalement le signe d'une très grande transparence, sans jeu aucun avec les médias car, alors que tout n'était que discrétion, rien n'était caché. Cette règle du jeu, simple, sans transgression ni affectation, vous faisait, là aussi, un précurseur. Elle vous rendait inattaquable. Je reviens sur l'expression de Malraux, vous qualifiant de personnalité totale. Le mot percute. Vous saviez évidemment vous adapter aux circonstances de paroles et aux interlocuteurs de rencontre. Mais « l'unité » de Gaulle était permanente. Votre machine consciente, qui ne dépendait pas des autres, faisait face aux situations multiples qu'elle rencontrait sans autre aide qu'elle-même. Comment prendre au dépourvu ce fonctionnement intellectuel en analyse constante, capable d'une synthèse de position, instantanée et autonome ? De Gaulle était intellectuellement, comme la nature en philosophie, un et indivisible, en public et en privé. Les analyses que j'ai entendues de vous dans l'intimité n'étaient pas différentes de celles faites dans les conférences de presse.

Solitaire par tempérament, déterminé ou condamné à la solitude par les événements, mais assuré dans votre intimité, vous présentiez pour moi, grand-père, un autre mystère de la solitude : celui de paraître sans ascendance. Vous n'en parlez d'ailleurs jamais dans vos écrits, et seuls les *Mémoires* vous mentionnent comme « petit Lillois de Paris », ce qui n'était que partiellement vrai. De fait, je ne vous ai jamais entendu évoquer, en dehors du cas de mes arrière-grands-parents, les ancêtres de notre famille. Il faut aller chercher dans les *Lettres, Notes et Carnets* votre correspondance de jeune homme pour savoir un peu de cette histoire, toute marquée d'ailleurs par la guerre et son quotidien. Le peu que j'ai appris sur nos origines vient des *Mémoires accessoires*[1] de mon père. Vous la connaissiez pourtant bien, l'histoire de votre famille. Pour un homme imprégné de la coprésence des époques, c'est pour moi un curieux paradoxe. Pas pour vous.

Vous étiez l'homme d'un destin et vous saviez tel, et sans prédécesseurs. Vous n'avez pas non plus de successeurs tant cette rencontre entre un effondrement national unique dans notre pays et l'arrivée d'un « pauvre homme » qui s'y était préparé relève de

1. Philippe de Gaulle, Plon, 2 tomes, 1997-2000.

l'inexplicable. Il n'y a que sa légende qui succède à de Gaulle.

Je m'étais un jour demandé, devant vous, alors que nous faisions, encore une fois le tour du jardin à La Boisserie : « Nous, vos petits-enfants, que pouvons-nous faire après vous ? Vous représentez un sommet dans l'histoire d'un pays, *a fortiori* d'une famille. Vous êtes l'exemple d'une vie réussie. Que faire après tout cela ? Notre vie, ma vie ne peuvent que s'inscrire en déclin. Cela a-t-il un intérêt ? » Vous avez battu le sol avec votre canne pendant quelques secondes, en silence, pour finalement répondre : « Le plus intéressant dans l'existence d'un être humain est d'être traversé par une passion, l'art, l'écriture, Dieu, la France ou toute autre chose. Alors il faut complètement vivre avec elle et ne plus regarder le monde qu'à travers son prisme. Quand ce n'est pas le cas, le devoir est de faire le mieux que l'on peut, où que ce soit ; que chacun apporte à l'œuvre commune sa petite pierre et contribue, quel que soit son niveau, à l'aventure humaine et son progrès. » Bref, « regarder loin », avec sa myopie, sa médiocrité et ses œillères, et « se tenir droit ». Encore le devoir. Soit ! Je lisais à ce moment la *Vie de Rancé* de Chateaubriand et ne pouvais m'empêcher de revoir sa phrase : « Restent ces jours dits heureux qui coulent ignorés dans l'obscurité des soins domestiques, et qui ne laissent à l'homme ni l'envie de perdre ni de recommencer la vie. »

Je n'ai été qu'une fois, un 18 Juin, aux cérémonies du mont Valérien. J'avais quinze ans ; je vous revois entrer dans la crypte des martyrs et j'imaginais votre solitude parmi ces compagnons qui vous entouraient, dans cette fraternité silencieuse qui n'était pas née que de l'épreuve. Il y avait plus : « Tandis que la torture s'acharnait à réduire leur âme, à travers la douleur de leur corps, ils confessaient la France[1]. » Vous étiez seul près des tombes de ceux qui ont cru en vous, hommes de même foi, loin du bruit et de la fureur, comme au commencement. Solitaire mais finalement pas seul. Pas encore dans la légende, mais bien là dans nos mémoires et nos cœurs.

Vous avez noté dans vos carnets en juillet 1920 : « Rien d'émouvant comme la mort de Louis XIV. Le vieux roi est mort littéralement seul. À part le cardinal de Rohan et le curé de Versailles, personne près de lui ; même pas Mme de Maintenon, même pas ses enfants. Quant aux courtisans, ils étaient tous chez le duc d'Orléans. » L'émotion immense qui étreignait le 12 novembre 1970 le petit cimetière de Colombey nous a donné son message de communauté silencieuse, au contraire de celui des *Mémoires d'outre-tombe* que vous relisiez encore à la fin de votre vie avec, parmi d'autres, ces mots : « Cette impossibilité de durée et de longueur dans les liaisons humaines, cet oubli profond qui nous suit, cet invincible silence qui s'empare de notre tombe et s'étend de là sur notre maison, me ramènent sans cesse à la nécessité de l'isolement. » Vous ne serez jamais plus seul. Votre légende et notre mémoire vous accompagnent. Pas seulement ici dans votre maison de Colombey. Votre dernière lettre à mon père, écrite deux jours avant votre disparition, m'étonne encore : vous souhaitiez que celle-ci restât un lieu de rassemblement pour votre famille. Mais comment me sentir chez moi, ici, qui reste à jamais

1. *Discours et Messages*, *op. cit.*, vol. I, 1er novembre 1944.

chez vous ? On ne vit pas de ses seuls souvenirs. Je préfère de beaucoup le choix intelligent et sage fait après la disparition de grand-mère, celui d'ouvrir votre maison à chacun. Les jours qui passent amènent ainsi tous ceux pour qui vous êtes encore quelque chose : images, référence, curiosité, immanence d'un personnage maintenant mythique. Ils sont plus nombreux depuis l'ouverture de l'Historial, un peu massif, planté sur la colline, près de la croix de Lorraine. J'aime leur visite et je fais quelquefois le guide. Je suis heureux qu'ils voient ce petit morceau de France, plein d'une humanité qui vous étreint, et fait sentir, plus que l'émotion, le souffle jamais éteint né de la grandeur et de la simplicité. Il est là, le rassemblement de votre famille, discret, presque quotidien, par petits groupes divers dans ses origines, ses langues ou ses générations. Je suis au fond convaincu, depuis toujours, que vous le vouliez ainsi, bien au-delà de votre descendance : c'est à qui le veut de s'approprier votre histoire.

5

Correspondance des temps

Vous aviez, grand-père, une vision étrange du temps qui passe, pour vous et pour les autres, avec l'intuition de son mouvement continu de création. Ce n'est pas le temps chronologique des humains qui vivent et meurent. C'est plutôt celui de la continuation indéfinie de l'univers qui demeure mais ne cesse de changer. Homme parmi les hommes et pétri par l'histoire des hommes, vous avez choisi l'apparent contraste d'habiter intensément le présent, non comme quelque chose qui passe, sans épaisseur et sans durée, rien ou presque entre passé et futur, mais comme une durée indivise, une conscience organique, une correspondance des temps que vous distendez constamment, en retenant le passé le plus lointain tout en anticipant l'avenir le plus éloigné.

Régis Debray le dit bien à sa manière : « L'histoire pour de Gaulle n'était pas un musée que l'on visite [...] Lui avait compris ce que nous avons tant de mal à expliquer, la coprésence des temps qui nous rend mystérieusement solidaires des guerres de Religion et de l'invasion du Palatinat. Un homme de l'histoire se meut sans y penser dans la pensée[1]. »

Je crois que le temps absolu, hors de nous, compris comme l'une des références universelles de notre vision très classique de l'histoire, où sa chronologie identifiée comme succession linéaire d'événements est source de causalité, n'existait tout simplement pas comme tel chez vous.

Il n'y a que des lignes de temps, innombrables et différentes, qui se croisent, coexistent, et possèdent chacune un passé et un futur. Leur coprésence permet l'analyse, la comparaison, l'analogie en fonction de l'information que l'on a sur elles. Rien d'absolu. Le relatif domine, en fonction de ce que nous sommes et savons, dans notre ligne de temps comme dans l'espace que nous occupons, car nous ne sommes pas seuls. Nous savons peu sur les choses, sur les hommes et les autres cultures. Mais l'histoire est le présent de Charles de Gaulle. Il y a son histoire personnelle, notre histoire, l'histoire des autres, chacune se déroulant dans son temps propre, dont la coexistence d'ensemble peut être l'objet d'une analyse.

Faire le lien entre les événements n'est possible, pour vous, grand-père, que par le mouvement de la conscience. C'est la connaissance de l'histoire qui l'éveille. C'est la mémoire qui la conserve.

La vôtre était exceptionnelle. Vous le disiez vous-même à Claude Guy, l'un de vos aides de camp juste après la guerre : « J'ai toujours possédé une mémoire visuelle que fort peu partagent, je crois, à ce point avec moi. À Saint-Cyr, les cours étaient fort copieux. Après

1. *À demain de Gaulle*, Gallimard, 1990.

les avoir compris au cours de l'année, il me suffisait de les regarder pour les savoir [...] Mais cette mémoire-là ne dure que trois jours. Le fait, d'autre part, d'introduire des corrections, des changements de ponctuation, précise encore cette mémoire visuelle. Une ou deux répétitions, la veille au soir, et quelques minutes avant de prononcer mon discours, parachèvent le tout.» Cette faculté, cultivée et entretenue dès votre enfance, était pour vous l'incontournable critère de la vieillesse. Le naufrage aurait commencé si celle-ci avait failli. La mort sera venue sans qu'elle faiblisse.

Les témoignages de votre capacité à citer sont innombrables. Poésie, littérature, histoire, théâtre par passages entiers. Sans compter les souvenirs de votre vie : les événements, les rencontres, même les textes de tous ordres liés à l'exercice du pouvoir. Et ce n'était pas que de la citation. Lucien Nachin, qui était probablement l'un de vos rares amis, a écrit en 1945 un bel avant-propos à la réédition des *Trois Études* chez Berger-Levrault. Il ouvre d'ailleurs sur votre manière de réfléchir une lumière qui n'a pas beaucoup brillé après lui, et note d'emblée que se révèle dans ces textes «le fil conducteur d'une pensée permanente, d'une manière de juger et d'interpréter du dedans qui est le fond même de l'attitude intellectuelle de l'auteur en présence d'un problème, quel qu'il soit». Il rappelle, partout où vous avez vécu, à Paris, en Pologne, en captivité, votre curiosité insatiable, votre capacité à lire, votre mémoire qui tout enregistre et relie. Il dit que le jeune officier Charles de Gaulle «cueille d'une main experte un chiffre qui résume un bilan, un mot qui campe un caractère, une anecdote qui symbolise une époque, un trait qui marque une collectivité». Il ajoute :

« Ayant longuement médité [...] sur les informations qu'il a recueillies, il a opéré de larges synthèses qui offrent un cadre souple pour recevoir l'image des événements au fur et à mesure qu'ils se produiront. Il la verra sous sa forme générale et la juge par la place qu'elle doit avoir dans un ensemble déjà entrevu. »

Votre connaissance de l'histoire, des histoires, hommes, culture, disciplines et civilisations, était stupéfiante. Elles sont coprésentes dans votre esprit. Vous êtes là et ailleurs, en ce moment et avant. Le flot du monde est présent dans le présent. Lorsque vous descendez les Champs-Élysées le 26 août 1944 : « À chaque pas que je fais sur l'axe le plus illustre du monde, il me semble que les gloires du passé s'associent à celles d'aujourd'hui [...] L'Histoire, ramassée dans ces pierres et dans ces places, on dirait qu'elle nous sourit et qu'elle nous avertit. » C'est notre histoire qui s'accomplit dans nos vies. Et nos vies, nos lignes de temps, sont proches les unes des autres. Après tout, votre propre grand-père est né en 1815, il y a deux cents ans ! Vous m'aviez fait remarquer cette proximité. Si l'on imagine simplement vingt vies humaines de soixante-quinze années mises bout à bout sans intersection, cela nous fait remonter de mille cinq cents ans, soit approximativement au moment du baptême de Clovis. C'est peu, vingt vies humaines ! Vous dites quelque part, dans *La France et son armée*, que les hommes évoluent lentement et que la nature ne procède pas par sauts. Vous le redites à la libération de Paris : « Innombrables Français dont je m'approche tour à tour, [...] si vous saviez comme vous êtes pareils ! » Mais à ce moment, il ne s'agit pas que de la France et de son peuple, même si la foule du 26 août était probablement à peu près la même qu'en avril 1944 pour accueillir le maréchal Pétain. Vous pensiez à l'histoire et à ces instants d'unité nationale qui se sont quelquefois produits et nous ont grandis. La dilatation que vous faisiez de notre présent n'est pas limitée à notre seul pays. Encore une fois, pour vous, le temps, indépendamment de nous, n'existe pas. « Le temps lui-même n'a pas d'existence en tant que tel. Ce sont les choses, et leur écoulement, qui rendent sensibles le passé, le présent, l'avenir », écrivait Lucrèce dans son *De rerum natura*. Le livre est toujours là, dans la bibliothèque, à gauche de votre table de jeu. L'histoire est l'écoulement du temps dans nos vies, qui nous rend perceptible la durée, notre durée, notre temps relatif, sa coexistence avec d'autres qui donne un visage à la chronologie. De Lucrèce à Einstein, votre vision du temps est, sans paradoxe, résolument moderne. L'histoire, que nous écrivons, égocentrique et partiale, courbe autour de nous l'espace-temps qui nous entoure. Notre ligne de temps encadre notre vision du monde. Elle écrit le contrepoint de notre existence, son identité, sa vie comme succession des événements qui en constituent la substance, de la création à la dispersion des atomes qui le constituent.

Vous aimez distendre le présent : « Je vais remonter assez loin parce que [...] », disiez-vous lors d'une conférence de presse[1] : « L'Allemagne, j'y pense depuis mille ans[2]. » Vous vous adressez au comte de Paris en expliquant vous être inspiré toute votre vie « des leçons millénaires de la Maison de France ». Parlant de l'Europe,

1. Le 4 février 1965.
2. Propos rapportés par Alain Peyrefitte.

dans une autre conférence[1], vous commencez par parler du monde : « Quand on traite de l'Europe et quand on cherche à discerner ce qu'elle doit être, il faut toujours se représenter ce qu'est le monde. » Chaque allocution prononcée à l'occasion d'une visite d'État vous voit faire référence aux liens passés, présents et futurs (aux lignes de temps proches mais séparées et qui se croisent) entre la France et le pays accueilli ou visité. « Comment les Français ne seraient-ils pas pénétrés d'admiration pour une histoire aussi prestigieuse que la vôtre ? Comment seraient-ils fermés à l'antique et magnifique civilisation indo-européenne qui a fleuri sur votre terre ? Comment seraient-ils insensibles aux chefs-d'œuvre littéraires, artistiques et philosophiques produits ici au long des siècles[2] ? » Que de questions posées, et donc de réponses implicites, sur les relations entre la France et les autres pays où, chaque fois, vous analysez le présent qui bouge en fonction de l'histoire et du futur pressenti. Chaque fois vous dites : « Voilà ce que nous avons fait et voilà ce qui nous reste à faire. » Le passé coexiste sans cesse avec le futur : « Comment se fait-il qu'en prenant pied en Argentine j'ai l'impression de me trouver en terre chère et familière ? À cette question répondent le passé [...] le présent [...] l'avenir [...][3]. » Lorsque vous faites Winston Churchill Compagnon de la Libération en novembre 1958, vous lui dites sobrement : « Les années passent mais l'histoire est là. Aujourd'hui sa lumière est sur nous [...] Et je souhaite que le peuple britannique et le peuple

1. Le 23 juillet 1964.
2. Discours prononcé devant le Parlement iranien le 17 octobre 1963.
3. Octobre 1964, sur le tarmac de l'aéroport de Buenos Aires en réponse au président de la nation argentine.

français mesurent, en cette occasion, que rien ne vaut davantage que les grandes choses qu'ils ont faites ensemble et la volonté de rester des amis pour marcher vers le destin. » Quand vous recevez, le 8 janvier 1959 à l'Élysée, le collier de grand maître de l'ordre de la Légion d'honneur, vous déclarez : « Destin de la France ! Ces mots évoquent l'héritage du passé, les obligations du présent et l'espoir de l'avenir. » À Jean Dutourd que vous rencontrez en 1956, en cette année noire pour le pays, et la plus solitaire de votre traversée du désert qui vous décrit plus comme un dinosaure issu du crétacé que comme un personnage de l'histoire de France, vous adressez cette remarque : « Dutourd, la France, vous verrez dans trois cents ans ! »

Cette coprésence des temps englobe l'histoire des autres car nos lignes de temps coexistent et se croisent. L'univers, surtout celui des hommes, est un tissu de relations multiples. « Le problème allemand est, par excellence, le problème européen [...] Européen depuis l'avènement de l'Empire romain, c'est-à-dire depuis que l'Europe a cessé de se limiter au bassin de la Méditerranée pour se porter sur le Rhin [...] Européen à cause de l'emplacement des Germains au centre de notre continent [...] Européen parce qu'une longue et dure histoire l'a rempli de ferments et chargé de séquelles [...] Européen parce que le peuple allemand est un grand peuple [...] et que l'Europe voit en lui une partie essentielle d'elle-même. » En évoquant la bataille de Solferino, le 24 juin 1959, vous déclarez encore : « Si la magnifique cérémonie d'aujourd'hui évoque notre passé commun de vaillance et de fierté, elle est aussi, en vue de l'avenir, un acte de notre foi et une raison de notre espérance. » À Ottawa, le 19 avril 1960 :

« D'ailleurs, la France millénaire, est, elle aussi, un pays neuf qui se découvre et se transforme. » Et le début des *Mémoires d'espoir* : « À moins de se rompre, cet ensemble humain, sur ce territoire, au sein de cet univers, comporte donc un passé, un présent, un avenir, indissolubles. »

La politique au sens vrai est bien là : son objet est de nous reconnaître les uns et les autres, individus, collectivités, régions, nations, dans nos temps respectifs et dans l'espace, pour organiser ensemble nos rapports de coexistence, d'équilibre instable, peut-être de progrès. D'ailleurs, en donnant votre conférence de presse fin janvier 1964, à propos de l'établissement de liens diplomatiques normaux entre la France et la Chine, vous résumez implicitement cette position de l'esprit. Conformément à votre méthode, vous partez de haut et remontez loin dans le passé pour arriver au constat d'une réalité : « La Chine, un grand peuple [...] un très vaste pays [...] un État plus ancien que l'Histoire, [...] une entrée en contact avec les nations modernes [qui] lui fut très rude et très coûteuse [...] un énorme effort (entrepris après 1949) [...] quant à la mise en valeur des ressources [...] des résultats qui ont été atteints, dus [...] pour beaucoup à l'ardeur d'un peuple fier, résolu dans ses profondeurs à s'élever en tous les cas, ainsi qu'aux trésors de courage et d'ingéniosité qu'il est capable de prodiguer, quelles que soient les circonstances. » Cet hommage à ce qui est aujourd'hui une évidence pour chacun s'accompagne de l'objet ultime de la politique : multiplier les rapports entre les peuples pour servir la cause des hommes, celle de la sagesse, du progrès et de la paix.

De la coprésence des temps qui remonte loin dans l'histoire à la perception du présent comme espace de déplacement et champ de rupture, le lien n'est pas strictement causal. Le Bergson de votre bibliothèque vous a fourni une lecture de la durée pure, basée sur l'intuition et le mouvement. Il a marqué ce qu'il vous fallait voir, déduire et projeter dans l'histoire des hommes, à commencer par « l'épée », cet « axe du monde »... Peu importe que vous parliez de l'instinct lorsque Bergson pense *l'intuition*. Vous n'êtes pas exégète du philosophe. Vous en avez fait votre sauce, comme Montaigne qui vous ennuie un peu mais qui nous dit la manière dont s'élabore la vraie culture : « Je feuillette les livres, je ne les étudie pas : ce qui m'en demeure, c'est chose que je ne reconnais plus être autrui : c'est cela seulement, de quoi mon jugement a fait son profit [...] »

Mais comment passiez-vous de la coprésence des temps à la capacité de l'action immédiate ? Un élément de réponse vient du *Fil de l'épée* où, en substance, le premier rôle du chef est de définir l'action à court terme à partir d'un objectif de long terme, puis d'insérer cet objectif de long terme dans une vision de l'histoire. Comme le temps, coprésent, était pour vous le présent, distendu dans les deux sens, passé et futur, sa connaissance, analysée par l'intelligence et éclairée par l'intuition, vous permettait de prévoir, quelquefois avec fulgurance : à André Fanton, en 1967, juste après la guerre des Six-Jours entre Israël et l'Égypte, vous exposez ce qui se passe aujourd'hui : « Cette guerre n'est qu'un épisode, une péripétie. Et vous verrez que ce qui va malheureusement se passer sera beaucoup plus grave que ce que prévoient les observateurs aujourd'hui. À côté de ce conflit entre Israéliens et Arabes, le Viêtnam aura été une affaire brève. » À Philippe Dechartre, chef de réseau dans la Résistance en 1944, en lui assignant sa mission, vous parlez de la guerre future, la guerre subversive : « Vous irez à Cherchell [où a été repliée l'école de Saint-Cyr]. Vous y verrez là des officiers d'élite, des chefs de grande qualité. Ce sont des officiers classiques. Ils gagneront cette guerre parce qu'elle est une guerre classique. Seulement ils ne connaissent pas la vôtre : c'est-à-dire faire sauter des trains, organiser des embuscades, créer des réseaux. Vous allez donc leur apprendre tout ça parce que la prochaine guerre sera une guerre subversive. Et il faut qu'ils sachent ce qu'est cette nouvelle sorte de guerre. »

Cette perception « achronologique » du monde a une conséquence : rien ne dure. Le passé et le futur, coprésents dans un présent distendu, créent un univers en perpétuel mouvement. Cet univers, personnel et relatif, mais aussi collectif par le croisement de ceux de chacun, permet en son présent dilaté toutes sortes d'événements simplement individuels ou largement collectifs : l'action immédiate de l'individu, la naissance ou la mort de pays ou de civilisations. Paul Valéry, Oswald Spengler et d'autres sont bien là. Nietzsche aussi qui disait dans *La Volonté de puissance* : « Le temps est le devenir lui-même et comme la substance du monde, le flux selon lequel coule incessamment la vie, le rythme cyclique des créations et des destructions alternées auquel toutes choses sont soumises ; et nous aussi [...] » Vous êtes, à votre façon, au milieu de vos contemporains philosophes : l'histoire humaine n'est pas une simple addition de faits juxtaposés ; elle est, dans l'instant et dans la succession, une totalité en mouvement vers un état privilégié qui donne le sens à l'ensemble (Merleau-Ponty) ; le pur et simple passé n'épuise pas ce qui a été. Ce qui a été continue d'être (Heidegger).

Les civilisations, qui sont la matérialisation des cultures, peuvent survivre longtemps. Mais elles s'éteignent peu à peu en s'éloignant notamment de leur culture fondatrice. La France aussi peut mourir ; elle a failli disparaître en 1940. Qu'en serait-il resté sans la France combattante victorieuse et assise à la table des vainqueurs ? Mais les individus sont aussi là, présents dans le même présent. Ils vivent leur réalité en agissant. Si leur ligne de temps est plus courte que celle des civilisations, « ils ont conscience à la fois d'eux-mêmes et conscience du tout[1] », conscience du passé et de leur passé collectif. Vous aviez vous, grand-père, conscience en même temps du vôtre et de celui de l'histoire. Lucien Nachin, encore lui, dit justement : « De Gaulle a eu, de bonne heure, la prescience des lignes qui s'allongent à perte de vue vers un horizon infini. Pour avoir le recul suffisant, il a interrogé l'histoire de France [...] »

Pour construire, analyser, puis vivre cette coprésence, une seule méthode : la culture, qui garde ce que la conscience a acquis. Et pour vous, elle est « générale » comme un agrandi de votre bibliothèque. À plusieurs moments éloignés de votre vie, vous vous déclarez en sa faveur et dans ce sens. D'abord dans une étude rédigée en janvier 1926 sur un projet de réforme de l'enseignement militaire supérieur : « Étudier, à propos des faits de guerre du passé, quels problèmes eut à résoudre le

1. Emmanuel Levinas, *Éthique et Infini* (dialogues d'Emmanuel Levinas et Philippe Nemo), Fayard, coll. « L'Espace intérieur », 1982.

commandement, de quelle manière ces problèmes se sont posés, quelles décisions et dispositions furent prises en conséquence. » Plus loin : « Les campagnes d'où l'on tire les plus fécondes leçons sont celles où les plus grands hommes de guerre ont imprimé leur marque. Il y a lieu d'en choisir un petit nombre, étudiées aussi complètement que possible comme problème de commandement. Il y a lieu d'autre part de les prendre à différentes époques de manière à montrer comment le caractère de la guerre est lié à celui du temps. » Ensuite, et c'est connu, dans *Vers l'armée de métier* : « La véritable école du commandement est la culture générale. Par elle la pensée est mise à même de s'exercer avec ordre, de discerner dans les choses l'essentiel de l'accessoire, d'apercevoir les prolongements et des interférences, bref de s'élever à ce degré où les ensembles apparaissent sans préjudice des nuances. » Puis, quarante ans plus tard devant les élèves de l'ENA : « Il fallait d'abord que ceux qui servent au premier rang constituent une élite intellectuelle et morale [...] Il fallait aussi que les premiers de ses serviteurs [de l'État] aient une connaissance aussi complète que possible de l'ensemble [...] Il y a là une sorte de culture générale qui doit être la base de votre formation. »

Je viens de relire votre discours prononcé à la cité universitaire de Toulouse en février 1959. Il précise bien que cette culture se doit d'être aussi universelle que possible : « Il est indispensable que, concurremment à la formation scientifique et technique, la pensée pure, la philosophie qui l'exprime, les lettres qui la font valoir, les arts qui l'illustrent et aussi la morale qui procède de la conscience et de la raison inspirent et orientent cet immense effort d'évolution. » Que dire de plus ? Que reviennent les honnêtes hommes du XVIIIe siècle, les derniers, paraît-il, tel Goethe, à avoir encore été capables de rassembler en eux-mêmes les connaissances de leur temps ! Vous n'étiez pas partisan de la spécialisation mais de ce qu'on appelle aujourd'hui l'interdisciplinarité. Votre culture d'une particulière diversité prônait sans cesse l'extension de son domaine, cette capacité à distinguer et relier, mais sans séparer ou confondre. Qu'auriez-vous pensé aujourd'hui de Wikipédia et autres ? Je crois que cela peut être un formidable outil d'accès à la connaissance, à condition de posséder préalablement la bonne grille d'analyse, apprise, reprise et ruminée par la pensée, pour l'exploiter au mieux et aussi loin que possible.

Ceux qui, faute d'une culture tournée vers le temps, ne raisonnent pas dans les mouvements de l'histoire passent à côté d'elle : « Paul Reynaud était de ceux qui croyaient [...] que les affaires les plus graves peuvent se décider par un accord, une entente tacite, ou toute autre combinaison entre six ou sept hommes. S'il a commis une aussi grande erreur de jugement (au moment de l'armistice et des pleins pouvoirs à Pétain), c'est pour n'avoir compté sur les hommes et sur les choses qu'en tant qu'il est considéré sous l'aspect de facteurs statiques. Il n'y avait aucun mouvement dans les perspectives qu'il se découvrait à lui-même. Tout lui apparaissait en termes de statu quo[1]. »

Quand on relit les marques et encadrés de vos deux volumes, déjà cités, sur l'histoire antique, on le voit, c'est bien la culture qui prévaut, chez vous, sur la civilisation, les Grecs plus que Rome. La mort d'Alexandre,

1. *Mémoires de guerre*, *op. cit.*

puis celle de Pyrrhus, puis celle d'Aratus, sur une période allant de 323 à 215 av. J.-C., jusqu'à la première guerre des Romains en Grèce, ne retiennent pas particulièrement votre attention. Juste ce constat : « La Grèce n'était pas un adversaire pour Rome. Toute énergie morale et toute force matérielle l'avaient abandonnée. Plus de mœurs, plus de religion, plus de patriotisme, plus rien en un mot de ce qui rend une nation forte contre l'étranger. » Prémonition pour la France ? Mais là aussi, vous vous souviendrez qu'une nation est un ensemble, bien plus qu'un nombre de divisions ou la valeur d'un produit intérieur brut. Ensuite, plus aucun paragraphe encadré dans l'histoire grecque, sauf un, pour citer une nouvelle fois le rôle de l'arme blindée des Grecs puis des Romains qu'est la phalange.

La suite de l'histoire universelle, celle de Rome, dans le tome 2, ne contient que quelques marques. Tout avait déjà existé. Tout recommence. Vous la connaissiez bien mais aviez moins de goût pour ces grands administrateurs de l'univers connu de l'Occident, dont la brutalité ne vous correspondait pas. Seules quelques phrases soulignées (4 en tout sur plus de 600 pages), et il faut attendre l'année 206 pour lire : « Après cette bataille [Métaure], le Sénat avait rappelé les laboureurs dans les campagnes et diminué les effectifs des armées pour laisser plus de bras à l'agriculture. Les plaies de la guerre se ferment vite chez le peuple victorieux. » Au moment où Septime Sévère, chef des légions d'Illyrie, entre dans Rome pour en devenir le seul chef : « Il se montra plein de modération et de douceur [...] mais les soldats des régions d'Illyrie, presque aussi grossiers que les barbares en face de qui ils avaient vécu, regardaient Rome comme une ville conquise ; ils se logèrent dans les temples, dans les édifices publics, sous les portiques, pillant les maisons quand on ne satisfaisait pas sur l'heure leurs exigences [...] Septime Sévère fut contraint d'accéder en partie à des désirs qu'il ne pouvait pas encore mépriser. » Négocier, oui, souvent, mais ne pas céder. L'empereur dira d'ailleurs à ses enfants : « Contentez les soldats et ne vous inquiétez pas du reste. Avec eux, vous repousserez les barbares et vous contiendrez le peuple. » L'un de ses successeurs, le Thrace Maximin Ier « qui croyait la cruauté nécessaire pour arracher les Romains à leur mollesse, traita l'Empire en pays conquis, pillant les temples et les villes, battant monnaie avec les statues d'or de leurs dieux, confisquant les revenus municipaux et les sommes destinées aux fêtes et aux spectacles ». Vous n'aimiez déjà pas, jamais, la dictature et sa violence, qui contraste, non avec la douceur, mais avec l'équité qui imprimait la Grèce. Après la bataille de Mantinée gagnée par Épaminondas, la paix fut signée en Grèce en 361 av. J.-C., elle qui se déchirait depuis un siècle et demi : « De toutes ces dominations brisées tour à tour, une seule était regrettable, celle d'Athènes et de Périclès. Tant qu'elle avait duré, il y avait eu moins de cruautés et d'injustice, plus d'éclat et de prospérité que la Grèce n'en avait jamais connu. » Hommage à la démocratie, une fois encore. Dernière marque sur le livre : la date du concile de Nicée (325), convoqué par l'empereur Constantin, qui marque encore aujourd'hui la foi chrétienne de ses symboles.

Le temps n'existe pas, seule l'histoire compte, ici et maintenant, au moment où elle se fait, dans l'action.

Celle des hommes et la vôtre. Vous distendez le présent qui accapare l'histoire et la projette dans l'avenir. Ce présent n'est que mouvement dont l'intuition échappe à l'intelligence. Vous écrivez vous-même dans vos « notes d'un carnet personnel[1] » : « Pour les bergsoniens [...] la réalité purement mécanique n'est pas toute la réalité ; et [il] faut faire la part dans la vérité du rôle que joue l'âme humaine établissant entre les phénomènes successifs un lien que la simple observation n'y voit pas, et qui seule pourtant donne à l'ensemble de l'événement le caractère d'être ce qu'il est [...] On peut dire dans le même ordre d'idées que le temps est l'étoffe de la réalité. » Nous reconnaissons bien votre parenté avec le philosophe dans son *Introduction à la métaphysique* : « C'est alors que nous pouvons *dilater notre conscience* pour qu'elle appréhende les durées du monde. Cet épanchement sympathique d'une durée – la nôtre – en direction des autres durées nous promet une connaissance absolue et singulière des diverses durées. »

En plus, rien ne s'arrête. Aucune situation n'est acquise. Les tensions entre les peuples s'apaisent puis renaissent. Vous soulignez encore dans l'histoire grecque : « Athènes la conquérante, qui regardait déjà vers la Sicile et l'Italie, avait trois ennemis extérieurs : Sparte qui avait perdu sa prépondérance sans y avoir renoncé ; les provinces comme les Doriens d'Égine, de Mégare ou de Corinthe ruinés par la concurrence commerciale d'Athènes ; les Perses qu'elle avait humiliés. » Une fois la victoire acquise, Périclès prononça un discours (rapporté par Thucydide) dont vous marquez un extrait universel : « Croyez que le bonheur est dans la

1. *Lettres, Notes et Carnets*, *op. cit.*

liberté et la liberté dans le courage ; courez donc au-devant des périls de la guerre [...] » Il ne croyait pas plus que vous à l'utilité de la capitulation car vient en premier le refus de la servitude. Et c'est l'action qui est au commencement de tout.

Ce qui vous frappe dans ce présent distendu est sa fuite, sa vitesse qui donne l'intuition du temps continuellement créateur. « Le temps est rapide [...] Nous vieillissons vite ! Songez que Pantin et Montmartre ont été des pâturages pour dinosaures [...] Mais c'était hier ! Être compris, c'est peut-être une ambition déraisonnable. Si l'on savait considérer les immenses batailles dont les vaincus alternatifs n'ont pas le même destin : la terre disparaît [...] La mer, elle se retire ! Mais surtout elle submerge. Et la terre tremble sous nos pieds qui tremblent sur la terre[1] ! » Les événements vont vite. Il faut pouvoir les saisir pour imprimer sa marque. « Le mouvement qui crée l'événement fut de tout temps le critérium des capitaines[2]. »

Dans l'action, dont vous écrivez les phases, les conjugaisons de temps différentes se juxtaposent, qui marquent le sens du temps qui se déroule en nous. « Pour commencer, j'attaquerai demain matin avec les forces quelles qu'elles soient, qui me seront parvenues. Avançant vers le nord-est d'une vingtaine de kilomètres, je tâcherai d'atteindre, sur la Serre, Montcornet, nœud de routes vers Saint-Quentin, Laon et Reims[3]. » Plus loin dans le même tome : « Le problème consistait à aborder à la fois Fort-Lamy, Douala et Brazzaville.

1. Phrase citée par Pierre-Henry Rix dans *Par le portillon de La Boisserie*, *op. cit.*
2. *Vers l'armée de métier*, *op. cit.*
3. *Mémoires de guerre*, *op. cit.*, vol. I.

Il fallait que l'affaire fût menée d'un seul coup et sans désemparer [...] je précipitai donc les choses. » L'imparfait est proche du futur immédiat, qui se confond avec le présent de narration, pour des actions de rupture dites au passé simple et conduites dans un présent étiré.

Même tempo en 1958 : « J'ai peu d'heures pour me décider. Les révolutions vont vite. Cependant, il me faut fixer le moment où, fermant le théâtre d'ombres, je ferai sortir le dieu de la machine [...] À peine cette déclaration lancée [celle du 15 mai 1958], chacun comprend que les faits vont s'accomplir [...] Mais il faut agir vite [...] En arrivant à Paris, je sens combien, en quelques jours, l'atmosphère s'est alourdie [...] Or, les choses se précipitent [...] Au reste, les événements pressent cette évolution [...] J'accélère donc le progrès du bon sens [...] Dès le matin, je hâte la marche en avant [...] » Un point de nostalgie : « Sur ma maison je regarde alors tomber le dernier soir d'une longue solitude. Quelle est donc cette force des choses qui m'oblige à m'en arracher? Tout est décidé. Restent les formalités[1]. »

Charles de Gaulle, notre contemporain, vit pleinement le temps relatif et son écoulement dans nos vies, qui nous rend perceptibles la durée, notre durée, sa coexistence dans un espace commun qui donne un visage à la chronologie. Pas de temps absolu ni linéaire, seulement des lignes qui se croisent, et des « amplitudes » d'existences qui les occupent.

L'intrication des événements qui scandent l'évolution est telle qu'elle conduit, en partie, à leur imprévisibilité.

1. *Mémoires d'espoir*, *op. cit.*, vol. I.

Vous dites dans *Le Fil de l'épée* : « L'action de guerre revêt essentiellement le caractère de la contingence. L'ennemi peut se présenter d'une infinité de manières [...] Il dispose de moyens dont on ignore la force exacte [...] D'ailleurs le terrain n'est jamais constant [...] Les moyens que l'on commande n'ont aucune valeur absolue [...] Les circonstances atmosphériques exercent leur influence inconstante [...] Ceux qui combattent se trouvent donc perpétuellement en face d'une situation nouvelle [...] »

Et dans le même texte, il n'existe aucun système *a priori* de décision permettant d'agir. Pas davantage de règle prédéfinie dans l'action puisque tout est mouvant et spécifique : « Apprécier les circonstances dans chaque cas particulier, tel est donc le rôle essentiel du chef. Du fait qu'il les connaît, qu'il les mesure, qu'il les exploite, il est vainqueur. » La coprésence des temps relatifs à chacun des acteurs en présence, au moment où nos lignes de temps se croisent, n'est pas compatible avec l'immobile. Tout bouge et se transforme. Chez l'individu et chez les peuples. Comment agir dans cette complexité où l'homme est non seulement limité par sa compréhension du monde mais déjà par sa vision de l'espace qui l'entoure ? Plus loin dans l'ouvrage : « Sous une apparence de sommaire simplicité, [l'action de guerre] offre à l'esprit humain le plus ardu des problèmes, car, pour le résoudre, il lui faut sortir des voies ordinaires [...] C'est qu'en effet l'intelligence, dont la nature est de saisir et de considérer le constant, le fixe, le définit, fuit le mobile, l'instable, le divers [...] Toujours, quelque éclat la surprend, quelque élément lui échappe, quelque événement la déçoit [...] Sa logique n'a guère de prise sur ces effets entrelacés. »

Heureusement, l'intelligence, qui « élabore d'avance les données de la conception », éclaire, précise et réduit le champ de l'erreur. Elle « introduit d'avance quelque fixité dans tant d'incertitudes [...] Elle prépare la conception, mais elle ne l'enfante pas [...] Il faut que l'esprit humain en acquière l'intuition en combinant l'instinct avec l'intelligence. L'instinct est, en effet, dans notre moi, la faculté qui nous lie de plus près à la nature. Grâce à lui, nous plongeons au plus profond de l'ordre des choses. Nous participons à ce qu'il peut s'y trouver d'obscure harmonie ».

Ce qui compte, au milieu de l'incertitude, c'est donc que l'homme peut quand même agir. L'action est plus qu'un choix, c'est une manière de connaître. L'important est ce morceau de texte : « Ce qui eut lieu n'aura plus lieu, jamais, et l'action, quelle qu'elle soit, aurait fort bien pu ne pas être ou être autrement. » En agissant, l'individu détermine un chemin, presque un point, de son espace-temps personnel. L'action n'est pas une déchéance de la pensée car c'est elle qui fait le monde, celui qui n'existe pas en dehors de nous, indépendamment de notre représentation. Vous êtes à rebours des philosophes anciens, qui pensaient qu'en face du temps immuable l'action était une contemplation appauvrie, la durée, notre durée, une image trompeuse et fuyante d'une immobile éternité, notre vie presque une chute de l'esprit. Contrairement à eux, et comme votre contemporain Bergson, vous affirmez le contraire du dogme : « Il y a plus dans l'immuable que dans le mouvant, et l'on passe du stable à l'instable par une simple diminution. » C'est l'inverse qui est vérité.

Il y a bien sûr, dans l'action des hommes, le poids du destin, cette part des dieux qu'ils ne maîtrisent pas. Dans votre histoire grecque, vous avez remarqué ces passages : « Après la défaite des Thermopyles, la Grèce était ouverte, et par terre et par mer. Mais le dieu avait promis de défendre lui-même son sanctuaire. Comme l'ennemi approchait au milieu des rues silencieuses [...] un orage soudain éclate, le cri de guerre retentit au fond du sanctuaire, les armes saintes s'agitent, et des cimes du Parnasse deux rochers se précipitent et écrasent les premiers rangs des envahisseurs, les autres reculent, fuient ; les Delphiens les poursuivent ; ils croient voir les dieux armés et ils ne s'arrêtent qu'à la frontière de la Béotie, laissant les chemins derrière eux semés de leurs morts [...] » Le destin, « la force obscure », a plusieurs visages.

Mais cette fatalité n'est jamais irrémédiable. Les hommes, vous l'avez tant dit, ne contrôlent pas tout. Pourtant, si le destin s'accomplit, il peut être modifié. C'est là que commence l'histoire. C'est là que le héros peut s'exprimer en usant de tous les instruments à sa disposition, y compris, comme dans l'antique, les signes annonciateurs des volontés divines lorsque les devins interprétaient tous les présages. Ceux-ci n'étaient pas que le fruit d'un désir insensé car, les prêtres, grâce à l'immense concours des pèlerins, pouvaient se tenir fort au courant de toutes les affaires des États, même de celles des particuliers. Ils donnaient à ces sons inarticulés une signification que la crainte ou l'espérance acceptait, que le chef utilisait, et que souvent la foi réalisait.

La conscience, qui donne son épaisseur au temps, s'élève dans l'intensité de l'action, et grâce à elle. L'un des personnages qui côtoie Hans Castorp, dans *La Montagne magique* de Thomas Mann dont nous avions parlé à La Boisserie, dit à la fin du roman ce que vous reconnaîtrez peut-être : « Cher ami, il n'y a pas de connaissance pure. La légitimité de la conception religieuse de la connaissance qui peut se résumer par la parole de saint Augustin : "Je crois afin de connaître" est absolument incontestable. La foi est l'organe de la connaissance ; l'intellect est secondaire. Votre science sans prémisses est un mythe. Il y a toujours une foi, une conception du monde, une idée, bref une volonté, et c'est affaire de la Raison de l'interpréter. » Le détour littéraire est commode. Il décrit sans prétendre démontrer. Hors l'interprétation religieuse, sur le tarmac de l'aéroport de Bordeaux, le 16 juin 1940, Charles de Gaulle, dans sa ligne de temps propre, regarde ce qu'il sait de l'histoire des hommes, comme celle qui l'entoure. Il s'est produit ce qu'il avait craint mais qui n'était pas assuré et aurait pu être différent. À chaque instant, même des plus dramatiques, l'histoire possible, la superposition de ses états, est multiple. Ces occurrences historiques n'ont sans doute pas toutes la même possibilité d'existence, la même onde de probabilité, parce que les hommes décident et agissent dans les espaces qui sont les leurs, plus ou moins indépendamment les uns des autres. Vous hésitez sans doute. Qui ne le ferait pas ? Mais vous décidez. Votre vision synchronique du futur inverse le rapport apparent des certitudes : la France, battue mais qui ne peut pas mourir, l'emporte sur l'Allemagne dont la victoire du moment n'est que celle d'un moment. D'autres forces viendront. Affirmation d'un principe supérieur qui prévaut sur la réalité perceptible ; irréversibilité d'une décision qui courbe l'incertitude du destin, le vôtre, le nôtre, celui de la nation française. Ça a fonctionné. La France a basculé du côté des vainqueurs. Le contraire était possible, et même davantage probable. Au-delà de la leçon de volonté, je n'oublierai pas ce double aspect de votre conscience historique, dévoilé pendant un tour du jardin : « Tout arrive... J'ai d'ailleurs tout vu durant mon existence, même ce que l'on croyait le plus improbable... Il faut tout envisager, surtout ce qui paraît le plus surprenant. Et puis, quand c'est arrivé et que l'on se retourne sur ce qui s'est passé, il ne faut pas oublier que l'histoire n'est pas que celle des vainqueurs [...] » Je sens encore, physiquement, l'écho de ces mots qui m'ont fait sentir la diversité du monde, la nécessité qui était la vôtre d'en saisir la complexité, sous tous les angles, l'exigence intellectuelle de la regarder et la respecter comme multiple. L'omniprésence du savoir, l'écologie universelle de la réflexion, et finalement le grand jeu de la politique sont d'être animés par un principe dépourvu d'ambiguïté : la survie de la France et l'essor de l'homme, qui sait agir dans la complexité sourde des situations et des décisions, avec ses risques et ses chances. La clarté d'une ligne de conduite n'annule évidemment pas le trouble des situations, mais situe la politique à un niveau différent de celui du réalisme qui ne songe qu'à s'adapter aux circonstances. Celle-ci, qui nous pose le problème profond de son éthique, ne se fait pas avec la certitude de gagner mais avec la foi en son « idée ».

Mais quel chaos ! Quelle obscurité et quelles turbulences ! Tout cela a-t-il un sens ? Y a-t-il une direction ? J'ai compris que pour vous, grand-père, vous étiez tout autant avec Périclès qu'avec d'autres hommes illustres, d'Occident et d'ailleurs, d'un autre passé coprésent. Ils sont tous vos contemporains. Mais qu'est-ce qui bouge ? Qu'est-ce qui ne change pas ? Avez-vous une philosophie de l'histoire ? Laquelle ? Est-elle le dévoilement progressif du sens de l'aventure des hommes ? Comment vous situez-vous par rapport à ce qu'il faut bien appeler une pente, une évolution, un progrès peut-être ? Je reprends encore votre phrase : « Les hommes ne changent pas si vite, ni si complètement, et la nature ne fait pas de sauts[1]. » Ils changent quand même. Quel est le moteur ? Et la direction ? Comment ne pas rester sur l'amère réflexion de Nietzsche, dans *Zarathoustra* : « Tout va, tout revient, la roue de l'existence tourne éternellement. Tout meurt, tout refleurit, le cycle de l'existence se poursuit éternellement. Tout se brise, tout s'assemble à nouveau ; éternellement se bâtit le même édifice de l'existence [...] Le centre est partout. Le sentier est tortueux » ? Chateaubriand paraît donner un morceau de réponse quand il nous reproche de confondre passions et idées : « Les premières sont les mêmes dans tous les siècles, les secondes changent avec la succession des âges. » Votre acception du réel serre de près l'évolution des idées, ce qui peut paraître contradictoire. J'y reviendrai. Mais dans les aventures humaines, vous ne craignez, grand-père, qu'une seule chose : c'est l'arrêt provoqué par l'immobilité et la mort. Vous citiez Clemenceau dans *Le Fil de l'épée* : « La pire souffrance de l'âme, c'est le froid », puis, simplement, la pause du temps qui se déroule en nous.

1. *Le Fil de l'épée*, *op. cit.*

6

Réalité et imaginaire

Parmi les nombreux essais de définition du gaullisme revient quelquefois celui-ci : « Quintessence du réalisme ». Trop simple. En revanche, la méthode reste pertinente. Il y a chez vous, grand-père, deux constantes qui vont dans ce sens : celle de savoir ce qu'est le réel qui compte, et ce qui va avec, car l'être pensant ne se distingue pas de la chose pensée, l'obsession d'en constituer la représentation par vous-même.

Penser par soi-même est probablement l'un des caractères fondamentaux de votre méthode de réflexion. Mettre l'accent sur l'indépendance est au centre de ce dispositif, car elle est liée à une autre notion de fond, celle de l'intégrité et de la dignité. Cela vaut pour les personnes comme pour les États. Il n'y a pas à chercher loin la tradition de ce « discours de la méthode ». Descartes vous est continuellement présent, d'abord dans le souci obsédant de ne rien tenir pour vrai sans l'avoir passé au préalable, plusieurs fois, au tamis de l'analyse. « Le terme suprême de nos études doit être de nous rendre capables d'un jugement solide et vrai, non seulement à propos des choses scientifiques, mais en toute espèce d'occurrence[1]. »

Dire oui à la vie, c'est d'abord dire oui aux lumières de l'intelligence qui décape, à l'effort accompli par l'esprit pour libérer la pensée, à la prédominance de la raison et, en justifiant l'ordre et l'harmonie dans toutes les matières, au rapprochement de l'homme et de l'universel. Comment dégager l'ordre du chaos, éliminer les préjugés et rechercher les conditions de la perfection ? *La France et son armée* souligne la vertu de tempérance raisonnable prévalant au siècle des Lumières, qui ajuste précisément l'effort et les moyens à l'objectif à atteindre. L'on retrouve dans *Le Fil de l'épée* la façon dont vous décrivez le don mystérieux du commandement qui commence par son aptitude à dépasser ou à répudier les mesures classiques et les conduites anciennes. Le 18 Juin, vous voyez le futur, imaginé dans les décombres de la défaite, mais qui crée l'espace de liberté que l'action va remplir : « Voilà ma tâche ! Regrouper la France dans la guerre ; lui épargner la subversion ; lui remettre un destin qui ne dépende que d'elle-même [...] Pour moi, dans cette phase capitale, il ne s'agira plus de jeter au combat quelques troupes, de rallier ici et là des lambeaux de territoire, de chanter à la nation la romance de sa grandeur. C'est le peuple entier, tel qu'il est, qu'il me faudra rassembler[2]. »

Au lieutenant-colonel Émile Mayer, que vous remerciez de son livre, vous écrivez de Beyrouth en 1930 :

1. Descartes cité dans les *Lettres, Notes et Carnets, op. cit.*, t. 1, année 1916.
2. *Mémoires de guerre, op. cit.*, vol. III.

« Je viens de le lire d'une traite. Il est "tout à fait vous". Je veux dire plein d'idées, original et rempli de cette passion faite à la fois du désir du mieux et du goût de détruire [...] il y a beaucoup à puiser pour soi-même [...] » De Gaulle aime déconstruire car il est de ceux qui le font pour mieux rebâtir. Plus loin dans la même correspondance, le rebelle, qui s'adresse à un autre, ne se cache pas : « Vraiment, comment ne pas croire à l'armée quand on la voit achever l'Empire ? Est-ce bien de devenir un empire ? Ceci est une autre histoire. » Le scepticisme de cette dernière phrase nous dit quelque chose sur ce militaire, homme de l'histoire et homme d'État, qui décolonisera massivement trente ans plus tard. La grandeur de l'homme, ou de la nation, n'est pas que dans sa puissance. Et toujours, la traversée des apparences, la lecture au-delà de l'écume, l'obsession du terrain, qui n'est pas que notre imaginaire.

Pédagogue-né, qui se délecte dans la démonstration, notamment dans vos conférences de presse, vous vous méfiez des enseignements dissimulant leurs arrière-pensées, sinon leurs doctrines qui deviennent des systèmes. Vous avez, grand-père, toute votre vie préféré l'observation et l'analyse du réel appelé quelquefois doctrine des circonstances. Dans *Le Fil de l'épée* : « Croire que l'on est en possession d'un moyen d'éviter des périls et les surprises des circonstances et de les dominer, c'est procurer à l'esprit le repos auquel il tend sans cesse, l'illusion de pouvoir négliger le mystère de l'inconnu. »

La France et son armée donne le cap de la pensée agissante : « Grandir sa force à la mesure de ses desseins, ne pas attendre du hasard, ni des formules, ce qu'on néglige de préparer, proportionner l'enjeu et les moyens : l'action des peuples, comme celle des individus, est soumise à ces froides règles. Inexorables, elles ne se laissent fléchir ni par les plus belles causes ni par les principes les plus généreux [...] » Et juste avant le récit de la bataille de Marathon, le jeune capitaine souligne déjà, dans cette histoire grecque lue en captivité, l'influence néfaste de la doctrine, l'importance de la tactique comme celle du mouvement au combat : « Callimaque commanda, selon l'usage, l'aile droite ; les Platéens formaient la gauche. Les Athéniens, afin de n'être pas tournés, dégarnirent leur centre et étendirent leur ligne jusqu'à ce qu'elle présentât un front égal à celui des Perses. Ils mirent leurs principales forces aux ailes, qu'un abatis d'arbres protégea encore contre la cavalerie ennemie. Dès que le signal fut donné, ils descendirent en courant de la hauteur sur laquelle ils étaient postés, au grand étonnement des Perses qui ne comprenaient pas cette folie d'une attaque faite à la course par un si petit nombre d'hommes, sans cavalerie et archers. La bataille dura longtemps [...] Les Athéniens furent vainqueurs aux ailes, et ils se replièrent des deux côtés sur ceux qui avaient forcé le centre, les défirent complètement. »

Sans doute, c'est le soldat qui s'exprime dont l'absolu est de faire le départ entre ce qui marche et ce qui ne fonctionne pas, entre la victoire et la défaite, donc entre la vie et la mort. Mais n'oublions pas que « bien proportionner les enjeux et grandir sa force à la mesure qui convient » procède de la réflexion. Vous étiez un dialecticien du réel : il existe parce qu'il est en partie votre représentation, qui à son tour s'y confronte.

Même si votre itinéraire de pensée est difficile à imaginer, je crois qu'il débutait par l'observation de l'espace visible, à commencer par votre terre de France, dont les contours, les reliefs, les fleuves et les climats constituent une géologie qui précède l'histoire des hommes et excède leur mémoire. Le militaire scrute le paysage avant la carte, car il sait que le sort du combat dépend d'une connaissance intime du territoire. « Le corps de la patrie offre en son centre un château fort, âpre massif de vieilles montagnes, flanqué de plateaux, languedocien, limousin, bourguignon ; tout autour, de vastes glacis, la plupart mal accessibles à qui les menace du Nord, entaillé de fossés : Saône, Rhône, Garonne, barrés de murs : Jura, Alpes, Pyrénées, ou bien plongeant au loin dans la Manche, l'Atlantique, la Méditerranée ; mais, au nord-est, une brèche terrible, joignant aux terres germaniques les bassins essentiels de la Seine et de la Loire[1]. » Voilà planté le décor implacable des luttes séculaires entre Germains et Gaulois. Quand vous citez Napoléon : « La politique d'un État est dans sa géographie », vous pensez évidemment à la sécurité de notre pays. Il est vulnérable ; il doit avant tout se défendre et n'a pas de volonté de conquête en Europe sinon pour colmater « cette enceinte trouée ». Vous dites à Paul Reynaud : « Considérons l'hexagone français. La mer en borde trois côtés. Des montagnes – les plus hautes d'Europe – en barrent deux autres. Mais le sixième est béant justement du côté où vit le plus guerrier de nos voisins[2]. » Dans *Vers l'armée de métier* : « Il est vrai que les Vosges dressent un large pan de remparts, mais que l'on peut tourner par la trouée de Belfort ou par les Étangs Salins. Il est vrai que les côtes

1. *Vers l'armée de métier*, *op. cit.*
2. *Lettres, Notes et Carnets*, *op. cit.*, t. 3.

de Moselle et celles de Meuse, appuyées d'un bout au plateau lorrain, de l'autre à l'Ardenne, forment des obstacles appréciables, mais peu profonds, tels qu'il suffit pour les perdre d'une erreur, d'une surprise, d'une négligence, et que rend vulnérables à revers le premier recul en Hainaut ou en Flandre. Or justement, dans ces plaines basses, il ne se trouve ni mur ni fossé pour accrocher la résistance.» Cette géographie-là, le territoire qui fait la carte et permet à l'ennemi d'entreprendre, est constitutive pour vous du réel qui ne se contourne pas, cette part dans votre manière de pensée éclatante d'évidence, même derrière tout le brouillard des mots qui peut en égarer d'autres.

Rien ne peut surprendre de la nature des choses. Il n'importe que de la connaître. Cela débute par la perception du terrain, sa cartographie, ses possibles contours. Et, plus haut, plus en amont, mais avec le même réflexe, il en va aussi de la région, du pays et du monde, de sa géopolitique. Rappelons-nous encore ce que le capitaine de Gaulle avait margé dans l'histoire grecque : le réalisme, le poids des réalités, les contraintes de la géographie y sont plusieurs fois mises en évidence. Vous donnez, par exemple, sur un feuillet glissé dans le livre, un commentaire de votre main : «Après les guerres médiques, expéditions lointaines [des Grecs] qui échouent, comme l'Égypte en 460.» Votre regard ne distingue pas l'histoire de l'espace où elle se déroule : à quel moment, à partir de quelle distance de la capitale, de combien peut-on s'éloigner du cœur de la patrie pour que la guerre puisse être encore portée, acceptée par le peuple qui la conduit? (L'Indochine, le Viêtnam...). Vous soulignez l'importance de la mer pour les Athéniens : «Avant même qu'Athènes fût sorti de ses ruines, sa flotte reconstruisait son empire maritime. Dès l'année suivante, les hardis marins reprirent la mer [...] firent voile vers Chypre, chassèrent les Perses [...], puis, en remontant vers l'Hellespont, prirent Byzance. Thémistocle avait déplacé dans le Pnyx la tribune aux harangues, pour que les orateurs pussent de là montrer sans cesse au peuple la mer qui s'étendait à ses pieds comme son domaine. » Revanche de la géographie dans le siècle du matérialisme historique...

Dans *Vers l'armée de métier* toujours, que de descriptions détaillées de chacune de nos régions de France ! L'immense variété de ce pays construit l'écologie de son équilibre, signe premier de son caractère : « Contrée de climat modéré, où chaque région revêt un caractère propre mais complète ses voisines, où les bassins, drainés par des fleuves aux cours divergents et aux régimes dissemblables, communiquent entre eux par des seuils faciles, terre harmonieuse d'horizon, multiple de produits, variée de relief, la France a imprimé aux hommes qui l'habitent sa marque d'équilibre dans les nuances et d'union dans la diversité[1]. »

La puissance du sol sur lequel on vit, de la terre qui vous façonne et donne au temps une valeur primordiale, vous l'aviez aussi retenue dans la culture chinoise. Le relief de nos pas forge nos divisions, nos rassemblements et nos caractères. Quelquefois nos victoires, de celles qui fondent une civilisation, comme lors de la bataille des champs Catalauniques. Non loin de Reims, « lorsque Clodion [...] mêlait à ses hordes les cohortes

1. *Vers l'armée de métier*, *op. cit.*

d'Aetius, se déroula l'un de ces moments de l'histoire où, sur le sol de France, se dessinait le sort de l'Europe. Il en était ainsi quand la ville de sainte Geneviève, en faisant reculer Attila, annonçait la victoire [...] et le salut de l'Occident».

Le militaire que vous avez été est constamment obsédé par la connaissance de la situation. Dès 1916 en captivité, «le chef a constamment à appliquer une résultante de forces. Il faut qu'il détermine le point d'application de chacune d'entre elles, c'est-à-dire son objectif. Pour cela, il faut avoir sur l'ennemi, qui représente l'ensemble des objectifs à choisir, le plus de renseignements possible» car «le système de forces change constamment[1]». Confucius dit quelque part : «Je ne veux ni ne rejette rien absolument, mais je consulte toujours les circonstances.» À la fin de la bataille de Sadowa que les Prussiens remportent sur les Autrichiens, «Moltke vainqueur ne se rend pas nettement compte de la situation. Faute de liaison avec ses armées, il ne sait pas où en est le prince royal et, au lieu d'organiser aussitôt la poursuite, il prescrit, dans la soirée, de s'arrêter sur place et de donner, le lendemain, repos à tout le monde. Cet ordre sauve d'une destruction complète l'armée autrichienne [...][2]»

Tout en bas, au ras du sol, le soldat frotte le terrain du combat à la réalité continuellement mouvante. En 1917 vous décrivez à vos compagnons prisonniers les drames de la bataille d'Artois commencée le 9 mai 1915. C'est la mort des soldats qui solde le désordre inextricable de l'infanterie d'assaut lors du déclenchement de

1. *Lettres, Notes et Carnets, op. cit.*, t. 1, année 1916.
2. *Ibid.*, année 1921.

l'attaque[1] : « Il faut songer [...] à la nature du terrain qu'ont [...] à parcourir les fantassins : ce terrain est un effroyable chaos de vieilles tranchées, de vieux boyaux, de vieux fils de fer, jonché de débris de toutes sortes, creusé d'une immense quantité de trous d'obus, d'entonnoirs de mines [...] Au fur et à mesure de la progression, on rencontre des résistances très variables suivant les points du champ de bataille [...] Le soir venu, les éléments les plus avancés, réduits à peu de chose, privés de la plupart de leurs chefs, sans liaison avec leur colonel, recevant par-devant les lourds obus de l'artillerie allemande qui s'anime, et, par-derrière les rafales de nos 75 qui ne les voient pas [...] se croient abandonnés de Dieu et des hommes. » De cette réalité qui ne se contourne pas surgit le désespoir. Quelle minutie, que de précisions et de détails pour décrire, relégué dans un camp de prisonniers, les sombres batailles de 1915 !

Chez de Gaulle, la démarche primitive est toujours la même : les faits que l'on doit regarder de face, la réalité qu'il faut simplement découvrir, le « fond des choses » vers quoi il faut tendre. À force d'observation et d'analyse, vous voyez ce qui est et que les autres ignorent. Charles de Gaulle est un découvreur, celui qui fait émerger un réel qui existe déjà. « Je passe pour un homme qui remue des idées... », auriez-vous répondu en 1938 à votre éditeur qui vous demandait de vous définir ! Qui les déterre plutôt, car elles sont déjà là devant nous qui les piétinons sans les voir.

Cette obsession dans la connaissance du réel n'est jamais lasse de remettre à jour, constamment, jusqu'aux

1. *Ibid.*, année 1917.

derniers moments, l'exactitude de l'information. Peu importe d'où elle venait, de vos collaborateurs, de vos ennemis, d'inconnus rencontrés durant vos multiples voyages, quelquefois de la presse. Plus celle-ci était d'apparence contradictoire, plus elle forçait chez vous l'incessant balayage de l'analyse, toujours recommencée. Rien n'était écarté ni fermé, rien ne vous choquait, sauf la bêtise. Rien n'est plus loin du doctrinaire que votre manière d'accepter le nouveau, au risque qu'il détruise momentanément, ou modifie, votre lecture du monde. Une seule manière de travailler, dans la méditation, décrite une fois encore dans *Le Fil de l'épée* : « Si les enseignements reçus et les quotidiennes occupations suffisent à façonner la plupart de nos semblables, les puissants se forment eux-mêmes [...] Ils bâtissent dans le secret de la vie intérieure l'édifice de leurs sentiments, de leurs concepts, de leur volonté. »

Sun Tzu appelait cela d'un mot que vous n'aimez pas : la doctrine, mais dans le sens, comme il le dit, de ce qui « fait naître l'unité de penser », et qui « nous inspire une même manière de vivre et de mourir, et nous rend intrépides et inébranlables dans les malheurs et dans la mort ». « L'unité de penser » qui débute, revoilà le stratège, avec la connaissance du temps et de l'espace, ces deux forces combinées permettant l'avancée ordonnée des armées vers la victoire. J'en retiens ici sa vision qui est aussi la vôtre, des siècles après : « Étudions-le bien [l'espace], et nous aurons la connaissance du haut et du bas, du loin comme du près, du large et de l'étroit, de ce qui demeure et de ce qui ne fait que passer[1]. »

1. *L'Art de la guerre. Les Treize Articles.*

Pour vous, grand-père, la classification du réel qui ne se contourne pas va par ordre décroissant de durabilité. Le « réel » le plus lourd est probablement, dans l'histoire des hommes, celui qui dure le plus longtemps. Ce n'est pas du Wittgenstein. Votre démarche intellectuelle n'est pas d'aller cueillir les objets qui constituent des faits, puis à les nommer, même si tous les deux avez l'obsession de chercher. Vous nous invitez plutôt à un étrange voyage, de l'histoire-géo à la fiction, puis au mythe. Nous vivons d'abord sous le poids de la Terre qui existait avant nous. Puis, à notre commencement était l'action qui réalise l'histoire, dans le moment qui est le sien, mais auparavant conçue par le verbe. Entre les deux, la dialectique est incessante comme l'est celle de l'irruption de la réalité dans l'idéalité qui se prenait pour elle.

Il y a ensuite notre culture qui fait notre civilisation. Vous partagiez le constat de Fernand Braudel : parler de civilisation, c'est d'abord parler d'espace, de terres, de reliefs et de climats, de végétations et d'avantages donnés ou acquis. Cette vieille terre de France qu'il faut défendre. Dans cet espace se constitue une culture qui émerge d'une association dominante de certains traits d'union, à commencer par la langue, la solidité des espaces occupés n'excluant pas les échanges. La construction de cette mentalité collective vient aussi des peurs primitives des hommes, du mystère de l'inconnaissable et de l'immensité du ciel. Dans cette aire de communauté se crée une société qui porte cette civilisation naissante, les deux notions étant difficiles de partage. Ces ensembles, ces structures sont longs à constituer et changent peu. Dans le classement décroissant des réalités qui comptent, la mesure se donne par le temps que mettent la masse des hommes et des événements à disparaître de la scène du monde.

Ce qui vous interroge, dans ce cheminement du réel, est qu'il n'est pas linéaire : il y a des cycles plus ou moins longs, des fluctuations, des conjonctures dont les facteurs économiques sont à la base ; il y a l'intervention de certains faits qui modifient le cours des choses : le progrès technique et les tournants créés par les grands événements et les grands hommes ; il y a la guerre, qui accouche de drames immenses et de progrès structurants ; il y a le processus d'échange culturel entre les peuples qui fait, mais lentement, par absorption et par rejet, évoluer une civilisation, sans la bouleverser, en « se partageant » de son propre passé, selon l'expression de Michel Foucault. « La religion, la langue, la culture, ce sont des dons qui durent [...] Et dont le donataire finit par reconnaître la valeur : des ciments singulièrement forts pour les scellements ! Voyez l'Espagne ! La première colonisatrice après Rome, et bien autrement que Tyr ! Les anciens royaumes d'au-delà des mers ont conservé sa religion, sa langue, sa culture, l'essentiel [...] Aujourd'hui, si sur le plan matériel l'Espagne paraît n'y avoir rien gagné, sur le plan spirituel son empreinte demeure pour avoir été en profondeur. Le temps a décanté [...] Le meilleur seul subsiste. Les deux parties y ont trouvé leur compte[1]. » Il y a aussi le peuplement des pays, cette démographie qui fait les puissances, qu'elles soient « de la terre » ou « de la mer ». Vous y avez souvent vu une ligne de force dans la grandeur et l'épuisement de la France. Vous dites à votre père le 12 mars 1919 : « Il est moins

1. Cité par Claude Guy dans *En écoutant de Gaulle*, *op. cit.*

douteux que jamais que pour soutenir une politique pareille [l'écrasement de l'Allemagne par le traité de Versailles] il ne suffit point [...] d'avoir la première armée du monde ; il nous faut aussi et surtout un mouvement de natalité très considérable [...] La victoire nous est venue à point. Je veux croire que le reste nous viendra par surcroît[1]. » Ce « reste » nous a manqué pour bien préparer la guerre suivante. Vous me direz un jour de 1969 : « Ce qu'il faudrait, c'est une France de 100 millions d'habitants. »

Vient ensuite, c'est votre marque, grand-père, « Notre-Dame la France », presque éternelle, le plus vieux royaume d'Europe et davantage avec ce qu'elle porte de message, ce pacte multiséculaire entre sa grandeur et la liberté du monde, cette France dont vous avez une idée certaine, qui « vient du fond des âges » et « qui ne mourra pas ». Elle était déjà pour vous une nation au temps de ses rois, avec son héritage d'histoire collective et celle qu'elle forme à son tour, nation parmi d'autres, « chacune selon sa contrée et selon sa langue », disait Bossuet, représentation collective, relative, mais plutôt durable, qui fait participer au monde. Et puis il y a l'État, spécialité française en Europe, fragile mais rempart, et bras séculier de la nation pour lui permettre d'exister et survivre. L'État n'est pas en soi. Il est un instrument au service de la France et son peuple, qui encadre et réalise l'accomplissement, toujours provisoire, de sa grandeur. L'État est là pour montrer et mettre en place le bien commun. Il fixe la politique dans son acception originale, celle

1. *Lettres, Notes et Carnets*, *op. cit.*, t. 2.

de l'organisation des relations entre les hommes dans la liberté, pas seulement à l'intérieur de la cité, pour construire nos institutions et les faire vivre.

Sur ce chemin du durable décroissant vers l'écume des jours et des choses, vous rencontrez le terrain de l'action, éternelle de mouvement, qui n'est possible qu'en raison de l'histoire et quelquefois contre ses apparences. C'est l'homme qui agit parce qu'il pense et, dans le mouvement de l'action, il choisit une part du réel, la particule plutôt que l'onde. Pour vous, ivre de liberté, il tente de réfléchir par lui-même, avec ses aléas, ses erreurs, sa grandeur. Il le fait dans « sa ligne de temps », si courte mais qui le dépasse lorsqu'il atteint au mythe. Lorsque vous entrez dans votre dernière demeure le 12 novembre 1970, dans le petit cimetière de Colombey, beaucoup sentent que le morceau d'histoire qui vient de nous quitter laisse sa place au mythe. Et le mythe dure longtemps. Le paradoxe est atteint car il devient lui aussi forme de réalité, qui dure par-delà l'histoire des hommes.

À Claude Mauriac qui vous faisait part de sa lassitude devant la politique, vous auriez rétorqué : « Les politiques se rattrapent, croient se rattraper en disant qu'au moins, ils sont pratiques et que nous, nous ne le sommes pas. Ici même, ils se trompent. Et ils trompent... Ce sont les mystiques qui sont pratiques et ce sont les politiques qui ne le sont pas. C'est nous qui sommes pratiques, qui faisons quelque chose, et c'est eux qui ne le sont pas, qui ne font rien. C'est nous qui amassons et c'est eux qui pillent. C'est nous qui bâtissons, qui fondons, c'est eux qui démolissent [...] C'est nous qui faisons les œuvres et les hommes, les peuples et les races. Et c'est eux qui les ruinent[1]. »

Dans cette part complexe de l'homme qui « change peu » au cours des siècles, un élément surgit inlassablement de son génie, irrégulièrement, par sauts qualitatifs, et qui vous fascinait : ce que vous appeliez le progrès technique, y compris le pire qui permet à l'humanité de se détruire. Il vous distingue de Nietzsche : l'éternel retour ne se fait pas sur la même pente, dont l'abscisse irrégulière mais positive modifie le regard de l'homme sur lui-même, au moins par la connaissance, donc la conscience qu'il a de lui et du monde. Pour vous, grand-père, si l'histoire, dont la politique est la mise en organisation, progresse finalement assez peu, il se passe finalement quand même quelque chose. Son horizon n'est pas indépassable à cause de l'émergence du progrès, quelquefois son irruption.

Dans *La France et son armée*, vous décrivez largement son importance dans la modification de l'art du combat que provoque l'évolution des armes. La fascination qu'il exerce sur vous ne relève pas du seul positivisme de la fin du XIXe siècle. Elle vient de beaucoup plus loin et ne fait pas de vous l'homme d'une seule génération, celle de quelqu'un né à l'aube de l'avion et de l'automobile, mort un an après les premiers pas sur la Lune. « Je veux comprendre », me disiez-vous à Colombey. Pécher contre l'esprit était pour vous de ne pas chercher à savoir, à travers les âges, à travers les hommes, dans le temps de leur histoire, en écartant tous les tabous, d'où qu'ils viennent.

1. Extrait du *Prophète Péguy* d'André Rousseaux, La Baconnière, Neuchâtel ; Albin Michel, 1946.

Souvenons-nous encore de ce que lisait le capitaine de Gaulle en 1917 dans l'histoire grecque. Vous remarquez une évolution capitale dans les armées athéniennes introduite par l'action d'un des chefs de l'époque, Iphicrate, qui changea l'armement d'une partie des troupes athéniennes, en donnant une grande importance aux peltastes. Ceux-ci, armés de petits boucliers et de cuirasses légères, de longues lances et de longues épées, réunirent les avantages de la grosse infanterie et des troupes légères. Cette organisation permettait aux soldats des mouvements plus rapides. Iphicrate avait aussi presque deviné la tactique qui, plus tard, de l'autre côté de la mer Ionienne, valut aux Romains tant de triomphes. Plus loin, dans le même sens, sur le bataillon sacré de Thèbes (troupe d'élite composée d'hommes unis entre eux par l'amitié), vous encadrez ce passage : « Cette troupe existait depuis longtemps, mais on dispersait ordinairement ceux qui en faisaient partie dans les premiers rangs de l'armée. Pélopidas les fit agir en corps et isolément, afin que leur valeur et leur discipline, étant mises en commun, devinssent irrésistibles. » C'était effectivement plus percutant de regrouper les quelques forces cuirassées disponibles en 1940 que de les disperser en appui des divisions d'infanterie ! Vous remarquez aussi ce dont parle Plutarque : la phalange qui est le noyau de l'armée, sorte de bête blindée, hérissée de fer et mobile ; l'efficacité d'organiser des flottes de combat en louant des professionnels mais au prix de leur versatilité ; l'obligation de les payer toujours mieux pour éviter leur défection ; enfin, la lenteur de ce qu'on appellerait aujourd'hui le processus de décision publique. « À la première alerte, nous nommons des triérarques, nous rêvons aux ressources pécuniaires, nous décrétons l'embarquement du métèque, de l'affranchi, puis du citoyen. Le temps passe pendant tous ces décrets, et les places que nous voulons défendre sont perdues[1]. »

Ce qui s'est passé en 1945 sur l'atoll de Bikini, puis sur Hiroshima et Nagasaki vous a bouleversé. « La révélation des effroyables engins m'émeut jusqu'au fond de l'âme. Sans doute ai-je été depuis longtemps averti que les Américains étaient en voie de réalisation des explosifs irrésistibles en utilisant la dissociation de l'atome. Mais pour n'être pas surpris je ne m'en sens pas moins tenté par le désespoir en voyant paraître le moyen qui permettra peut-être aux hommes de détruire l'espèce humaine[2]. » Ce progrès de mort, impensable mais incontournable, peut clore l'histoire de l'humanité. Vous citerez constamment cette hypothèse dans presque tous vos discours et conférences jusqu'au terme de votre présence au pouvoir. Le réalisme était à ce moment d'en tirer les conséquences sur ce que l'on appelait alors l'équilibre des blocs. « Tel est d'ailleurs le fond des choses [...] Dans de telles conditions, comment l'Europe pourrait-elle s'unir, l'Amérique latine se révéler, l'Afrique suivre sa propre route, la Chine trouver sa place, les Nations unies devenir une efficace réalité ? Faute que l'Amérique et l'Union soviétique aient détruit leurs armes absolues, il fallait rompre le charme. Nous le faisons, pour ce qui nous concerne, et par nos propres moyens[3]. »

1. Phrase de Démosthène tirée de la même histoire grecque.
2. *Mémoires de guerre*, vol. III.
3. Conférence de presse du 28 octobre 1966.

L'arme nucléaire et la maîtrise de son éventuelle utilisation, en retirant à tout adversaire l'envie de risquer sur son sol des dégâts équivalents à ceux qu'il produirait sur le nôtre, visaient aussi à ne pas se laisser entraîner dans un conflit qui ne serait pas dans l'intérêt de la France. Sun Tzu est encore avec vous qui disait : « La meilleure des politiques guerrières est de prendre un État intact. » La France a sa propre politique nucléaire de défense, grâce à vous. Le système a tenu. Je revois dans votre bibliothèque le livre de Raymond Aron, *Paix et Guerre entre les nations*[1], dans sa couverture verte avec, parmi bien des réflexions, celle affirmant en substance qu'en politique étrangère les amis d'aujourd'hui peuvent être les ennemis de demain. La réciproque va de soi. « En ce domaine, on ne s'unit jamais que contre une autre puissance – et provisoirement – et sans que soit jamais abandonnée entre alliés une lutte de tous les instants[2]. » Aron vous aimait peu, qui a déclaré un jour de 1943, à mon oncle Alain de Boissieu dans cette ville de Londres : « Que faites-vous avec le général de Gaulle? Il n'a aucun avenir politique ! » Vous le lisiez avec intérêt.

Définir l'action à court terme à partir d'un objectif de long terme qui s'inscrit dans une vision de l'histoire, tel est le vrai rôle du chef. L'action de guerre, qui suit ou précède la politique, n'utilise peut-être pas des moyens si différents. « Les cinq éléments de l'art de la guerre sont : la mesure de l'espace; l'estimation des quantités, les règles de calcul, les comparaisons, et les chances de victoire. Les mesures de l'espace sont dérivées du

1. Calmann-Lévy, 1962.
2. Cité par Claude Mauriac dans *Aimer de Gaulle*, Grasset, 1978.

terrain; les quantités dérivent de la mesure; les chiffres émanent des quantités; les comparaisons découlent des chiffres et la victoire est le fruit des comparaisons» (Sun Tzu). Vous avez ajouté l'intuition de l'instant qui peut briser les équilibres des forces.

Il était fréquent d'entendre chez vos compagnons ou adversaires cette phrase que l'on vous a indûment prêtée : «L'intendance suivra!» Le militaire, le vieux, l'homme du siècle dernier ne comprendrait rien à l'économie politique. Ce fut pourtant chez vous une préoccupation constante parce qu'il y a dans ces affaires du réel qui s'impose, aux particuliers comme aux nations.

«Les problèmes économiques et sociaux [...] j'y consacrerai une bonne moitié de mon travail, de mes audiences [...] aussi longtemps que je porterai la charge de la nation[1].» Voici pour le temps passé sur ces sujets. «Il est vrai que je ne m'en remettrai pas aux leçons changeantes de maints docteurs qui manient en tous sens et dans l'abstrait le kaléidoscope des théories[2].» Voilà pour les donneurs de leçons même si vous consultiez aussi souvent que nécessaire les experts. «Il est vrai que pour traiter le sujet, je m'efforcerai sans cesse, conformément à ma nature, de le ramener à l'essentiel[3].» Ici revient le discours de la méthode.

Et «l'essentiel», c'est quoi? Revenons à votre histoire, à votre formation comme à votre manière de voir. Dans votre carnet personnel, commencé en captivité durant l'été 1916, vous dites abruptement : «Dans

1. *Mémoires d'espoir*, *op. cit.*, vol. I.
2. *Ibid.*
3. *Ibid.*

l'ordre d'idées agricole, par exemple, que serait-il préférable à un gouvernement ? 1. De fixer d'abord la forme générale convenable à l'agriculture du pays [...] et travailler à réaliser le tableau dressé en conséquence [...] ? 2. Ou bien constater les tendances actuelles de chaque région, tendances qui ont des motifs profonds [...] et exciter chaque région dans [leur] développement ? D'où il résultera un tableau non plus fixé *a priori* mais constaté tout simplement. » Entre la planification centralisée, dogmatique et le libéralisme calé sur le réel et encadré par l'État, votre préférence était déjà formée. Plus loin : « Napoléon tenait énormément à ce que la rente ne baisse pas. C'est lui qui institua la courbe d'amortissement [...] destinée à soutenir les cours [...] On l'alimenta primitivement par le cautionnement des fermiers généraux. Puis par toutes sortes de fonds. » Ce qu'on appellera plus tard la politique économique, ici le soutien d'un marché, se fait au bénéfice de tous. Vous remarquez que c'est seulement en 1807 que fut rendue obligatoire la comptabilité en partie double à tous les échelons de l'Administration. Et puis déjà l'Algérie lorsque vous notez qu'« elle a fini par obtenir son budget spécial qui est voté par les délégations financières après avoir été élaboré par le gouverneur général. Elle a obtenu aussi son autonomie administrative en ce sens que tous les services ressortissent directement du gouverneur général ». L'autonomie, avant l'autodétermination, dans le sens de la liberté.

Lorsque vous évoquez en 1921, comme professeur à l'École de guerre, la terrible année 1915, vous insistez sur les problèmes économiques qui se posent aux belligérants : « La production, la circulation, la répartition, la consommation des richesses ne peuvent plus être laissées au libre jeu des lois naturelles. Il faut les réglementer avec une rigueur croissante. La production [...] doit être remise en mouvement, et on se heurte alors à la crise de la main-d'œuvre. Les fabrications de guerre [...] doivent être d'urgence organisées et multipliées. Il faut se procurer d'urgence les matières premières nécessaires [...] Il faut aménager [...] les établissements industriels existants et en créer de nouveaux. Il faut reconstituer les personnels : ingénieur et ouvriers. La quantité énorme de matières que les besoins des armées obligent à faire circuler entraîne partout des crises de transport qu'il faut résoudre. La raréfaction des denrées [...] oblige partout les gouvernements à intervenir dans la répartition en garantissant à chacun le minimum indispensable, et dans la consommation en rationnant les citoyens, en réduisant, interdisant même telles ou telles industries et fabrications. »

Dans le projet de loi relatif à l'organisation de la nation pour le temps de guerre[1], rédigée en 1933[2], un long chapitre est consacré à la situation économique de la France. Au-delà de la synthèse exhaustive qu'on y trouve, une phrase sur les échanges commerciaux m'a frappée tant elle préfigure des débats que nous avons encore : « Importateurs de matières premières pondéreuses et d'objets fabriqués à bon marché [...] exportateurs de produits de choix [...] nous sommes liés [...] avec les pays susceptibles à la fois de nous

1. *Lettres, Notes et Carnets, op. cit.*, t. 2, année 1933.
2. Au secrétariat général permanent du Conseil supérieur de la défense nationale.

vendre les uns et de nous acheter les autres. [...] C'est aux ventes et achats des Anglo-Saxons et des Germaniques qu'est avant tout lié notre système économique. D'où, entre eux et nous, une solidarité des intérêts qui se fait jour à toute époque, quelles que soient, par ailleurs, les vicissitudes de nos rapports politiques, voire même la concurrence réciproque que nous ne laissons pas de nous faire. La nature et l'assiette des ressources de la France la portent à rechercher l'équilibre. » Certes, la Communauté européenne n'existait pas, la Chine n'était pas encore redevenue la première économie du monde, les États-Unis, malgré la crise de 1929, occupaient déjà la première place, pour cent ans. Il s'agissait alors pour notre pays, ce n'est pas nouveau, de respecter les grands équilibres économiques dans une interdépendance croissante avec les pays industriels et d'abord ses voisins.

Dans vos *Mémoires de guerre*, au printemps 1944, vous êtes à Alger : « Mais ensuite ? Ah ! Que Dieu juge toutes les âmes ! Que la France enterre tous les corps ! Mais le pays, lui, doit vivre. » Le Comité de la Libération que vous présidez prépare les réformes qui conviennent pour affronter « l'océan des problèmes, financiers, économiques, sociaux qui se poseront aussitôt » à la libération du territoire. Vous dressez en une phrase le diagnostic : « L'inflation, le niveau intolérablement bas de salaires, la pénurie de ravitaillement. » D'emblée, c'est la circulation monétaire qui est en question car elle atteint, en 1944, le triple du montant de 1940. Sans entrer dans le débat qui se fera jour entre Pleven et Mendès, vous tranchez pour une solution moyenne : éviter le déchaînement de l'inflation en restant inerte ou faire « sauter la chaudière » ; ce qu'entraînerait le blocage conjoint des avoirs, des billets, des salaires et des prix. Les mesures suivent immédiatement, qui « empêcheront le pire ». L'économiste Charles de Gaulle décide d'une politique économique à la fois keynésienne et monétariste en usant de tous les leviers. Et Charles le réaliste sait pourtant qu'« aucune formule magique et aucune astuce technique ne changera sa ruine [celle de la France] en aisance ». Ce qui dure, c'est qu'« il faudra beaucoup de temps, d'ordre, de travail, de sacrifices pour reconstruire ». Viennent, en conséquence, les réformes économiques et sociales du 15 mars 1944, puis du Gouvernement provisoire, qui sont une forme de révolution. Vous le dites, en 1945, « la route de la grandeur est libre » mais « le tiers de la richesse française a été anéanti ».

Revenant aux affaires en mai 1958, vous fixez trois objectifs : donner au pays des institutions solides, régler le problème algérien, restaurer la situation économique et financière de la France. Tous trois ont été atteints et dans un temps record, en particulier le volet économique par l'acceptation par la France des règles du marché commun, l'instauration d'une monnaie stable ou la restauration de l'équilibre des finances publiques. Je ne veux pas refaire le récit de vos batailles économiques, mais comment ne pas être surpris, au-delà du temps consacré, par votre compétence dans cette matière où l'on vous raillait volontiers ? Le militaire Charles de Gaulle était aussi un économiste dont la sagacité permettait de comprendre avant de résoudre. Elle vous a souvent laissé seul.

Le 4 février 1965, vous dénoncez les dangers d'un système monétaire international fondé sur la position dominante du dollar. Le mécanisme était simple :

lorsqu'une monnaie nationale – en l'occurrence le dollar – sert d'instrument de réserve monétaire internationale, donc est acceptée et conservée par les autres pays sans être convertie en équivalent or, elle permet de s'affranchir de la discipline qu'implique, pour chacun, l'équilibre des paiements extérieurs. De fait, de 1958 à 1969, le déficit cumulé de la balance des paiements américaine a été de 34 milliards de dollars financés seulement à hauteur de 8 milliards par une diminution des réserves en or de la Réserve fédérale. Il leur fallait financer « d'énormes dépenses de puissance, d'assistance et de prestige », en particulier la guerre du Viêtnam, cela grâce à la planche à billets et sans dévaluer leur monnaie. Vous avez réclamé simplement, et contre tous, que « les échanges internationaux s'établissent sur une base monétaire indiscutable et qui ne porte la marque d'aucun pays en particulier ». Vous avez perdu cette bataille. En 1972, le président Nixon va même jusqu'à supprimer unilatéralement le principe de la convertibilité du dollar en or. Les déficits américains n'ont cessé, depuis lors, de croître, qui sont financés par le reste du monde. Vous rejetiez, en économie comme ailleurs, toute déconnexion entre le réel et sa représentation, ici la bulle dollar. Il y en aura bien d'autres après vous, liées à l'évolution non contrôlée des signes monétaires.

Après 1968, il faut éponger la note du mois de mai, pas tant celle de la paralysie de l'économie que celle de ses conséquences différées sur le déficit de l'État, le déséquilibre de la balance des paiements et la tenue de la monnaie. Le franc avait été durement attaqué pendant les quelques semaines des événements, puis de nouveau à l'automne. Le budget de 1968, voté initialement en léger déséquilibre (−1,8 milliard de francs), fut finalement exécuté avec un déficit de 15 milliards. L'expansion du crédit s'accompagna d'un excès de liquidités monétaires et d'une fuite de capitaux. Nombre d'hommes politiques de la majorité de l'époque, et non des moindres, soutenaient, dans la ligne du patronat, la nécessité d'une dévaluation du franc doublée d'une politique économique expansionniste. L'argument public était que la relance allait remédier à la crise. En sous-main, une bonne dose d'inflation permettrait de manger les hausses de salaires excessives accordées pendant le Grenelle. Vous étiez d'un avis opposé. Le 29 juin 1968, vous déclarez : « Cette politique sera rude. Nous allons avoir en effet à mener un grand effort de production, de productivité, de travail, pour réparer, au milieu de nos concurrents étrangers, le handicap que nous inflige la crise dont nous sortons ; pour empêcher que la hausse des prix, l'inflation, la chute de la monnaie, réduisent à moins que rien l'amélioration des salaires et des allocations des familles et des gens âgés, et développent chez nous le chômage. » Les préoccupations de chacun ne s'accordent pas. On voit où sont les vôtres. Sans insister sur le fond, vous allez défendre, jusqu'au bout de votre mandat, presque contre tous, les Allemands en particulier, la tenue de la monnaie, que sous-tend une politique budgétaire, du crédit et des revenus de nouveau rigoureuse. Cela va marcher. Votre refus de s'incliner devant ce qui paraissait inéluctable ne correspondait pas à votre réalisme. En économie, comme ailleurs, ce qui dure agit sur les structures. Ne pas subir « la supercherie de l'inflation » implique que, « les moyens appropriés étant connus, il n'est que de les prendre ». Vous présiderez plusieurs conseils restreints qui aboutiront à des mesures de redressement structurel des finances publiques, le retour à la rigueur monétaire et la modération de la hausse des revenus. C'étaient des mesures impopulaires qui n'allaient pas dans le sens de la facilité, cela au moment « de faire passer » un référendum jugé capital et qui échouera. « Par-delà les épreuves, les délais, les tombeaux, ce qui est légitime peut un jour être légalisé, ce qui est raisonnable peut finir par avoir raison[1]. »

Ce militaire avait, cela bien avant la Ve République, quatre principes macroéconomiques simples : équilibre budgétaire sur la base d'un niveau de prélèvements publics « raisonnable »; redistribution équitable de la « richesse » préalablement créée par les entreprises; importance accordée par la puissance publique à l'investissement, à la recherche, à l'éducation; évolution des « signes monétaires » en proportion de celle de la « croissance économique réellement créée ». Est-ce tant différent aujourd'hui ?

Je veux rappeler un commentaire de Raymond Barre sur votre savoir-faire[2] : « Il avait le sens de l'échelle des choses. Il ne prenait jamais un fait en tant que tel. Il le plaçait dans son cadre [...] Il voyait très vite ce dont il s'agissait. Pour lui, l'économie, ce n'était pas une technique isolée. S'il voulait tenir le franc, à travers l'économie, c'était pour une raison bien déterminée. Il avait, à proprement parler, un sens aigu de l'économie politique. » Avec une capacité particulière aiguisée par la mémoire et l'analyse : celle de penser le départ entre

1. *Mémoires d'espoir*, *op. cit.*, vol. I.
2. Cité dans le tome 2 des *Trois Derniers Chagrins du Général*, d'Anne et Pierre Rouanet, Grasset, 1980.

ce qui est stérile et ce qui porte le germe d'un avenir, au milieu d'un présent qui ne se contourne pas, dans la complexité de l'homme qui n'est pas que rationnel.

François Mauriac nous dit de vous que : « Tout étranger qu'il paraît aux Français de maintenant, il embrasse d'un regard le possible et sa politique naît de ce regard[1]. » J'avais treize ans lorsque je vous ai entendu dire : « J'ai décidé ce matin de construire un troisième aéroport à Roissy en France. Beaucoup de mes ministres et collaborateurs trouvent que c'est inutile et me prennent pour un vieux "mégalo" ! » L'on connaît vos principales décisions pour susciter le progrès industriel et scientifique, qui n'avait pas pour seul objet le rang de la France, qu'il s'agisse du nucléaire[2], du transport aérien[3], de l'espace[4], des techniques informatiques[5]. N'oublions pas les autres ouvertures sur une modernité qui nous parlent peut-être davantage aujourd'hui : constitution du Centre national d'exploitation des océans[6], création de l'Agence nationale de valorisation de la recherche en même temps que celle de l'Office national des forêts, inauguration de l'usine marémotrice de la Rance[7]. J'ajoute à la liste la recherche

1. *Nouveau bloc-notes 1958-1960.*

2. Création du Commissariat à l'énergie atomique le 18 octobre 1945 ; mise en service des trois premiers réacteurs nucléaires civils de production électrique à Chinon de 1963 à 1966 suivis de ceux de Saint-Laurent-des-Eaux et de Bugey.

3. Lancement du programme Airbus en juillet 1967 et du Concorde.

4. Création du Centre national d'études spatiales en 1961 ; accès de notre pays au rang de troisième puissance spatiale lorsque la fusée Diamant met en orbite le premier satellite français avec au même moment la mise en service du centre guyanais de Kourou.

5. Création en janvier 1967 de l'Institut de recherche en informatique et en automatique devenu INRIA en 1979.

6. Devenu l'IFREMER en 1984 après sa fusion avec l'ISTPM.

7. Dont les premiers travaux débutent en 1961.

médicale[1] avec, ce qui est moins connu, l'élan particulier que vous avez donné à la biologie moléculaire[2]. La science contribue, malgré tout, au progrès, et ouvrir le champ du possible vous est autant une exigence intellectuelle que l'un des constituants de votre action.

Autre chose encore, qui traverse chacune de vos analyses : l'économie, malgré sa prétention, n'est pas précisément une science ; ce qu'on appelle la macroéconomie repose sur des idées essentiellement de bon sens ; l'important est dans cette « échelle des choses » qui n'est que rapport, intrication, évolution. Rien n'est isolé et tout s'enchaîne. Le seul malheur de cet agent économique qu'est l'homme tient à sa solitude, son insatisfaction et sa cécité. Son guide est la liberté, et l'État peut aider à l'éclairer.

1. Création de l'Institut national de la santé et de la recherche médicale (INSERM) en 1964.

2. Thème abordé par Raymond Latarjet, ancien directeur de l'Institut Curie, dans *De Gaulle en son siècle*, Fondation Charles-de-Gaulle, t. 3.

7

Renouveau et inachevé

Le 22 novembre 1939, vous ne fêtez pas vos quarante-neuf ans. Votre tradition familiale en écarte la célébration. En outre, de par votre passé singulier, vous croyez votre vie professionnelle déjà terminée. C'est un peu la seconde fois. En 1917, vous écriviez à vos parents quelque chose de cela. Que sera votre vie dans l'armée après avoir été si longtemps en dehors des combats de la Grande Guerre ? Bien sûr, aujourd'hui, il y a encore la guerre, cette « grande accoucheuse », la guerre contre l'Allemagne qui vient d'être déclarée le 3 septembre. C'est pour cela que vous êtes entré, autrefois, dans ce qui était pour vous « la plus belle chose du monde », avec le désir de rendre, un jour, à la France « quelque service éclairé ». Vous êtes d'ailleurs dans le bain, à peu près conformément à vos idées, comme colonel commandant par intérim des chars de la Ve armée dans la région Alsace-Lorraine, ce qui n'est qu'un embryon d'une véritable force mécanisée. Vos rapports avec Paul Reynaud, qui est attentif à vos thèses, laissent encore croire à un possible sursaut dans l'organisation de l'armée française. Vous lui écrivez tant de lettres. Vous le lui dites, une fois de plus, avec votre style didactique de l'époque, dans une note de juillet 1939 : « L'engin mécanique, aérien, terrestre ou naval, possède au suprême degré la vitesse et la puissance qui sont les éléments de la manœuvre, de la surprise et de l'attaque [...] Il se trouve aujourd'hui qu'aucun pays, si vaste et si lointain soit-il, n'est à l'abri d'actions de destructions profondes et instantanées [...] Nous nous sommes décidés tard aux fabrications nécessaires [...] Mais il est toujours temps de bien faire[1]. »

Vous n'y croyez plus vraiment, après tant de papiers, conférences, lettres et entretiens de transgression jusqu'au sarcasme : « Il est très facile de prévoir quelle sera la réaction des sexagénaires pleins d'humour qui forment le Conseil supérieur de la guerre » avec, plus bas dans le même texte : « La France n'a pas un jour à perdre pour entreprendre une politique militaire nouvelle [...] Qui lui donnera le ministre assez clairvoyant pour comprendre, assez hardi pour entreprendre, assez ferme pour exiger[2] ? » À votre frère Jacques, vous écrivez le 26 octobre : « Tu connais mes conceptions d'organisation militaire. Je crois qu'elles nous auraient permis, si elles avaient été appliquées, de prendre une attitude tout autre[3]. » Vous faites un rappel tout de nostalgie à Lucien Nachin : « Mon cher ami, où êtes-vous ? Que devenez-vous ? Je pense à vous souvent [...][4] »

À près de cinquante ans, dans votre génération, ceux qui ont échappé aux maladies de l'enfance, de la misère et du travail, commencent à vieillir. Vous avez survécu,

1. *Lettres, Notes et Carnets, op. cit.*, t. 2, année 1939.
2. Lettre à Paul Reynaud du 26 août 1936 dans *Lettres, Notes et Carnets, op. cit.*, t. 2.
3. *Lettres, Notes et Carnets, op. cit.*, t. 2, année 1939.
4. *Ibid.*, lettre du 25 janvier 1939.

comme vos frères, à l'immonde « Grande Guerre ». Tant ont disparu, de vos camarades et des enfants de France, qui écrivent leur nom sur les monuments des villages. Ah quoi bon ! « Resterai-je dans l'armée ? Et quel avenir médiocre m'y sera fait ? Au point de vue militaire, je ne me fais aucune illusion, je ne serai moi aussi qu'un revenant[1]. »

Le 22 novembre 1939, vous êtes dans le presque fini, au début d'une drôle de guerre mal préparée, avec un commandement imprécis (« les chars de la Ve armée ! »), sous les ordres d'un grand état-major vieillissant, rétrograde, peureux, alors qu'en face, Guderian et Rommel, généraux à titre « définitif », sont plus jeunes que vous !

Le 22 novembre 1940, vous avez cinquante ans. Votre vie commence réellement à un âge où débute habituellement son déclin, par la création brutale d'un événement particulièrement improbable, inédit, transgressif. La France combattante est en marche. Sophocle est à Colombey dans votre bibliothèque, Antigone dans votre mémoire, votre conscience au-dessus du devoir ou, plutôt, le devoir d'obéir à sa conscience, comme expression simple du tragique, parce que toute vie est un combat mais sans victoire ni repos. Tragédies dont vous donnez un aperçu comme le déchirement absurde des Français entre eux, puis contre les forces alliées, lorsque celles-ci débarquent en Afrique du Nord fin 1942. Ce sont 3 000 de nos soldats, tués ou blessés, en Tunisie, par les Américains. C'est le sabordage de la flotte à Toulon qui suit l'invasion de la zone libre auquel le Maréchal donne l'ordre de ne pas

1. Lettre à son père Henri du 1er septembre dans *Lettres, Notes et Carnets*, *op. cit.*, t. 1, année 1918.

s'opposer. C'est le revirement opportuniste et bien tardif de Darlan avant d'être assassiné. C'est le titre, « Tragédie », de votre chapitre des *Mémoires de guerre.* Il y en a eu bien d'autres au long de votre histoire qui est aussi la nôtre.

Je crois dérisoire l'énoncé de vos moments de découragement, comme si vous pouviez basculer dans le côté obscur du renoncement, encore moins du suicide. L'argument est absurde qui nie votre caractère, l'ordre des probabilités comme vos convictions religieuses. Au-delà des difficultés, vous étiez là, debout, vivant, déterminé, totalement présent dans notre monde et son histoire. Quel sens, quel contenu faut-il donner à ce qui ne s'est finalement pas produit ? Vous êtes évidemment plongé, comme tous, dans l'humaine condition, notamment celle du cœur, de l'intimité, de l'affection qui, chez vous, ne doivent pas surprendre : votre « chère petite femme chérie » ; vos enfants que vous aimez sans oser le leur dire, sauf à Anne, la petite dernière, « le tout petit », qui s'éveille quelquefois en écoutant vos chansons brûlantes de ferveur, et qui vous bouleverse ; Colombey, votre retraite, sa bibliothèque et son jardin, l'essentiel pour préparer, peut-être, un jour, le renouveau que vous guettez dans l'ombre ; tout ce qui fait de vous, Charles de Gaulle, un homme, rien qu'un homme parmi les hommes. Qui peut vous dénier le droit au découragement passager ? L'homme peut souffrir, même lorsqu'il habite sa statue ; il a sa part de doute, peut être ses tentations au renoncement, ses ruptures de pente qui donnent du contenu à la profondeur. Mais il reste par-dessus tout celui qui se tient debout, toujours, même en Irlande, quand votre vie publique est terminée, et qui regarde au loin, sous les nuages lourds, là où l'horizon se brouille.

Grand-père, vous gardez toujours l'œil clair, surtout pendant le pire quand les autres se cachent. Je ne parle pas du courage physique, mais de votre lucidité implacable, calme et déterminée quand tout se précipite : celui du chef en plein combat victorieux à Montcornet le 17 mai 1940 puis Abbeville ; le « départ sans romantisme et sans difficulté » vers Londres le 17 juin ; le discours mesuré et réaliste lors du désastre de Mers el-Kébir ; la détermination froide après Dakar vers le véritable objectif, l'Afrique-Équatoriale française ; le débarquement des Alliés en Tunisie, et toutes les difficultés soulevées contre la France combattante ; la sérénité de votre visage devant « la mer » sur les Champs-Élysées en août 1944...

La vraie tragédie est chez vous ce qui empêche d'agir. Pourquoi ? Une possible méconnaissance du « vrai profond », à un moment donné, ou des circonstances de « terrain » qui brident, interdisent ou retardent l'action.

Je me souviens, en mai 1968, de deux événements en votre présence, le premier sur le fond, avec mon frère Charles et votre question : « Finalement, vous, les jeunes, que voulez-vous ? » ; le second, simplement en images, sortant du bureau de Massu à Baden-Baden, au moment de repartir vers Colombey. D'un côté ma parole qui ne savait pas bien répondre ; de l'autre le silence cadencé, en costume sombre, de votre démarche de combat.

La scène se tient un dimanche, après un déjeuner en famille à l'Élysée, je ne sais plus exactement quel jour de mai. La contestation des étudiants avait largement commencé. Vous perceviez depuis longtemps que le matérialisme de la croissance économique occidentale, elle nous fait aujourd'hui rêver, ne suffisait pas à enthousiasmer l'âme, en particulier celle, plutôt heureuse, d'une jeunesse de vingt ans qui n'avait plus connu la guerre et ne craindrait pas immédiatement le chômage à la sortie des études, terminées ou pas. Vous aviez conscience que les structures du fonctionnement universitaire, qui géraient environ 170 000 étudiants en 1958 et cinq fois plus dix ans plus tard, n'avaient pas réellement évolué. Il restait, en outre, une réforme, difficile à faire mais venue de loin, de cette guerre qui était, je reprends vos mots, « une guerre-révolution ». Vous avez profondément changé l'organisation de la société française, tant à la Libération qu'au début de la Ve République, plus qu'aucun parti politique. Mais il reste quelque chose qui ne bouge pas, qui tient à ce chemin intermédiaire, escarpé et solitaire, entre communisme et capitalisme, à l'époque apparemment équilibrés, mais tous deux oppressants pour l'individu et générateurs de crise, même différentes. Votre projet : établir un mode d'association plus égalitaire entre le capital et le travail pour reprendre le jargon dogmatique alors utilisé. Après l'évolution de la représentation du personnel dans l'entreprise, il fallait, selon vous, aller plus loin dans l'univers prosaïque de la société anonyme, que vous aviez déjà profondément modernisée (cf. la loi de juillet 1966 sur les sociétés commerciales), et où le petit actionnaire n'a que le pouvoir du suffrage censitaire, c'est-à-dire rien ou presque lors du vote en assemblée générale, encore faut-il qu'il y ait des petits actionnaires, en particulier les salariés de l'entreprise concernée. Dans le partage de la valeur ajoutée, le salarié apporte sa force de travail contre rémunération mais ne décide de rien. Vous vouliez, et ceci est à reprendre, que ce salarié soit réellement un citoyen dans l'entreprise.

Personne ne vous suivait sur ce chemin, à commencer par l'essentiel de votre gouvernement. Quant au changement dans les universités, le futur immédiat sera celui de la dictature intellectuelle du marxisme, dans toutes ses variantes et dévoiements, qui a suivi l'absence de réforme véritable, et n'a pas été le moment, attendu par beaucoup d'entre nous, ni de libération ni de vérité.

Nous étions assis, mon frère Charles et moi, à côté de vous avec cette question de fond : *Finalement, vous, les jeunes, que voulez-vous ?* Je ne sais plus ce que mon frère a dit car je cherchais en moi quelque chose de pertinent à répondre... Je pensais bêtement à la liberté de faire, de dire et de penser, à celle de rêver. « Devenir plus », pour reprendre une formule connue dans un pays prospère où le taux de croissance ne suffisait pas au bonheur. Comment le formuler de manière institutionnelle ? Et puis, dans ce moment ludique et libertaire, que je partageais profondément, surgissait aussi un peu de révolte. Pourquoi écouter, pourquoi plier, pourquoi subir le permanent et pesant « Fais pas ci ! Fais pas ça ! » venant des générations d'avant la nôtre, ces ritournelles usées qui ressemblaient tant à la phrase si souvent entendue : « Les enfants n'ont rien à dire ! » ? Nous n'avions, c'est vrai, encore rien fait ni rien prouvé, comme chaque fois, à notre âge, depuis le début des temps. Cela valait-il d'être traité pour bien peu par ces classes d'âge qui, pour la très grande majorité d'entre elles, par indifférence, lassitude ou lâcheté, ont humilié et presque perdu la France pendant la guerre ? De quel droit moral osaient-elles ces impératifs, non que ce conflit habituel entre générations fût anormal mais pourquoi le manifester avec autant de mépris ?

Le 29 mai au matin, mon père entre dans ma chambre et me dit : « Prépare rapidement ta valise ! On s'en va ! – Où ? – À Romorantin ! – Pour quoi faire ? – Ne discute pas et fais vite ! – On revient quand ? – Je ne sais pas ! » Six personnes, six valises, pour une semaine, davantage ? Arrivés à Villacoublay, nous sommes répartis dans deux vieux « Beechcraft » en direction, je l'apprends à ce moment, de Baden-Baden pour rejoindre nos grands-parents qui viennent d'y partir en hélicoptère. Vol au ras du sol pour échapper à la couverture radar ; saute-mouton à cause des lignes électriques ; ah ! l'aventure ! Sur le tarmac de l'aéroport de Baden-Oos, j'ai brièvement dit à mon frère aîné : « Va-t-il enfin nous arriver quelque chose ? » Non ! Je vous ai à peine vu, de loin, quitter le bureau de Massu et repartir pour Colombey, le visage déterminé, la démarche légère. Nous sommes restés derrière. Huit jours sur place. On connaît la suite.

Dans votre esprit, je crois les deux événements, la révolte des étudiants et la grève générale, largement sécables, même si les syndicats actifs et les partis d'opposition, à la ramasse, ont amalgamé les deux pour éviter le décrochage. La jeunesse, dont j'étais, vivait davantage dans la fête de la contestation ; les politiques ne voyaient que menace sur leur situation ou perspective du pouvoir. Ils n'ont pas compris grand-chose, d'où qu'ils viennent. Nous non plus, d'ailleurs, malgré les prétentions de certains. Mais comment bien peser cette impression vive, cette ferveur de respirer quelque chose ? Je vous ai demandé durant l'été suivant à Colombey ce qui s'était passé dans votre esprit. Pourquoi ce voyage ? Accessoirement, pourquoi, nous aussi, durant huit jours ?

« Je n'avais plus prise sur rien ; la situation était totalement bloquée, et plus aucun échelon de l'État ne m'obéissait. J'ai voulu créer un vide pour voir s'il se passerait quelque chose. Ça a marché ; le contraire aurait été possible. Dans ce cas je serais parti définitivement. Mais ça a marché et j'ai pu reprendre les affaires en main. – Et pourquoi nous avoir fait venir à Baden ? – Parce que je savais depuis quelque temps que certaines formations politiques cherchaient à faire pression sur moi en s'en prenant à ma famille. Je voulais éviter cela en vous éloignant du territoire. » Le tacticien est toujours là, qui connaît les mécanismes du pouvoir, sa contingence, son asymétrie. « C'est sur les contingences qu'il faut construire l'action[1] » ; ouvrir le champ du probable en gagnant des degrés de liberté ; imaginer possible la survenance d'événements conséquents, même improbables, à partir d'une action courte et symbolique...

Tout cela a été réfléchi, mais non prévu de longtemps, décidé dans l'action mais non préparé. Le contraire aurait pu arriver, y compris le renoncement, mais le désespoir n'en était pas la motivation ni la seule connaissance de la solidité des troupes. La tentation du coup d'État, les blindés boulevard Saint-Germain, la force armée contre les piquets de grève n'étaient qu'une vieille rengaine de politiciens attardés. Je cite ce que vous fait dire Christian Fouchet, votre ministre

1. *Le Fil de l'épée*, *op. cit.*

de l'Intérieur, sur la simple suggestion de faire distribuer des cartouches aux agents de police (est-ce vrai ?) : « Je n'ai pas fait tirer sur Challe, je n'ai pas fait tirer sur Jouhaud, je n'ai pas fait tirer sur Salan, tous plus cons les uns que les autres ! Je ne ferai pas tirer sur mon petit-fils qui n'est pas bête, lui[1] ! »

Il restait une blessure ouverte que les événements avaient élargie : celle des réformes « de société » qui ne se faisaient pas. J'ai le souvenir durant ce même tour du jardin, en juillet 1968, d'une autre de vos questions : « Que penses-tu du nouveau Premier ministre ? » Réponse embarrassée : « C'est un grand serviteur de l'État... mais il ne suscite pas l'enthousiasme... » Votre silence a suivi, qui n'était peut-être pas désapprobateur. Le temps passait, et si la seule élection de votre vie, celle de décembre 1965, avait ancré la légitimité du président de la Ve République et donné sept ans de plus à votre direction, vous sentiez le sable des jours qui s'échappent. Bientôt soixante-dix-huit ans, après tant d'épreuves ! En 1953, vous écriviez dans vos carnets : « J'ai soixante-trois ans. Désormais tout ce qui se rapporte à moi s'organise en fonction de ma mort. » Alors, quinze ans plus tard, dans ces mêmes carnets, il vous suffit de noter « les exemples qu'on se cite à soi-même pour se donner le change sur son âge : à quatre-vingt-neuf ans, Sophocle écrit *Œdipe à Colone*; à quatre-vingts ans, Goethe écrit son Grand *Faust* »... et tant d'autres, octogénaires, qui « poursuivent une œuvre admirable ». Écrire, sans doute, mais il vous reste encore à agir. J'ignore à quel moment vous avez

1. Rapporté dans *Traits d'esprit* choisis par Marcel Jullian, Le Cherche-Midi, 2010.

résolu de ne pas terminer ce septennat. Je ne vous ai entendu parler du terme que vous vouliez y mettre à quatre-vingts ans qu'après votre départ, terme calendaire qui n'est pas advenu. Chez les créateurs, plus peut-être que chez les autres, la vie qui s'achève est une tragédie : celle de laisser une œuvre inachevée.

Le référendum du 27 avril 1969 n'était ni un suicide politique ni une recherche de sortie par l'absurde. C'était important pour vous, et quelques autres, bien peu d'ailleurs. Là aussi, cela aurait pu passer. Unifier les deux assemblées que sont le Sénat et le CES[1] amenait du nouveau profond dans la construction institutionnelle : donner du pouvoir législatif aux représentants des « activités économiques, sociales et culturelles », et plus seulement aux élus des grands électeurs qui ne voulaient pas partager, revoilà le révolutionnaire ; créer des régions dans une construction administrative qui n'avait pas changé depuis longtemps ouvrait un espace double de « déconcentralisation », avec moins de colbertisme au profit des régions qui auraient pu elles-mêmes agréger aussi des compétences départementales ; revoilà le réformiste irréductible. Et dire que furent nombreux ceux qui ont qualifié ce texte, certainement indigeste et mal expliqué, de « sans importance » ou de porte de sortie pour le vieux général !

Très étrange, mais peu surprenant fut le procès d'intention qui vous était fait. Oser modifier la composition du Sénat mettrait en danger la démocratie comme si celle-ci, ce chemin de carrière et de pouvoir pour

1. Conseil économique et social, aujourd'hui Conseil économique, social et environnemental.

beaucoup de politiciens professionnels, transcendait la République elle-même ! Quel renversement de la charge de la preuve venant de tous ces apparatchiks, y compris certains de vos compagnons, fustigeant le pouvoir personnel du vieux pour mieux protéger le leur !

Revenons à ce que vous disiez vous-même de la tentation du départ : « Vous savez, depuis quelque chose comme trente ans que j'ai à faire l'histoire, il m'est arrivé quelquefois de me demander si je ne devais pas la quitter. Ce fut le cas, par exemple, en septembre 1940, après Dakar, où avec mes compagnons, ayant essuyé le feu des forces françaises qui tiraient sur les Français libres, alors que l'ennemi était à Paris, j'ai douté qu'on pourrait jamais les retourner contre l'envahisseur de la France. Ça a été le cas à Londres, en mars 1942, où, devant une dissidence à l'intérieur de la France libre, dissidence dont le gouvernement britannique avait été le complice sinon l'instigateur, je suis allé dans un coin de la campagne anglaise en faisant savoir à Londres que je ne poursuivrai pas mon entreprise aux côtés de la Grande-Bretagne si mes conditions n'étaient pas acceptées. Ce fut le cas en 1946, quand, submergé par le torrent stérile des partis sur lequel je n'avais pas de prise et ne pouvant plus agir à la place où j'étais, je l'ai quittée. Ce fut le cas en 1954, quand je voyais le rassemblement que j'avais formé et qui était en train de se disloquer ; alors, je l'ai laissée je suis rentré chez moi. Ça a été le cas le soir du premier tour de l'élection présidentielle, où une vague de tristesse a failli m'entraîner au loin[1]. » Vous enchaînez après,

1. Entretien radiodiffusé et télévisé avec Michel Droit du 7 juin 1968. *Lettres, Notes et Carnets*, t. 5.

devant Michel Droit, sur les événements de 1968 : «Le 29 mai, je me suis interrogé moi-même [...]» Où est la part des choses entre le renoncement profond, presque irrémédiable, et le repli tactique, circonstanciel, que vous viviez intensément en «faisant comme si»? Dans ce débat, je prends le risque irraisonnable de prendre parti. La tentation du départ n'est pas le départ, sauf ceux que vous avez voulus vous-même : le premier n'était pas dans l'ordre du tragique au contraire du second. En janvier 1946, vous aviez devant vous encore du temps et la légitimité conférée par l'histoire. En avril 1969, le terme était là et la légitimité du suffrage perdue, pour la première et dernière fois. La vraie tragédie est ici, celle de la vie qui s'achève sans avoir conduit les réformes encore à faire, atteint l'objectif, parfait l'œuvre. «Il faut que l'homme se voue à une tâche qui le dépasse : c'est la loi de la tragédie. Il lui faut désapprendre la terrible angoisse que lui causent la mort et le temps, car dans le plus bref instant, dans la particule la plus infime de sa vie peut survenir un événement sacré qui compensera bien au-delà toutes les luttes et toutes les misères. Voilà l'état d'âme tragique» (Nietzsche). Que faire lorsque plus rien ne peut advenir?

Vous étiez un homme de la terre, de la terre de France, de celle de Colombey. C'était elle qui vous faisait rebondir après l'avoir sentie, foulée, écoutée, dans le silence du feuillage et la profondeur des ombres. La rumeur de la mer est plus lancinante. Elle a marqué quelques passages, assez peu, de votre style. Je repense à Goethe, cet écrivain «planétaire» que vous aimiez. Celui-ci, après l'avoir emprunté à la bibliothèque de Weimar, aurait gardé toute sa vie un des derniers écrits de Platon, le *Timée*, où l'on trouve le mythe du démiurge qui remet régulièrement le monde en ordre. Dans ce récit il y a aussi celui de la disparition de l'Atlantide qui retrace la plus grande destruction de l'histoire des origines. Je crois que pour vous, grand-père, la mer, ce n'est pas original, est symbole des origines, étendue sans repère, qui se confond avec le ciel dans une des figures de la mort. Elle fait naître et recouvre. C'est elle que vous allez voir, au bord de cette Méditerranée qui a vu surgir tant de cultures, dans les premiers jours de 1946, avant de renoncer au pouvoir. C'est elle que vous retrouvez en Irlande, qui scelle la fin de l'histoire, la vôtre avec la France, et le début des ombres. C'est celle de Mers el-Kébir dont vous parlez dans vos *Mémoires*. Je me souviens de vos mots, en marchant, évoquant Plutarque, ses marins audacieux qui franchissent les colonnes d'Hercule pour entrer, avec effroi et courage, dans la mer ténébreuse, et entendre, au fond de l'eau, hurler les Titans et les Titanides. Il y a la phrase connue de Bismarck que vous citez : « Les peuples et les individus, la folie et la sagesse, la guerre et la paix, tout vient et s'en va comme la vague, et la mer demeure. » Nous reconnaissons le désespoir serein dans ces évocations, en même temps qu'une éternelle espérance, l'adhésion improbable mais profonde entre la vie de Charles, « ce pauvre moi », ce moine-soldat, et la force du destin que vous habitiez, votre incroyable force, qu'on appelle caractère, cette volonté tendue qui m'étonne encore, et qui de l'onde fait tout renaître...

Homme parmi les hommes, fabriquant une histoire dans l'Histoire, votre ambition était pour la France. Vous auriez pu mourir pour elle, le soldat et le politique. Mais vous lui avez consacré votre vie, sans sacrifice ni messianisme, dans un processus de pensée tout de réflexion, permanente et multiple. Je crois pertinente l'idée de tragédie de l'équilibre. La lecture de vos *Notes*, à diverses époques de votre existence, donne un aperçu de ce que Gramsci a appelé « pessimisme de l'intelligence ». Les hommes ne trouvent pas l'équilibre, sans cesse tirés par l'empire des songes. Tout au long de votre vie, dans vos carnets personnels, vous citez ces écrivains qui vous parlent. Chamfort : « La guerre a des nécessités immédiates et impérieuses. Elle ne comporte pas l'utopie et la spéculation s'y traduit en désastres. » Ou encore : « Les raisonnables ont duré ; les passionnés ont vécu. » Barrès, en contemplant la cathédrale de Tolède, pense à « la poésie des grandes profondeurs » et évoque le « sortilège de la gloire [qui] dépasse toutes les magies de l'amour, car la vieillesse ni la mort ne la peuvent exorciser ». Saadi : « Les uns sont morts, d'autres voyagent dans des pays perdus ». Dante évoque l'incertitude, « cette obscure forêt qui marque le milieu du chemin de la vie ».

À l'opposé et dans les mêmes pages, votre nostalgie immense au regard calme, toujours curieux, présent mais un peu détaché de la vie, davantage des hommes, ressort souvent : « Attendez au soir pour dire si le jour fut beau, et la mort pour juger de la vie » (Sophocle) ; « Le talent se forme dans la solitude, le caractère dans la société (Goethe) ; « Tôt ou tard on ne jouit que des âmes » (Vauvenargues) ; « Le meilleur de tous les biens, s'il y a des biens, c'est la retraite en un endroit qui soit son domaine (La Bruyère) ; « Les forêts précèdent les civilisations. Les déserts les suivent » (Chateaubriand). Pascal a le mot presque final : « Rien ne s'arrête pour nous. C'est notre état naturel, et toutefois le plus contraire à notre inclination.» La tragédie de l'équilibre perdu qui vous faisait regretter «[cette] époque classique où le goût du réel, le sens du vrai, la mesure du possible donnaient à la pensée comme à l'action une force harmonieuse et durable [...][1]».

La seconde partie de la phrase de Gramsci est chez vous consubstantielle à la première : «Pessimisme de l'intelligence», oui, mais «optimisme de la volonté». Bien au-delà du découragement passager, souvent simulé en dedans pour vous projeter au-dehors, joué devant les tiers pour renforcer encore la conviction intime, j'ai toujours été impressionné par votre capacité à agir. Recommencer, non à partir de rien car il ne faut pas oublier ce qui n'est déjà plus, mais à partir de ce qui reste pour rétablir dans ses droits tout ce qui aura été fait pour ne pas se perdre.

Les six premiers mois de la France libre... L'Appel, le 18 juin; les tentatives dès les jours suivants pour faire entrer dans la guerre les «proconsuls» de l'outre-mer; la constitution d'une force de combat : quelques centaines d'hommes fin juin, 7000 hommes fin juillet malgré Mers el-Kébir; votre reconnaissance par Churchill comme «chef des Français libres» le 28 juin, suivi, le 7 août, par la signature de l'accord régissant les rapports entre la Grande-Bretagne et la France combattante; les ralliements, à partir du 22 juillet, des Nouvelles-Hébrides, du Tchad, du Cameroun, du Congo, de Tahiti, de l'Oubangui-Chari (République centrafricaine aujourd'hui), des établissements français de l'Inde; la création le 27 octobre à Brazzaville du

1. *Trois Études*, Berger-Levrault, 1945.

Conseil de défense de l'Empire qui sera reconnu par le gouvernement britannique le 24 décembre; votre popularité naissante, auprès de la famille royale d'Angleterre et de son peuple qui vient déposer devant Carlton Gardens bijoux et alliances après votre condamnation à mort et la privation de vos biens par Vichy, ou, venant de France, avec la tombe simple de votre maman, à Paimpont, couverte de fleurs anonymes, ainsi qu'auprès des gouvernements étrangers en exil à Londres.

En 1958, nouveau départ! Là encore ce qui s'est produit aurait pu ne pas advenir. Vous en doutiez d'ailleurs vous-même. Mais cela fut, et «le premier des Français» devient le dix-huitième président du Conseil à la tête du vingt-cinquième et dernier ministère de la IVe République. Entre votre investiture le 1er juin 1958 et le 9 janvier 1959, quelle rapidité de conception et d'exécution! Le gouvernement est formé sur le papier dès le 31 mai, et après l'investiture du 1er juin, suivent le 2 la loi sur les pouvoirs spéciaux et la mise en congé des assemblées, puis, le 3 juin, celle qui marque la mise en place de la nouvelle Constitution. Celle-ci est prête durant l'été et approuvée par référendum le 28 septembre. Première visite en Algérie début juin où vous saviez déjà, depuis longtemps, qu'il était trop tard pour n'importe quelle formule autre que l'indépendance. Il n'était plus pour vous question «d'assujettissement», quelle qu'en soit la forme. La semaine suivante se mettent en place avec la Tunisie et le Maroc les accords de retrait partiel des troupes françaises, accords proposés le 3 juin à leurs chefs d'État. Fin août : visite en Afrique noire. «Pour la France d'aujourd'hui, le colonialisme, c'est fini», dites-vous en Guinée à Sékou

Touré. Lancement de l'emprunt national le 17 juin, suivi le 27 de votre allocution sur le rétablissement économique et financier et, le 1er août, celle sur le retour à l'équilibre budgétaire de 1958 ; proposition, le 1er juillet, d'un projet de conférence au sommet à Nikita Khrouchtchev ; mémorandum, le 17 septembre, au général Eisenhower et Harold Macmillan sur les modifications à apporter à l'OTAN, suivi, le 23 octobre, lors d'une conférence de presse, par votre refus de signer à l'ONU la cessation des expérimentations nucléaires ; rencontre fondatrice, le 14 septembre à Colombey, entre « ce vieux Français et ce très vieil Allemand ». Vous êtes élu président d'une nouvelle République le 21 décembre. Douze Républiques africaines sont proclamées entre le 24 novembre et le 19 décembre (en plus de la Guinée, devenue automatiquement indépendante après avoir voté non au référendum constitutionnel du 28 septembre), sans compter l'autonomie interne accordée la 31 décembre au Cameroun et au Togo. Vous rendez compte le 28 décembre, lors d'une allocution radiotélévisée, des mesures de redressement économique et financier qui viennent d'être prises. Bref, en sept mois, création d'une République, organisation de l'indépendance africaine, restauration de l'équilibre financier du pays, affirmation du rôle et de l'indépendance de la France sur la scène internationale, lancement du « règlement » du drame algérien... Pas mal, à soixante-huit ans, pour quelqu'un qui n'y croyait plus ! Quel dévouement sans faille, et sans attente de retour au service de la France !

Pourquoi d'ailleurs, grand-père, avez-vous donné à notre pays une telle importance dans votre pensée et dans votre cœur ? Cette princesse des contes en mérite-t-elle autant ? Vous n'aimiez pas ce qu'on appelle aujourd'hui la mondialisation car vous étiez un universaliste de la pensée et de la politique. Oui, à une ouverture continue, systématique, effrénée sur le monde qui nous entoure, mais à partir d'une culture qui est la nôtre, d'une religion qui nous a façonnés, d'un pays qui nous a bordés depuis de nombreux siècles, d'une nation qui vient du fond des âges, d'une langue qui nous détermine. Vous ne vouliez pas être dilué, disséminé, digéré. Vous ne conceviez le bonheur de la France que dans son enrichissement par d'autres peuples et dans le don en retour de ses propres valeurs. Il n'y a peut-être pas de civilisation française, mais il y a une culture, une nation, des principes et une manière d'être. Vous partagiez pleinement la démarche de Claude Lévi-Strauss pour qui toutes les cultures valent, sans être ni équivalentes ni échangeables. Dans cette forme de biodiversité, chaque disparition est une perte. Et dans toutes les cultures qui font ce que nous sommes, la France est porteuse de celle que vous aimiez tant parce que c'était la vôtre et qu'elle parlait à l'ensemble des hommes. « De tout temps, il est dans sa nature d'accomplir les gestes de Dieu, de répandre la pensée libre, d'être un champion de l'humanité[1]. »

Mais est-ce encore un grand pays ? Il ne cesse de décliner, relativement à d'autres, depuis le siècle de Louis XIV ; Napoléon puis la Grande Guerre l'ont épuisé. Il a failli disparaître pendant la Seconde Guerre mondiale et s'est péniblement relevé avant ce qui devenait une guerre civile et qui aurait pu, une fois encore, lui être fatale. En même temps que l'ancien empire

1. *Mémoires d'espoir*, *op. cit.*

disparaît, vinrent grâce à vous des années de prospérité qui font aujourd'hui rêver : la France s'est redressée pour retrouver un rang de quatrième puissance mondiale qu'elle a désormais reperdu, inexorablement. Chacun comprend que l'évolution relative des ensembles conduise à modifier les hiérarchies. Mais pourquoi nous faut-il un de Gaulle pour éviter le déclin? Pourquoi la marche «normale» des gouvernements ne suffit-elle pas au développement régulier de notre France? Pourquoi cette immaturité politique? Pourquoi cette résignation facile, qui ne se mesure pas qu'à la taille du PIB, nous fait-elle dire, avec soulagement pour beaucoup, que notre pays n'est plus qu'une puissance moyenne, place inéluctable dont il faut définitivement se contenter?

Les contours de notre pays sont devenus autres que le seul dessin des frontières, et l'État, bras séculier de notre politique jacobine, a perdu sa prégnance. Malgré sensiblement plus de 55 % de la richesse prélevée à son profit (35 % dans les années soixante), la puissance publique n'imprime plus la politique économique. Il n'a plus la maîtrise de la création monétaire. Gras mais faible, soumis au droit européen. Il ne dirige plus mais encaisse et suit sans voir ni prévoir. Trente-cinq ans de lâcheté politique et la crise financière de 2008 – dont le trop-plein de dettes publiques est la plus connue des conséquences – lui ont largement retiré sa capacité keynésienne d'agir, délitant en même temps le contrat inavoué liant le citoyen quémandeur et l'autorité structurante. Sans oublier ce budget social de la nation qui ne rattrape plus ses déficits! J'ai la nostalgie de vos mots prononcés le 4 février 1965 en conférence de presse sur ce que l'on appelait alors la politique des revenus. « Nous avons choisi de conduire, oui ! De conduire notre effort et notre progrès en vue du plus grand rendement, de la plus grande continuité, de la plus grande justice. Ce qui veut dire que, tout en laissant la carrière grande ouverte à l'esprit d'entreprise individuel et collectif [...], nous appliquons l'action publique à orienter l'économie pour l'avance de la nation dans tous les domaines et pour l'amélioration du sort des Français à mesure que s'accroît la richesse de la France [...] Naturellement, la parité dans le progrès n'est pas possible [...] et pas souhaitable car il serait désastreux de supprimer l'émulation [...] Mais il importe tout au moins que toutes les catégories avancent en même temps que l'ensemble [...] » Le plan, la politique des revenus, l'État traçant aux acteurs économiques, scientifiques et sociaux français, les règles et contours de l'avenir prochain... Aujourd'hui, tout le monde sourit à cette évocation ! Et pourtant ! S'il est lui-même le seul responsable de son déclin, l'État n'est pas un acteur comme les autres. Il lui reste toujours, par sa politique, à montrer l'intérêt général, le servir, ne servir que lui, mais plus encore, indiquer un chemin qui nous rassemble et nous serve d'écho. Ce n'est pas fini parce que, au fond, cela n'a pas changé. Si le Web est un incroyable domaine d'extension de la connaissance, de l'échange, d'une forme de participation en ligne à des bulles momentanées d'opinion, il laisse l'individu finalement seul, ne valant pas davantage que l'agent économique dans le marché pur et parfait de la théorie libérale. Il ne s'y reconnaît pas et ne peut projeter sa capacité d'empathie qui fait l'être humain. Le fait de n'être plus qu'un acteur totalement solitaire n'exclut en rien la nécessité de l'espace public, qui n'existe pas sans dimension d'ascendance et de pouvoir. Montrer le chemin, fixer les règles, ce n'est pas dépassé, au contraire ! Ce qui est différent tient à la manière de faire : comment rassembler une infinité d'actes individuels isolés, dispersés sur des plates-formes électroniques, pour leur donner la dimension d'une conscience collective, au moment où, en France, seuls le communautarisme et le populisme progressent dans l'opinion ? Vous disiez le 4 septembre 1958 : « C'est alors qu'au milieu de la tourmente nationale et de la guerre étrangère apparut la République. Elle était la souveraineté du peuple, l'appel de la liberté, l'espérance de la justice [...] Aujourd'hui, autant que jamais, nous voulons qu'elle le demeure. » Plus loin dans le même discours et parce que l'État est le bras séculier de la République : « Ce qui, pour les pouvoirs publics, est désormais primordial, c'est leur efficacité et leur continuité [...] La nécessité de rénover [...] nous pousse à être, dans les affaires publiques, dynamiques et expéditifs. Nous vivons dans un temps où des forces gigantesques sont en train de transformer le monde. Sous peine de devenir un peuple périmé et dédaigné [...], il nous faut évoluer rapidement. La nation française refleurira ou périra suivant que l'État aura ou n'aura pas assez de force, de constance, de prestige, pour la conduire là où elle doit aller[1]. » Cette nation française est toujours vigoureuse, mais affleure hors le champ traditionnel de l'impuissance publique, comme pour lui échapper : dans le tissu associatif, la création d'entreprises individuelles, le nombre sans cesse croissant

1. Discours prononcé le 4 septembre 1958 place de la République à Paris. *Lettres, Notes et Carnets*, t. 3.

des Français de l'étranger, le dynamisme de nos PME dans l'innovation, etc. Votre nation est différente, grand-père, mais toujours là. L'État, au mieux, ne la sert plus. À lui de conduire rapidement sa transformation. Il n'a aucune excuse à ne pas le faire. Un principe, une méthode, un instrument forment le saillant de votre discours de 1958. Cela rappelle quelque chose. « Alors, mon général, est-ce que vous avez une *doctrine* ou est-ce que vous n'en avez pas ? », vous aurait demandé Philippe Dechartre, en juillet 1968, après un Conseil des ministres, sur un commentaire personnel de Georges Pompidou : « Chez de Gaulle, il n'y a pas de doctrine. Il y a la pratique, la nécessité, mais il n'y a pas de doctrine. » Et vous de lui répondre : « Voyez-vous tout ça [un dossier sur son bureau], tout ça, le pouvoir, ce ne serait que de l'épice. Pour nous guider, il faut nous tenir. Un dessein, une idée, une méthode. Eh bien, une méthode, une idée, un dessein, qu'est-ce que c'est sinon une doctrine ? »

Dans votre regard sur les événements, vous l'avez constaté avec l'histoire grecque et les exemples innombrables qui ont suivi, à l'effort succède toujours le relâchement, aux difficultés quotidiennement dressées succède la résignation. Je vous ai entendu citer Virgile qui n'hésitait pas à glorifier l'homme des champs pour qui sont sans valeur les affaires de Rome et les royaumes destinés à périr. Résignation finale ou sagesse suprême ?

Alors, la France ! Moins que d'autres parce que plus volatile, plus changeante, plus tragique en allant plusieurs fois du fond de la défaite au redressement signalé, elle ne fait exception. Vous dites à Vincennes le 22 mai 1949 : « Nous savons bien que la France, telle qu'elle est dans le monde tel qu'il est, ne peut pas penser refaire son siècle de Louis XIV. Cela ne signifie pas, comme voudraient l'insinuer certains esprits ou certains cœurs faibles, qu'il faut cesser de penser à la grandeur de la patrie. On peut être grand même sans beaucoup de moyens. Mais il fait savoir être au niveau de l'histoire, ou sans cela on disparaît [...]

Il y a aussi la conscience de ce que nous valons par rapport aux autres car, après tout, le monde c'est nous et les autres. Il n'y a nulle part, je vous en prends à témoin, aucun signe d'une infériorité organique de la France par rapport à qui que ce soit. Il peut y avoir, sans doute, certaines différences de moyens. Les moyens ce sont des choses qui passent, nous le savons bien, d'autres le savent comme nous, mais ce qui ne passe pas, c'est la capacité humaine. Or, à ce point de vue, qui contient en germe tous les autres, notre capacité humaine ne le cède à celle d'aucun autre pays. »

C'est cette capacité qui pour vous fait notre fond. Elle nous divise souvent, quelquefois nous rassemble, mais toujours nous distingue. Contrairement à une idée trop répandue (« Les Français sont des veaux »), je ne crois pas que vous sépariez le pays et le peuple qui l'a fait. Cette dialectique est irréfragable au sein d'une évolution historique toute de contradiction. « La défaite d'Azincourt désagrège littéralement la France[1] », mais la Grande Guerre revoit un peuple formidable de courage, d'abnégation et de volonté alors qu'il commençait un conflit qu'il a porté pratiquement tout seul, en infériorité tant en nombre de soldats qu'en qualité et quantité d'équipements. S'il vous a délaissé le 27 avril

1. *La France et son armée*, *op. cit.*

1969, s'il vous arrivait d'en être fatigué, combien était pourtant grande votre espérance ! La France a toujours vu ses citoyens vivre dans le drame du tiraillement entre extrêmes : « Ce Français, qui met dans son esprit tant d'ordre, et si peu dans ses actes, ce logicien qui doute de tout, ce laborieux nonchalant, ce casanier qui colonise, ce fervent de l'alexandrin, de l'habit à queue, du jardin royal, qui tout de même pousse la chanson, se débraille et salit les pelouses, ce Colbert collègue de Louvois, ce Jacobin qui crie "vive l'Empereur", ce politicien qui fait l'union sacrée, ce battu de Charleroi qui donne l'assaut sur la Marne, bref ce peuple mobile, incertain, contradictoire[1]... »

C'est de cette mobilité que vous tirez la capacité française, c'est de cet équilibre continuellement instable que vous inférez l'idée certaine de ce pays qu'il faudrait conduire par les songes. Vous aimiez faire semblant, cela conduisait quelquefois au vrai, et adhériez à la phrase de Michelet : « La France agit et raisonne, décrète et combat ; elle remue le monde, elle fait l'histoire et la raconte. » Comment expliquer ce qui finit par se réaliser alors qu'il n'est exprimé que par des mots ? Ou plutôt comment comprendre que, parfois, elle fait l'histoire en commençant par la raconter ? Comme vous le 18 Juin. C'est pour moi une forme d'esprit qui vous est propre en même temps qu'étrange. Ça marche comment, ce dévoilement d'une part de rêve qui n'est en vérité que réalité, réalité cachée d'une vie rêvée qui arrache au quotidien et fait naître l'espérance ? Je repense à ces marins de l'île de Sein qui ont étonné mes souvenirs d'histoire dans l'adolescence.

1. *Vers l'armée de métier*, *op. cit.*

Voyez ce bout de terre dure, plate, hostile, balayée par les vents et les pluies ; regardez ces Compagnons de la Libération qui, tous, jeunes et vieux, ont entendu cette voix qui venait d'ailleurs de chez eux mais du tréfonds de leur cœur ; méditez leur détermination sans écart pour continuer une guerre que l'enchanteur, à Londres, ne disait pas perdue. Je devine, grand-père, que ces Bretons sans grade, ces pêcheurs condamnés à une vie dure, sans beaucoup d'autre espoir que de faire vivre leur famille et mourir dans leur lit, ces Français d'avant le royaume de France qui ont pris la mer pour la France, vous ont remué le fond de l'âme. C'étaient des veilleurs au bout du plus lointain de nos caps, là où débute ce que les anciens appelaient le royaume des ombres, sans distinction de classe, attirés par cette part de grandeur qu'il y a à servir, et sans aucune autre appartenance qu'à la plus grande des libertés : la résistance.

Pourquoi la voix d'un général seul et inconnu lève-t-elle une telle espérance dans ces cœurs les plus lointains ? L'exemple unanime des marins de l'île de Sein reste un mystère. Vous auriez pu, encore, citer Nietzsche : « L'esclave à genoux rêve à l'empire du monde », mais ce serait sans y croire. Trop excessif ! Le rêve dans le cœur des hommes est peut-être très proche d'une vérité plus simple. Je ne peux m'empêcher de voir ce côté résolument moderne de votre pensée : votre conscience du monde, faite de diversité, de culture et d'histoire, avec le temps qui se déroule et se dévoile en chacun, crée une représentation qui est une part de réalité. Il y a quelque chose que je crois vrai dans le titre du livre majeur de Schopenhauer[1], ou,

1. *Le Monde comme volonté et comme représentation*, PUF, 1966.

plus près de nous, dans cette expression de l'un des inventeurs de la mécanique quantique : « Cette part de la réalité qui commence par la conscience[1] [...] » Le découvreur que vous êtes, celui de la France combattante et donc victorieuse dès juin 1940, évoque, parle, cause quelque chose qui est déjà vrai comme si la fonction d'onde ô combien improbable qui caractérisait notre pays s'effondrait devant votre observation pour en faire émerger directement la position et l'objectif. Après, il reste à faire dans le macrocosme qu'est l'histoire. Mais nos rêves ne sont finalement pas loin de nous comme autrefois les dieux qui partageaient la vie des hommes. Qui nous racontera encore notre chanson de geste ?

Votre combat n'était pas celui de la moyenne. Votre « certaine idée de la France » était une idée certaine, réaliste, appuyée sur quinze siècles d'histoire, née avec le baptême de Clovis qui était déjà un acte de résistance : « Du plus profond de notre peuple s'est levé cet instinct vital qui, depuis bientôt deux mille ans, nous a maintes fois tirés des abîmes. C'est cet instinct qui fit chrétiens les Francs et les Gaulois de Clovis, quand sur les ruines de leur paganisme se précipitaient les barbares. C'est cet instinct qui suscita Jeanne d'Arc et entraîna les Français à bâtir, autour du roi, un État centralisé, lorsqu'il apparut que l'anarchie féodale nous livrait à la domination étrangère. C'est cet instinct qui, lors de la Révolution, dressant la nation contre ses ennemis et contre leurs complices et lui dicta, pour la sauver, les grands principes des droits de l'homme et de la démocratie. » Votre idée de ce pays était celle de son incessant combat pour exister et survivre.

1. Niels Bohr.

Vous avez quelque part, je l'ai dit, la crainte du froid, de l'immobile, de l'arrêt de cette machine qui s'appelle l'être humain, cette crainte du néant qui « est apparent au fond de la réalité humaine[1] ».

Votre combat était également un combat tragique comme celui de l'équilibre impossible, et de l'équilibre incompris. En servant d'« instrument au destin », votre dévouement à la « princesse des contes » vous a fourni autant la transcendance d'en être le champion que les limites nécessaires pour la préserver, la protéger contre tout débordement. La France, qui devait être elle-même, ne devait dépendre de personne. En subordonnant la vôtre à son service exclusif, vous avez recherché aussi la prudence, l'harmonie et la modération qui la protégeaient comme elle vous protégeait vous-même de tout excès. Même s'il est fait de drames, même s'il demeure tragique parce que inachevé, cet acte-là est beau comme l'antique. Il vous fallait vous tenir à la hauteur de cette nation, pour la servir aussi loin que possible mais sans jamais la mettre en danger ni la ternir en vous en servant vous-même.

L'inachevé et la solitude ont fait l'essentiel de votre vie tragique. Au fond de votre bibliothèque, Marc Aurèle[2] vous disait une phrase que vous n'avez pas retenue jusqu'au bout mais qui vous ressemble : « Le temps que dure la vie de l'homme n'est qu'un point ; son être est dans un perpétuel écoulement ; ses sensations ne sont que ténèbres. Son corps composé de tant d'éléments est la proie facile de la corruption ; son âme

1. Martin Heidegger.
2. *Pensées pour moi-même.*

est un ouragan ; son destin est une énigme obscure ; sa gloire un non-sens... La vie est un combat, et le voyage d'un étranger ; et la seule renommée qui nous attende après nous, c'est l'oubli. Qui peut donc nous diriger au milieu de tant d'écueils ? Il n'y a qu'un seul guide, un seul, c'est la philosophie. Et la philosophie, c'est de faire en sorte que le génie qui est en nous reste pur de toute tache et de tout dommage, plus fort que les plaisirs ou les souffrances, n'agissant en quoi que ce soit ni à la légère ni avec fausseté ou dissimulation, sans aucun besoin de savoir ce qu'un autre fait ou ne fait pas, acceptant les événements de tout ordre et le sort qui lui échoit, comme une émanation de la source d'où il vient lui-même, et par-dessus tout, attendant, d'une humeur douce et sereine, la mort, qu'il prend pour la simple dissolution des éléments dont tout être est composé. » Cette citation semble longue, mais ces mots pourraient être les vôtres même s'il leur manque finalement l'essentiel, le contraire d'une sereine acceptation, c'est-à-dire l'espérance, ici et au-delà.

8

Questions de style

Vous venez de me lire dans votre bureau, à La Boisserie, le chapitre premier des *Mémoires d'espoir*. Assis dans votre fauteuil, tourné vers moi, les feuillets en main, je regardais l'artiste, ému qu'il pût me demander mon avis. Dans l'instant, plus que le fond, la qualité de la construction et la sûreté démonstrative, dont j'avais déjà perçu la manière, je suis pris par le rythme de la phrase, sa musique, sa tension intérieure. Gustave Flaubert dit quelque part « qu'il faut passer ses phrases au gueuloir ! ». Ce – j'écoute ce que j'écris – est une part d'explication de votre style dans la grande proximité entre l'écrire et le dire, dans la transitivité qui va de la pensée à l'écriture pour devenir parole, dans l'intimité finale qui rapproche le discours de l'action. Très imprégné de poésie et de théâtre, mais n'écoutant jamais de musique, Charles de Gaulle vivait sa phrase en la pensant, en la raturant, en la parlant. Le parler, c'est plus que les mots, c'est le rythme, sa cadence, sa modulation, pour être lu et entendu. Ce qui est écrit doit être écouté. Le verbe est finalement indivisible, dans cette unité de communication globale qui n'a rien de dépassé ou de ringard.

Après cette lecture, tour du jardin, le grand, qui descend jusqu'au fond du parc. Je vous ai demandé depuis quand vous saviez écrire : « J'ai toujours su écrire », m'avez-vous répondu. Vous avez laissé dans votre dernier carnet de notes la phrase de Buffon : « Le style n'est que l'ordre et le mouvement que l'on met dans ses pensées. » Elle vient après celle de Lanson sur Rabelais, reprise en 1916 : « Le style est l'orchestration des idées. » Le vôtre, ou plutôt les vôtres, grand-père, nous disent-ils quelque chose sur votre manière de penser ?

Je préfère votre écriture à votre style. Vous en avez d'ailleurs eu plusieurs et j'ai été, je l'avoue, longtemps réservé sur le premier, celui des « traités », que je trouvais si travaillé, si structuré et équilibré qu'il m'enfermait, sans faille, dans la démonstration. Je n'aimais pas sa couleur bronze. Pour moi, cela sentait trop le bon élève. Une fois entré dans le texte, aucun moyen d'échapper autant à sa cadence qu'à la direction du discours. Je préférais plus de liberté, plus de saccades, de changements de rythme et d'expressions ; bref, un peu plus de Céline et moins de Bossuet. C'est affaire de goût. Il m'a fallu du temps pour oublier l'apparent espace-plan du style et vos phrases souvent débutées et liées entre elles par toute la gamme des conjonctions. J'ai d'ailleurs, à cause de cette impression première, attendu d'avoir soixante-deux ans pour lire d'une traite les *Mémoires de guerre* et, enfin, me laisser prendre par ce que chante la musique de l'écriture.

Dans *La France et son armée*, par exemple, et pour résumer un ordre logique qui revient souvent, tout débute par le questionnement et l'interrogation, à ce stade sans réponse. Vous ouvrez le champ de la démonstration : « *Que peuvent* contre elle [la Grande Armée] les Autrichiens [...] *Que peut* cette monarchie [...] *Que peuvent* les Russes [...] *Que peut* l'armée prussienne [...] ? »

Il y a ensuite la volonté d'écarter les apparences, les explications immédiates, qui, sans être inutiles ou fausses, sont insuffisantes pour éclaircir la réalité telle que vous la voyez, d'où l'usage du « Sans doute » : « *Sans doute*, la noblesse en fournit la plus grande partie [du corps des officiers]. *Sans doute*, le prestige du nom continue d'entrer en ligne de compte [...] *Sans doute* les princes du sang sont-ils comme devant, généraux de naissance. »

Les « d'ailleurs », « surtout », « au surplus », « quant à », « mais » nous conduisent vers ce qui n'a pas été vu dans l'exposition initiale et partielle de la réalité. « *D'ailleurs*, les moyens dont on dispose n'autorisent pas les vastes mouvements ; *surtout* [les lansquenets] sont de fieffés pillards ; *au surplus*, Charles Quint met au ban de l'empire les Allemands qui servent l'ennemi. *Quant aux* fantassins et aux engigneurs [...] *Mais* l'excès du mal impose le remède. »

« Ce n'est point que » souligne l'incomplétude du raisonnement au stade où il se situe dans son déroulé : « *Ce n'est point que* la France féodale aborde l'ennemi sans moyens ; *ce n'est point qu'*il suffise d'une ordonnance pour faire passer l'armée sans transition au type permanent et régulier. » La répétition du « soit que » énumère ce qu'il faut ajouter à la démonstration : « On enrôle le plus grand nombre possible d'étrangers ; *soit qu'*ils s'engagent d'eux-mêmes [...] *Soit que* des gouvernements les prêtent au nôtre par traité [...] *Soit* enfin *qu'*ils combattent à titre d'auxiliaires [...] »

«En somme» nous dit une conclusion provisoire : «*En somme*, il faut s'en remettre aux traitants quitte à les menacer du tribunal révolutionnaire.» «Autant que» donne à l'argument ajouté le poids de l'équivalence : «*Autant que* la nature des troupes, celle du commandement va changer.»

Vient enfin le moment de l'énoncé d'une réalité plus solide où poser son analyse, comme une respiration dans le raisonnement, après les insuffisances de l'apparence : «*Or*, les gouvernements limitent avec soin les résultats poursuivis.»

«*À vrai dire*, l'infanterie n'y parvient pas de but en blanc [...]»

«*De fait*, l'artillerie de Charles VII et de Louis XI joue déjà un rôle prépondérant [...]»

La réalité peut paraître solide mais ne l'est pas longtemps car il y a, irrémédiable, la marque du temps, son mouvement qui demeure, avec son usure et son irrégularité, dans le long et le court terme, hier et demain, interrompu quelquefois par l'irruption du hasard, de la déchirure qui créent le drame ou le renouveau : «Longtemps encore, le système féodal va faire sentir ses effets [...] Alors, l'endurance de la troupe, la faculté d'adaptation des cadres se déploient et, en fin de compte, l'emportent [...] Il arrive qu'un grand péril rende à la France conscience d'elle-même [...] Quelquefois pourtant les passions s'échauffent [...] Parfois, c'est l'esprit de conquête qui soulève [...]»

Viennent ensuite les expressions qui introduisent le choc de l'imprévu, l'arrivée d'un changement de circonstances, ou la simultanéité d'événements apparemment disjoints, avec le temps qui vient et forge l'irrémédiable : «C'est alors qu'au camp de Normandie [...]

C'est alors qu'avec le fusil à pierre [...] C'est alors que Gribeauval rend le matériel de l'artillerie de campagne [...] Et voici qu'à l'aurore du XIVe siècle [...] Encore un peu, et, chargées à boulets, elles [les bombardes] seront en état de faire brèche [...] »

Et puis arrive la conclusion implacable, après l'énumération des conséquences et le poids de la réalité causale : « De là dans leur recrutement [les milices] des difficultés [...] De là aussi de ruineuses famines [...] Puisqu'un soldat comme eux-mêmes [les maréchaux de l'Empire] a pu escalader le trône de la plus puissante monarchie du monde, puisque la Révolution a brisé les traditionnelles barrières qui limitaient les conditions, puisque l'Europe bouleversée offre des royaumes sans maîtres [...] » La conclusion survient : « On voit donc, lors de chaque campagne [...] Il en résulte, sur les champs de bataille, un désir de se distinguer [...] » Froide pesanteur de la grammaire maîtrisée ! J'avoue que je m'ennuie.

Je préfère le rythme qui scande profondément et souvent vos écrits comme vos discours. Lequel ? On se contente d'évoquer le rythme ternaire, qualifié, sans beaucoup d'analyse, « d'éminemment littéraire ». Est-il le seul ? Non. On le verra. Son existence frappe, lui et les autres, par le mouvement qu'il imprime au texte, pour révéler l'organisation même du sens dans votre discours, prononcé ou écrit. Il vous découvre un peu.

En respectant votre manière de réfléchir qui est de traverser les apparences, j'ai été séduit par la thèse de Nicolas Abraham[1] donnant une signification, d'origine

1. Nicolas Abraham et Mária Török, *L'Écorce et le Noyau*, Flammarion, 1978.

analytique, à l'usage littéraire des cadences binaires et ternaires : le rythme pair correspondrait au désir de fusion tandis que l'impair s'associerait à celui de séparation et d'autonomie, celui-ci étant assis sur l'énergie de la révolte et la volonté d'indépendance. Le premier s'apparenterait à la recherche d'une filiation identifiée et durable, donc à la peur de l'instabilité et du déséquilibre; le second à l'effort de mise en place d'une solution voulue, conquise ou imposée, comme une conclusion, par les faits.

Dans vos écrits, grand-père, on trouve abondamment l'utilisation des rythmes binaires, ternaires ou quaternaires, seuls ou combinés. Leur fréquence d'utilisation de tel ou tel est impressionnante (plusieurs par page). Elle est donc délibérée. Je reprends quelques exemples tirés encore de *La France et son armée*, livre que vous aimiez bien, où le général de Gaulle n'est pas encore en scène. Dans le seul premier chapitre : « La France fut faite à coups d'épée. Nos pères entrèrent dans l'histoire avec le glaive de Brennus. Ce sont les armes romaines qui leur portèrent la civilisation. » Voilà un énoncé ternaire qui fixe un principe : c'est par les armes que la France s'est faite ou refaite; une origine historique datée avec Brennus; un legs constitutif de notre civilisation avec Rome qui donne un socle et du sens à l'origine de notre patrie.

Il en existe beaucoup d'autres à intervalles de quelques phrases : « L'audace et l'adresse individuelles, bien que mal combinées, souvent intempestives, parfois absurdes, donnent aux entreprises militaires du temps un tour d'héroïsme dont se pare leur confusion [...] Ces guerres de défense nationale, de conquêtes, de prosélytisme, prennent un caractère très différent des habituelles équipées [...] Mais tant de poussées, bousculades, coups de pointe et de tranchant, demeurent assez peu meurtriers. Beaucoup d'armures bosselées, de membres meurtris, de lances rompues ; les morts sont en petit nombre. » La fin du chapitre fait tomber la conclusion : « Au lieu de l'héroïsme épisodique des paladins, de la ruse avide des routiers, du bref élan des milices, la constance des troupes professionnelles sera, pendant trois siècles et demi, le rempart de la France. »

Il est frappant de remarquer le lien entre la cadence ternaire de ces phrases et leur côté affirmatif, descriptif, énumératif donnant une conclusion qui vient comme un état. Vous paraissez lier ce rythme à l'énoncé d'une réalité qui s'impose à nous, par la volonté, par les circonstances ou par les faits « observés ».

« Mais il faudrait bâtir un thème, raisonner une situation, donner des ordres. » Ou encore : « À Brenneville, Louis VI, saisi par des soldats anglais, est délivré malaisément. À Laodicée, Louis VII lutte seul un long moment au milieu des Sarrasins. À Bouvines, Philippe Auguste, renversé de son cheval par les fantassins allemands, se trouve en danger d'être tué ou pris. » À la page suivante : « D'ailleurs, la poursuite n'est pas longue, car le butin ramassé, les captifs à répartir, les terres, châteaux, villes à piller suffisent à briser l'élan du vainqueur le plus résolu. »

Les exemples abondent et, sans les citer tous : « Les villes ont acquis des franchises, les monastères des sauvegardes, les corporations des privilèges » qui mesurent le poids des circonstances, ou leur création, ou leur constat, et imposent une situation de fait.

Dans le même sens : « Mais, en favorisant la formation sur nos frontières de deux grandes puissances nouvelles, en contribuant à l'abaissement de la Russie et de l'Autriche, en faisant ébranler l'équilibre européen, l'Empereur préparait toutes les conditions d'un conflit où la France aurait à défendre [...] son sol et son avenir » Ou encore pendant la Terreur : « S'acharnant sur les généraux, en raison même de leur valeur, la frénésie politique leur ôte le prestige, souvent la vie, parfois l'honneur. »

« À Orléans, à Jargeau, à Beaugency, l'attitude du peuple, soulevée par un enthousiasme tout à fait nouveau et imprévu, surprend les Anglais, les décourage, contribue à les faire battre. » Ici vous nous donnez un ternaire répété en début et fin de phrase. Trois lieux de victoire qui conduisent à trois phases de l'affaiblissement de l'ennemi. *Idem* pour cette description de l'armée féodale : « Pour cette société guerrière, toute proche encore du temps où les princes n'étaient que des braves élevés sur le pavois, les ducs des chefs militaires, les comtes des compagnons d'armes, réputation, titres, fortune s'acquièrent en combattant. » Dans la même dynamique : « Mais à Crécy, puis à Poitiers, plus tard à Azincourt, on verra qu'une époque commence dans laquelle la fougue ni le nombre ne pourront rien, désormais, sans l'art, la discipline, l'armement. » Ou encore : « Mais, sitôt éclairé, embrassant l'ensemble des contingences, ennemi, terrain, état des troupes, il décide [Louvois], dispose et passe à l'action. »

Dans cette direction d'interprétation, la cadence binaire, seule, n'est pas l'indice d'une situation stable, mais plutôt d'une inquiétude, d'une contradiction, d'un déséquilibre, ou d'une situation incertaine, voire d'un regret. « Dans ces vastes conflits, comme dans les querelles locales, l'effort des troupes disparates, menées sans art par des chefs mal assurés, se déploie dans la confusion. » Le double balancement mène ici au désordre dans cette France d'avant la guerre de Cent Ans.

Parfois, la séquence binaire sert à évoquer une situation critique : « La captivité du roi [Jean le Bon à Crécy] et l'effondrement militaire de la féodalité vont avoir pour conséquence, non seulement l'invasion, mais encore un déchaînement de trahisons et de désordres où la nation manquera de sombrer. » À la page suivante, même inventaire : « Charles VI est un enfant [à la mort de son père]. Adulte, il deviendra fou. Les factions vont en profiter pour reprendre la guerre civile. »

Il peut aussi exprimer la crainte : « Surtout, il faut vivre et ne point déchaîner parmi les peuples ces ambitions furieuses, ces haines inexpiables, qui empoisonnent les rapports entre nations et menaces l'ordre du monde. »

Et puis, vous mélangez les genres avec une déclaration ternaire, souvent souveraine ou énonciative, qui s'associe très fréquemment, quelquefois dans la même phrase, avec un rythme binaire qui marque l'incertitude, l'instabilité, ou l'inquiétude.

« Dans le chaos des races, des passions, des intérêts, le pouvoir central n'est plus qu'une fiction, l'art militaire qu'un souvenir [...] Alors, couverts de gloire [les officiers], de titres et de dotations, ils regrettent leur jeunesse et ses illusions fécondes. » On passe de l'aboutissement au regret.

Plus loin, sur une seule page, deux associations doubles de ce genre marquent cette opposition :

« Nulle règle, bien entendu, et souvent nulle prévision, pour les ravitaillements, les quartiers, les soins de santé. D'où mille pilleries et gaspillages et la présence autour des soldats d'une tourbe de marchands, d'hommes de peine, de mendiants, qui font un incessant tumulte. »

Quelquefois, un groupe ternaire vient prendre la place du second terme binaire pour mieux appesantir l'effet négatif : « Mais la cohésion, qu'assurent aux troupes réglées une même discipline, des habitudes de vivre, de souffrir, d'agir en commun, manque à l'armée féodale. »

Il arrive aussi l'inverse ; le risque ou l'instabilité induits par la cadence à deux temps viennent s'ancrer sur un trois temps qui lui donne du panache : « Les princes... traitent la fortune avec l'audace, ou mieux la désinvolture, que leur permettent leur jeunesse, leur naissance et leur crédit. » Quelques lignes avant : « Enfants [les chevaliers] d'un siècle passionné et d'une France prodigue, ces soldats dépensent sans compter, entre Naples, l'Èbre et le Rhin, des trésors de bravoure et d'ingéniosité. »

Le rythme quaternaire, très énonciatif, paraît renforcer, voire alourdir la déclaration ternaire et le poids des faits qu'elle paraît évoquer. Par exemple : « Le général en chef et [...] ont fort à faire pour ranger cette infanterie dont la valeur réside dans son ordonnance, cette cavalerie qui..., cette artillerie que l'on doit... ces convois très vulnérables vers lesquels [...] » En se combinant avec un rythme binaire, elle paraît accentuer le contraste entre les deux : « La bataille [d'Azincourt] va se dérouler dans une plaine de labours, étroite, détrempée, limitée par des bois où la lourde chevalerie ne se soucie point d'entrer et que l'ennemi a garnis d'archers.»

Deux phrases successives peuvent ajouter l'insistance quaternaire à une constatation ternaire débutée par une cadence binaire : «Mais, parfois, demeurés seuls, entourés d'adversaires furieux d'avoir tant souffert, ils font tête avant de périr, comme l'infanterie des Romagnes à Agnadel, les tercios espagnols à Ravenne, les vieilles bandes françaises au soir de la Saint-Laurent. Alors, écrasés par l'artillerie, fusillés de toutes parts, chargés avec haine, sans espoir de quartier, ils meurent au lit de l'honneur.»

Le portrait de Louvois fournit un beau raccourci d'associations de cadences dont la diversité reflète bien celle du grand capitaine comme votre art de la synthèse : «Louvois, trente ans ministre, inlassablement laborieux, possède à la fois la volonté et le discernement. Dédaigneux de théories, il se garde de bouleverser et de détruire, mais, amoureux du réel, il ne cesse de réformer et d'améliorer. Obstiné dans le dessein, il fait, pourtant, preuve de souplesse. Ardent à préparer, il sait attendre son heure. Dépourvu de scrupules quant aux moyens, il les choisit simples et opportuns. Sévère pour les hommes sans les mépriser, lucide mais non sceptique, sans illusion mais non sans foi, il est dur aux incapables, impitoyable aux prétentieux, mais généreux à reconnaître les aptitudes qu'il soutient et encourage. Distant bien qu'accessible, s'éclairant de rapports et jugeant lui-même, provoquant le conseil mais jaloux de la décision, il a des adversaires, des partisans, et point d'amis. Ne vivant que pour son œuvre, passionné d'autorité, disposant du temps [...], à la fois hardi et patient, actif et prudent, rigoureux et pratique, Louvois fut le ministre de la Guerre qui convenait, par excellence, à l'Ancien Régime. » L'évolution est subtile : l'énoncé des qualités innées du ministre, évolutives et adaptables, suit un descriptif binaire et balancé. Ensuite, sa pratique du pouvoir, acquise et instruite par l'expérience et le savoir, se construit sur du ternaire.

Il n'est pas utile de citer d'autres associations rythmiques tant elles traversent vos textes, quelquefois d'une phrase à l'autre. Ce qui se lit dans les premiers chapitres de *La France et son armée* se retrouve plus tard.

Votre rythme d'écriture, ainsi décrit, n'a rien d'involontaire. Vous le retenez trop souvent pour qu'il trace simplement une démarche inconsciente. Et l'inconscient n'est pas le seul à pouvoir donner un autre sens au sens. L'interprétation de Nicolas Abraham est pourtant séduisante, avec, ici, une dominante puisque la cadence ternaire est probablement la plus fréquente. J'y vois la trame apparente d'un processus de réflexion tourné vers l'action mais calé, sans cesse, sur l'opposition stable-instable, réel-apparent, immédiat-lointain, parce que tout bouge, rien n'est acquis, « tout coule » ; un processus de réflexion dominé par le temps qui nous dit l'existence, non d'un style, mais d'une manière d'écrire le rythme de la pensée.

Vous utilisez peu, dans ces livres d'avant-guerre, les métaphores et les images. Votre registre tourne autour de la mer, les orages, le ciel, les nuages, la forêt, les arbres, le théâtre, le jeu, la guerre... bref, la nature et les hommes.

Le Fil de l'épée ne contient, par exemple, que quelques exceptions connues : « Le torrent mobile et trouble des circonstances échappe à ses réseaux [de l'intelligence] comme l'eau traverse le filet », ou : « Ainsi raffermi [l'ordre militaire], il attendra sans angoisse que joue en sa faveur l'alternance du destin, que passent les jours amers et que l'esprit du temps lui redevienne favorable, comme le vent redresse l'arbre après la tempête », ou encore : « Comme ces plantes des eaux [...] qui s'efforcent vers la surface où la lumière les appelle à fleurir [...] », et il faut attendre la conclusion qui débute dans la métaphore théâtrale : « Sur la scène du temps de paix l'homme public tient le principal rôle [...] Soudain, la guerre en tire un autre des coulisses, le pousse au premier plan, porte sur lui le faisceau des lumières : le chef militaire paraît [...] Dans la cohue des comparses, le tumulte de l'assistance, tout le drame se concentre en ces deux acteurs. Leur dialogue s'enchaîne à ce point que chacun n'a d'à-propos, d'esprit, de succès qu'en fonction du jeu de l'autre. Mais, que l'un manque la réplique et, pour les deux, tout est perdu. »

Au fond, ce grand texte, où vous vous décrivez tel que vous devriez être, et que vous serez, si les circonstances s'ouvrent à votre dessein, se lit sans besoin d'être commenté. Son écriture n'a que faire d'ornements. Sous bénéfice d'un inventaire systématique, *La France et son armée* ainsi que *Vers l'armée de métier* sont également sans beaucoup de métaphores. Le premier, historique, dresse le lien inséparable, et de même sens, entre la grandeur de la nation et la force de ses armées ; le second, prophétique, dessine le contour d'une force adaptée au conflit futur qui allait immanquablement survenir. Dans ses deux livres, l'écrivain Charles de Gaulle y est intensément présent par la solidité, la logique, la cadence de ses démonstrations. *Le Fil de l'épée*, situé sur le plan plus philosophique de l'action, de l'organisation, de la façon d'être, dit davantage sur votre personne. Mais les uns et les autres sont relativement linéaires dans leur exposition, euclidiens dans leurs perspectives. Le général de Gaulle n'existait pas encore. Le « je » n'apparait pas dans ces ouvrages d'avant.

Les Mémoires de guerre sont d'une autre complexité. Au-delà de la richesse du témoignage de l'acteur qui, quelques années après les avoir vécues et conduites, raconte non pas tant les actions de guerre que les luttes politiques incessantes, contre tous, pour que vive la France combattante, c'est la pluralité des niveaux de lecture qui nous donne quelques signes sur votre méthode de pensée comme sur votre art d'écrire.

Bien sûr, de Gaulle se peint tel qu'il se voit, parmi les événements tels qu'il les retient. L'acteur écrit rigoureusement son témoignage. Il se revoit agissant dans ces tumultes tragiques qu'il éclaircit sans cesse pour mieux les décrire. Aussi les trois tomes, équilibrés, balancés, symétriques, sont-ils construits sur une architecture sans ombre. Vous disiez à Claude Mauriac en 1947 : « Je n'y porte aucune appréciation parce que je suis juge et partie. Simplement, je dis ce que j'ai fait et pourquoi je l'ai fait... Pour le surplus, l'Histoire jugera... » Oui, elle jugera mais se souviendra aussi que vous n'êtes pas que mémorialiste dans les *Mémoires de guerre.* Ce texte crée également l'aventure au-delà de l'événement. Il y ajoute votre part de lumière et dépasse la seule intention que rappelait Chateaubriand : « Il m'importe que ma mémoire ne soit pas grevée de mon silence. » Il n'est pas que collections assemblées de simples faits, d'analyses ou commentaires, mais plutôt recréation littéraire d'une épopée que vous avez suscitée et guidée. Il est œuvre de littérature sur fond d'histoire et de politique. Le mode d'écriture y ajoute parfois ses moments de mystère.

Votre style est plus riche qu'auparavant de traces romantiques, notamment la mer, banale mais retenue comme pour rompre la linéarité des événements et l'éclairage simple qu'est l'apparence des choses. Surface et profondeur, calme et déchaînements, mouvement qui va du naufrage à la remontée des abîmes, océan qu'il faudrait franchir à la nage, passages incessants de l'un à l'autre où la mer, mot qui signifie tant, est plus forte que l'homme. « Sous les flots de la confiance du peuple, les récifs de la politique ne laissent pas d'affleurer[1]. »

Le théâtre et ses images donnent aussi une lumière particulière à cette œuvre, faite de détachement et d'ironie sur la comédie des hommes, même dans le drame.

Dès le début du volume I des *Mémoires de guerre*, devant la montée de l'Allemagne nazie et ses coups de force, vous écrivez : « Dans les actes successifs d'une seule et même tragédie, la France jouait le rôle d'une victime qui attend son tour. » Plus loin, alors que les membres du gouvernement de Paul Reynaud constatent les premiers reculs militaires : « Il était clair que, dans le décor où les installait l'usage, ils n'étaient plus que des figurants. » À la fin de 1941, alors que vous tentez de vous imposer aux Alliés contre tous, vient dans le texte une longue métaphore scénique : « Pour moi, dans le drame national, la politique devait être l'action au service d'une idée forte et simple.

1. *Mémoires de guerre*, *op. cit.*, vol. II.

Mais eux, poursuivant les mêmes chimères qu'ils caressaient depuis toujours, n'acceptaient pas qu'elle fût autre chose qu'une chorégraphie d'attitudes et de combinaisons, menée par un ballet de figurants professionnels, d'où ne devaient sortir qu'articles, discours, exhibitions de tribuns et répartition de places. »

Tout au long des *Mémoires*, la guerre est un drame que joue l'histoire des hommes. Après tout : « Il en est de la guerre comme de ces pièces de théâtre où, à l'approche du dénouement, tous les acteurs viennent sur scène. »

Les scénarios sont variés qui vont de la comédie grotesque : « Au dernier acte de ce vaudeville désolant... il [le général Giraud] s'obstinait à jouer le rôle d'un président du Conseil qui ne veut pas de gouvernement [...] », à la tragi-comédie, comme à Moscou lorsque Staline, lors du banquet final en présence de ses maréchaux et de ses politiques, porte un toast lourd de menaces voilées : « Cette scène [...] ne pouvait avoir pour but que d'impressionner les Français [...] Ainsi fut-ce avec froideur qu'au salon, après le dîner, je regardai, assis autour de Staline et de moi, le chœur obstiné des diplomates. »

La tragédie est d'un autre niveau, celui des grands hommes et des grandes querelles, à la mesure du général de Gaulle puisque son rôle est bien d'incarner le destin de la France frappée, une fois encore, par l'histoire. Lors, par exemple, de l'intervention en Syrie décidée à cause des incessantes difficultés que fomentaient nos alliés anglais : « Sur ces bases défectueuses, il fallait pourtant agir et en finir. L'ultime décision fut prise. La tragédie allait commencer. » Celle-ci est là chaque fois que se joue l'essentiel, tout au long des

Mémoires lorsque l'homme se heurte à des forces qui le dépassent, et quand, selon vos mots : « À quarante-neuf ans, [vous entriez] dans l'aventure comme un homme que le destin jetait hors de toutes les séries[1]. »

Il y a aussi l'épopée, « quelque peu merveilleuse », des Français d'Afrique autour de Leclerc, avec l'estime que de Gaulle leur portait : « Goût du risque de l'aventure poussé jusqu'à l'amour de l'art, mépris pour les veules et les indifférents, propension à la mélancolie et, par là même, aux querelles pendant les périodes sans danger, faisant place dans l'action à une ardente cohésion, fierté nationale aiguisée jusqu'à l'extrême par le malheur de la patrie et le contact d'alliés bien pourvus, par-dessus tout confiance souveraine en la force et en la ruse de leur propre conjuration, tels furent les traits psychologiques de cette élite partie de rien. »

Dans la tragédie classique française, entre Racine et Corneille, lorsqu'il s'agit de la patrie et du rôle que Charles de Gaulle peut jouer en faveur de son salut, c'est le second que vous préférez, car il y a bruit et fureur chez celui-ci, au sein d'actions complexes et tumultueuses, mais avec des idées simples et des sentiments nets par lesquels, sans transgression, l'homme affirme sa grandeur et se soumet, quoi qu'il en coûte, à ses devoirs. « Au milieu des secousses, je tâchais d'être inébranlable. C'était, d'ailleurs, par raisonnement autant que par tempérament[2]. » De Gaulle reste sur la même ligne : « Le salut de l'État doit l'emporter sur tous les sentiments[3]. »

1. *Mémoires de guerre*, *op. cit.*, vol. I.
2. *Ibid.*
3. *Ibid.*, vol. II.

Je sais pourtant que Racine était aussi près de vous, car plus intérieur avec les déchirements de la passion qui dévore et la fatalité qui pèse sur les hommes. Corneille fait des héros, Racine fait des victimes. Charles de Gaulle en privé, soucieux d'aller au tréfonds du cœur et de l'âme, préférait la profondeur du second. Mais, dans vos *Mémoires*, vous ne dites presque rien de Charles. Ce n'est pas l'homme privé qui est à la barre. C'est l'homme public qui parle et agit, qui agit parce qu'il parle, et qui fait « corps et âme » avec la patrie en danger.

Le dédoublement de votre personnage, qui passe du *je* à *de Gaulle*, et les entremêle, est-il significatif ? Avant la guerre, vous publiez des traités. Le *je*, qui débute les *Mémoires*, n'apparaissait jamais. Faire « corps et âme » avec la France implique une conséquence de langage : au fur et à mesure que la France combattante renaît, ce pronom, toujours présent, s'efface de plus en plus derrière le double exprimé à la troisième personne, *de Gaulle*, plus proche de la modestie que de la majesté. Il écoute la France, « gère ses intérêts », lui fait allégeance. Celle-ci doit être claire. Le *je* ne doit pas occuper trop de place, et, en disant *de Gaulle*, vous diminuez les occasions d'amener trop souvent le pronom personnel. Vous laissez le champ libre à votre personnage car ce double extérieur vous importe plus que votre moi intérieur. Il nous communique un autre plan de lecture, celui du personnage, de l'acteur bientôt, et plus tard du mythe, qui joue sa partie. On le regarde, on le reconnaît, finalement on le jauge, il se juge et il grandit. C'est au début du volume I qu'apparaît pour la première fois ce *je* en situation, lorsque, à Briare le 10 juin 1940, vous rencontrez le lion anglais :

« J'étais à côté de Churchill. Notre conversation fortifia la confiance que j'avais dans sa volonté. Lui-même en retint, sans doute, que de Gaulle, bien que démuni, n'était pas moins résolu. » C'est l'entrée en scène. À l'existence de ce double précieux, vous fournissez la justification qui vous convient : « Le fait d'incarner, pour mes compagnons, le destin de notre cause, pour la multitude française le symbole de son espérance, pour les étrangers la figure d'une France indomptable au milieu des épreuves, allait commander mon comportement et imposer à mon personnage une attitude que je ne pourrais plus changer. Ce fut pour moi, sans relâche, une forte tutelle intérieure en même temps qu'un joug bien lourd. » Tout y est. Vous ne jouez pas votre personnage. Vous l'incarnez. Vous incarnez un destin.

Vous habitez votre double qui se dédouble car Charles de Gaulle aussi se regarde : « Parfois, le soir [au Caire], allant faire quelques pas dans le jardin zoologique et passant devant la Légation française qui lui faisait vis-à-vis, je voyais paraître aux fenêtres les visages tendus de ceux qui ne me rejoignaient pas, mais dont le regard, cependant, suivait le Général de Gaulle. » Son personnage s'échappe même quelquefois de la réalité : « L'apparition du Général de Gaulle [...] soulevait une vague d'adhésion populaire qui donnait aux problèmes l'apparence d'être simplifiés. Sans doute l'étaient-ils, en effet, dès lors qu'ils en avaient l'air. » Mais de Gaulle et son double se connaissent bien, se côtoient et s'appuient l'un sur l'autre pour agir ensemble : « La direction du Comité incombait désormais au seul de Gaulle. Si Giraud gardait la faculté de signer, comme moi, les ordonnances et les décrets, ce ne devait plus être là qu'une simple formalité.» *Je, moi, il, de Gaulle* servent tous la France et frappent l'imaginaire, comme au moment de la descente des Champs-Élysées en 1944 : «Je vais à pied [...] Puisque chacun de ceux qui sont là a, dans son cœur, choisi Charles de Gaulle comme recours de sa peine et symbole de son espérance, il s'agit qu'ils le voient, familier et fraternel [...]» Commodité de scène? Non, de Gaulle est un et indivisible mais se présente à deux faces.

Mais où est Charles dans cette histoire? Pas d'aveux. «Cache ta vie» (Épicure). Aucune autobiographie ni introspection dans le texte des *Mémoires de guerre*, sauf à de très rares occasions : détails ancillaires ou géographiques pour parler de vos logements successifs ou évoquer les conditions d'existence de votre famille, phrase laconique pour dire que son fils Philippe «se bat», évocation pudique de la mort de votre mère en survolant Paimpont. Aucun sentiment intime, sauf peut-être trois, souvent relevés, mais qui ne concernent que votre lien avec la France combattante. Lors de la déroute : «Au spectacle de ce peuple éperdu et de cette déroute militaire, au récit de cette insolence méprisante de l'adversaire, je me sens soulevé d'une fureur sans bornes.» Après la résistance de Kœnig à Bir Hakeim : «Je remercie le messager, le congédie, ferme la porte. Je suis seul. Oh! Cœur battant d'émotion, sanglots d'orgueil, larmes de joie!» Et ce moment d'arrêt, de bonheur et d'un instant de plénitude lors de la libération de Paris : «Je vais donc ému et tranquille, au milieu de l'exultation indicible de la foule [...]»

Le de Gaulle des *Mémoires de guerre* s'est fait double mais ne s'est pas fait chair. Le *je* est de circonstance. Le *il* vient l'aider pour, peu à peu, commencer à s'y substituer, et prendre son envol sans jamais cesser le dialogue. Ils s'éloignent parfois l'un de l'autre lorsque de Gaulle regarde Charles : «Et moi, pauvre homme! Aurai-je assez de clairvoyance, de fermeté, d'habileté, pour maîtriser jusqu'au bout les épreuves?» Mais le second force et soulève le premier, dans une ascèse que rien ne vient distraire, en particulier pas le décoratif. Pas de fleurs (sauf le lys de France), pas de sons (sauf le «Te Deum» à Paris), pas d'animaux. Aucune anecdote ni méandre. La pluralité des niveaux de lecture qu'offrent ces mémoires par rapport à ses ouvrages précédents ne va pas jusqu'à l'intime. Les *Mémoires d'espoir* sont de même sens. C'est l'une des différences avec Chateaubriand. Vous, qui avez dessiné tant de portraits, vous faites indéfinissable. Les *Discours et Messages* changent-ils quelque chose? Pas vraiment. Ils s'adressent à des Français qui sont aussi des électeurs. Le style y est plus oratoire et quelquefois moins travaillé. De Gaulle s'adapte mais ne change pas. Clarté de la vie publique, opacité de l'intime.

Il y a pour moi davantage : l'éclatement du sujet, mais jamais jusqu'à la rupture, entre le *je*, le *nous* et *de Gaulle*, porte un signe de littérature. Cette façon de décrire l'aventure en l'abordant sous plusieurs angles nous fournit matière à reconnaître sa complexité. Elle crée des moments de neutralité où l'auteur, en même temps sujet multiple et principal acteur, crée une sorte de troisième personne, imperceptible mais créatrice, qui tisse irrémédiablement un texte qui bouge, remue, évolue. Il n'est pas linéaire. Le rythme des scènes est irrégulier. Les thèmes chevauchent les périodes de temps. Descriptions et réflexions se mêlent. Nous vivons l'épopée que de Gaulle nous fait voir. Il nomme le possible de la victoire, et répond par la constance de ses actes à l'impossible disparition de la France. Tant de mouvement observé, à travers plusieurs objectifs de caméras, au service d'une implacable unité de construction ternaire : l'Appel, l'Unité, le Salut! Cette mise en scène profondément travaillée est pour moi un beau moment de littérature.

Vous aimez les maximes. Je les trouvais un peu assommantes. J'ai fini par comprendre qu'elles vous sont un point d'ancrage dans la fluidité du monde. Jusqu'à la Seconde Guerre mondiale, l'écrivain-soldat, par son usage, capte et émacie la réalité. Il la transmet au combattant qui, courbé sous le feu de l'ennemi, en fait son viatique et sa discipline. Il lui fixe et l'invite à poursuivre la route. *Le Fil de l'épée* fourmille de ces phrases. Après tout, La Rochefoucauld, Chamfort, Vauvenargues ont eu aussi une vie militaire. Le mémorialiste de Gaulle est différent. En intégrant la maxime, empruntée, transformée, ou créée, à la structure de son récit, il lui donne un niveau supérieur à celui des événements et leur contingence : celui de la réflexion presque philosophique qui évolue au cours du temps, de la guerre à la politique, de l'expérience des choses à celle des êtres, allant de l'homme vers la destinée.

Dans *La France et son armée*, l'histoire serre de près le soldat : « Les armes ont cette vertu d'ennoblir jusqu'aux moins purs. » Faisant parler le grenadier Fricasse, volontaire de la Haute-Marne[1] : « C'est la discipline qui a fait tous nos succès, c'est l'ordre qui nous soutient dans nos défaites ; la victoire fait endurer bien des misères. » Après la défaite de Napoléon : « Tragique revanche de

1. Dans *Le Flambeau*, revue militaire, 1927.

la mesure, juste courroux de la raison; mais prestige surhumain du génie et merveilleuse vertu des armes. Ce livre est une biographie. Son sujet, c'est la France, militante, souffrante et triomphante[1]. »

Vous êtes encore plus hiératique dans *Le Fil de l'épée* : « L'action de guerre revêt essentiellement le caractère de la contingence [première phrase du livre]; l'homme de caractère confère à l'action la noblesse; sans lui morne tâche d'esclave, grâce à lui jeu divin du héros; il ne faut pas confondre la puissance et ses attributs; rien ne rehausse mieux l'autorité que le silence; la perfection évangélique ne conduit pas à l'empire. »

Avec les *Mémoires*, la sentence change de niveau même si le début du texte n'oublie pas le combattant : « La bataille, fût-elle désastreuse, arrache le soldat à lui-même »; ou plus grave encore : « À la guerre, avant de philosopher il faut vivre, c'est-à-dire vaincre. » Peu à peu la politique, au sens vrai, s'installe : « Au sommet des affaires, on ne sauvegarde son temps et sa personne qu'en se tenant méthodiquement assez haut et assez loin; la diplomatie, sous des conventions de forme, ne connaît que les réalités; l'optimisme va bien à qui en a les moyens. » L'on s'élève parfois jusqu'à la condition humaine : « Il y a, de par le monde, plus de repentirs que d'aveux » ou : « Il y a concordance entre le malheur des hommes et leur élan vers le progrès. » Avec les débuts de la Ve République, on touche à la morale : « Beaucoup de gens jugent amer le calice de l'inéluctable; il n'y a pas de politique qui vaille en dehors des réalités »; ou enfin : « L'orgueil est le fils du bonheur et dévore son père. » Chez vous, grand-père,

1. *Lettres, Notes et Carnets*, *op. cit.*, t. 2, année 1938.

l'utilisation de maximes se détache difficilement du contexte. Qu'elles fassent penser à La Rochefoucauld ou un autre importe peu. Elles sont une synthèse qui vient d'une analyse, mais aussi une réduction du réel, qui ouvre à la philosophie.

Celui qui s'arrête à la surface blanche et plate des tautologies, souvent utilisées, n'appréhende pas une autre profondeur de votre style, qui est l'une de vos manières de penser. Chacun connaît ces apparentes évidences, ces phrases qui semblent ne rien dire, souvent présentes et moquées dans vos écrits, discours et messages : « En fin de compte, l'Angleterre est une île [...][1] » ; « L'avenir est devant nous » face aux Corses d'Ajaccio le 5 octobre 1958 ; « Eh bien je salue Fécamp, port de pêche, et qui entend le rester. » J'ai encore devant les yeux le *Petit Livre rouge du Général*[2] où son auteur, Robert Rocca, liste le chapelet fourni par de Gaulle. Belle occasion pour la plupart des intellectuels français, distingués par leur étonnante aptitude à l'erreur, de se moquer de ce général prétendument écrivain. C'est vrai qu'il y en a de belles : « Un homme est un homme et les traverses sont pour lui, où qu'il soit, des traverses ; les chagrins sont les chagrins ; les difficultés sont les difficultés. Mais la France est la France[3]. » Ou encore la plus connue : « Les choses étant ce qu'elles sont »... J'aime ces propositions qui sont toujours vraies parce qu'elles restent valides indépendamment de leur contenu. L'idée de l'invariance de l'être va au-delà du simple truisme. Ces évidences énormes vont chercher

1. *Mémoires de guerre*, *op. cit.*, vol. I.
2. La Pensée moderne, 1968.
3. Discours prononcé à Cahors le 18 mai 1962.

leur permanence tout au fond de la réalité, même si leur constituant n'est pas forcément éternel lorsqu'il s'agit de l'histoire. L'identité demeure même si elle évolue. L'ennemi est l'ennemi.

Sur l'Angleterre, qui est une île, rappelons la phrase complète des *Mémoires de guerre* et son contexte : « M. Churchill et moi tombâmes modestement d'accord pour tirer des événements [...] cette conclusion banale mais définitive : en fin de compte, l'Angleterre est une île, la France, le cap d'un continent, l'Amérique, un autre monde. » Ces mots viennent après l'exposé d'un différend où le Général regrette que l'aviation anglaise ne soit pas venue aider les armées françaises en mai-juin 1940. Cela aurait-il changé quelque chose à la défaite ? Le Premier Ministre de Grande-Bretagne voulait la garder pour la défense de ses villes qui allaient être bombardées, avec également l'idée que ces bombardements provoqueraient l'entrée en guerre des États-Unis. Vérités, erreurs sont affaires d'appréciation, dans une aventure où il s'agit pour chaque nation de défendre au mieux ses intérêts. Cette seule phrase des *Mémoires* résume en réalité, sous ses dehors d'évidence, toute la guerre et la suite, parce que la géographie conditionne l'histoire.

Il y en a beaucoup d'autres de ces énoncés qui marquent l'évidence. « Les jeunes, évidemment, ils ne sont pas vieux » (8 janvier 1958) ; « Ce qui reste à faire reste à faire et ce qui est fait est fait » (aux membres des bureaux de l'Assemblée nationale le 15 mai 1960) ; « Votre ville, Clermont-Ferrand, est bien de son pays, je veux dire, bien auvergnate, elle n'a pas tort. Elle est aussi profondément française. Elle a bien raison » (10 juin 1959) ; ou encore celle citée par *Paris Match* le

2 juillet 1966 : « Il est bon que la puissance de l'URSS soit ce qu'elle est. Sans elle, nous risquerions de tomber dans la dépendance américaine. L'inverse est vrai. Sans la puissance américaine nous tomberions sous l'hégémonie russe. »

Au sortir d'un Conseil des ministres, le 23 mai 1963, à propos des rapports existant entre la légalité et la légitimité, Alain Peyrefitte vous demande ce que vous entendez par ces deux termes : « En temps normal, les institutions, les coutumes assurent l'ordre. Mais l'ordre réel ne peut reposer que sur l'indépendance nationale, les libertés publiques, le bon fonctionnement de la justice, la souveraineté populaire. Il y a des périodes où, même si l'ordre apparent continue de régner, il perd son sens, parce qu'en dessous, l'ordre réel est brisé, vous voyez ce que je veux dire ? C'est ce qui est arrivé avec l'armistice, avant de recommencer sur le régime des partis qui a mis à l'encan la souveraineté de la France[1]. » Vous insistez sur la nécessité de percevoir l'invariance. Toute inégalité, tout déséquilibre, toute inadéquation d'une chose par rapport à elle-même crée une instabilité contre nature, instabilité qui ne saurait durer. Il appartient à chacun de réduire, autant que faire se peut, l'écart existant entre la réalité perçue et la vérité comprise, l'une et l'autre étant notre représentation.

Les styles de De Gaulle ont une unité qui me trouble. En deçà ou au-delà des mots et des phrases, je n'arrive pas à oublier leur son, leur bruit, leur densité, cette espèce de musique toujours cadencée qui transporte sans doute et sans cesse un message mais surtout crée un bruit pérenne, celui de votre vie. Je l'entends

1. Cité dans *C'était de Gaulle*, *op. cit.*

presque davantage que je ne la vois, sans doute parce que la permanence du code dépasse celle de la mémoire. Votre vie qui a fait l'histoire et vos styles qui la racontent, ce n'est pas original, forment un tout, mais qui n'est pas unidimensionnel. Le grand communiquant que vous étiez frappe, par ce qui est le plus authentiquement humain, tous les angles du message qui vont du mot au cœur. Et le cœur entend encore, et se souvient, du « Guélowâr » de Senghor en captivité à l'étonnement de Malraux se demandant dans *Les chênes qu'on abat*, je le cite : « Qu'a-t-il pu saisir de l'enthousiasme qui ne cessa pas, depuis l'Appel, de l'entourer au loin, la promesse recueillie de toutes parts sur les continents, comparable, finalement, à cette part du sorcier que jadis le tribunal de Rouen avait si bien reconnu en Jeanne ? » Je ne connais pas la réponse mais suis convaincu que, chez vous, l'éloquence des actes va de pair avec celle de la parole. Celle-ci traduit un bruit, une marque génétique, émis par cette étrange machine désirante qui ne cesse de parler de liberté. De Gaulle est devenu mythe parce qu'il n'était jamais autre chose que lui-même, authentique et un, multiple mais indivisible.

Et puis, à quoi sert d'écrire, surtout aujourd'hui ? Pourquoi faire de la littérature ? Vous n'en avez pas fait profession. Votre destin en a décidé autrement, en vous faisant passer des écrits de démonstration aux mémoires qui sont votre témoignage. Si cela n'avait pas été, qu'auriez-vous écrit ? D'autres livres d'histoire sans doute ; des romans peut-être car vous les aimiez. La première hypothèse est sans risque, la seconde interroge un aspect de votre personnage qui n'est pas assez souligné : l'importance de la sensibilité, du cœur, du pardon. Cette humanité qui était vôtre, renforcée dans la fange des tranchées de la Grande Guerre comme par toutes les épreuves de la vie, n'a jamais disparu derrière la raison de l'État. Il en fallut bien sûr, pour tourner des pages qui devaient l'être et auraient été moins douloureuses si elles l'avaient été plus tôt. Mais rien ne vous était plus étranger que la cruauté idéologique des faiseurs d'un Bien qui s'inscrirait définitivement dans l'être, au prix non compté en vies humaines, celles en particulier des femmes, des enfants, des vieillards.

Vous aviez ce que Michelet appelle quelque part « le don des larmes », qui regarde l'individu dont la disparition reste irremplaçable. Je crois que vos romans auraient mis l'homme au centre, lui et sa liberté qui n'est pas sécable. Est-ce devenu ringard ? Quel qu'en soit le moyen ou le support, écrire avait pour vous l'importance de se dire, de raconter l'écho de votre regard, de donner votre récit pour que cela reste et participe de l'histoire : ajouter des souvenirs aux souvenirs, raconter des actes qui en éclairent d'autres, énoncer des idées qui forment la pensée et donnent un sens au tumulte des hommes.

9

Livres et culture

Elle est toujours là, cette bibliothèque que j'ai connue, dans votre maison de La Boisserie, au rez-de-chaussée, après le salon qui ne sert que de passage. Elle est double : dans la grande pièce où vous vous teniez, qui voyait nos moments collectifs, où vous nous avez quittés en faisant une dernière réussite, puis dans cette pièce hexagonale, toute de symétrie, d'abord de part et d'autre de l'entrée puis, face au meuble du bureau, encadrant cette fenêtre d'où vous contempliez l'infini de la campagne, la scansion des saisons, et ces étoiles si indifférentes à l'histoire des hommes. Rayons simples en chêne foncé partout sauf l'acajou de deux vitrines dans le bureau à votre gauche, puis au-dessus de la porte d'entrée, et à votre droite, à côté d'une table où s'étalent quelques livres. Peu de chose sur la musique, aucun disque. Pas de tableau dans votre bureau. Deux seulement dans la bibliothèque, sans intérêt, en plus d'une grande laque vietnamienne sombre ; et quelques bronzes dont trois me touchent : celui sur la cheminée d'un homme arrachant des flots une barque à moitié engloutie ; puis un Danton, debout, discourant, en haut d'un rayonnage, enfin, face à vous dans votre bureau, au-dessus des livres, cette idole du commencement d'un monde : la louve romaine nourrissant Romulus et Remus.

Décrire ces deux endroits a été fait mille fois. Chacun peut aujourd'hui les visiter. À quelques détails près, ils sont restés ce qu'ils étaient. Le lieu et les livres suscitent les souvenirs qui remontent et vous étreignent, mais aussi cette étrange dignité qui sied aux lieux de retraite, de solitude, de pensée. Il y a également cette odeur d'indifférence au bruit, à la rumeur, au clinquant. Charles de Gaulle le solitaire, le rebelle, l'antibourgeois, plus profondément celui qui se pose, sans cesse, l'une des questions de la connaissance : suspendre *a priori* tout jugement à propos du monde pour s'interroger sur ses fondements, et, peut-être, faire apparaître ce qui est indubitable, est ici chez lui.

La composition, l'état, presque le portrait d'une bibliothèque à un moment donné, celle de La Boisserie au terme d'une existence si particulière, ne donnent qu'un vague éclairage d'une personnalité. Elle constitue pourtant, à sa façon, un indice sur votre manière de penser. Tout être est inépuisable, mais chacun projette et découpe son ombre lorsqu'il entre dans le faisceau lumineux de l'action enfantée, nourrie, entretenue par la lecture. Ce que j'y ai lu, ce dont j'avais pu parler avec vous, ce que j'ai retrouvé après sont comme les amers du marin qui craint de trop s'éloigner du rivage : ils me servent de points de repère et s'ajoutent à ce que j'ai entendu et compris. Les quelques pas que je fais ici, dans votre bibliothèque, à la fin de ce livre, après toutes ces années avec et après vous, vont plus loin que la mémoire. Cet endroit, chaque fois, m'est un retour presque initiatique. Il a été mon point de rencontre avec vous : j'ai d'abord entrevu un peu de Charles de Gaulle par la culture.

Je consultais souvent les rayons du salon pour y trouver de quoi lire. Les journées étaient quelquefois longues et, vous le disiez, votre maison de Colombey n'était pas un endroit très « rigolo » pour les jeunes. Et puis, à côté de votre bureau où vous étiez, je me sentais porté par plus grand que je ne suis. L'extraordinaire diversité de tous ces livres, aux formats multiples, aux couvertures diverses, au mélange de genre, avec l'odeur, le frisson devant ce que l'on n'a pas encore lu, est l'une des madeleines de mon adolescence. Et que dire de l'étrange poésie, peut-être du curieux message, de certaines juxtapositions posées par le hasard du désordre, ressemblances et contrastes, tels : *La Gestapo d'Épinal*[1] à côté du *Journal d'un curé de campagne*[2], ou le *Mein Kampf*[3] tout près d'un livre pieux, *Le Rosaire*[4]; les *Entretiens* de Confucius avec *Les Pensées* de Pascal; Gide et Courteline ensemble, ou encore l'*Anthologie de la poésie française*[5] de Georges Pompidou, un peu hiératique, à côté d'une édition des *Mémoires d'outre-tombe*[6], fatiguée de lectures ?

La place de l'histoire dans votre bibliothèque n'est pas une surprise. Ancienne, moderne, contemporaine,

1. De Daniel Bigé, Le Sapin d'or, 1974.
2. De Georges Bernanos, Plon, 1936.
3. De Hitler, 1925.
4. De Florence L. Barclay, Librairie Payot et Cie, 1921.
5. Hachette, 1961.
6. De Chateaubriand, 1849.

elle est constitutive de votre personnage. Toute l'histoire, de tous les pays, de tous les temps, avec, évidemment, une grande importance accordée à la Seconde Guerre mondiale, le conflit, la résistance, la France libre, la déportation, le récit des expériences... livres plus ou moins lus, souvent dédicacés, auxquels il avait été répondu. Enfant de la paix, je considérais cette proportion comme un peu ennuyeuse. La guerre, la guerre, encore la guerre... Je comprenais tous ces témoignages qui racontaient le drame. J'y restais étranger quand il s'agissait des opérations militaires ou de la mise en scène de tel ou tel rôle. Bir Hakeim, la campagne de France ou Normandie-Niémen me laissaient froid. *Le Journal* d'Anne Frank m'a davantage ouvert les yeux et fait entrevoir, un peu, l'inconcevable. Je n'ai pas parlé de cela avec vous. C'est un grand regret. J'ai compris plus tard pourquoi tant de livres, lus et gardés, racontaient l'épopée et le drame, pour, en le reconnaissant, exorciser, un peu, le mal, et me faire sentir à la fois la diversité extrême de l'homme, jusqu'à l'immonde, l'indicible, et la permanence de l'individu par-delà sa disparition.

J'ai mis du temps à saisir votre façon d'aborder toutes les facettes de l'histoire. Celle-ci était pour vous une et divisible, générale et partagée, sujette à l'analyse des causes et des effets mais sans forcément la continuité du temps, qui n'est qu'apparence. Le grand saut des contrastes débute avec un livre éclairant sur l'une de vos manières de voir : *Les Grands Courants de l'histoire universelle*[1], de Jacques Pirenne. Seul le tome II :

1. Éditions de la Baconnière et Albin Michel, t. II, 1944.

De l'expansion musulmane aux traités de Westphalie est visible, mis en rayon, au-dessus de votre fauteuil crapaud (*quid* des six autres volumes ?). Vous m'aviez parlé de cet ouvrage en général et de ce tome-là en particulier. Je ne l'avais qu'entrouvert à ce moment et n'ai retenu que deux de vos remarques : la première était celle de l'expansion du monde musulman entre le VIIe et le Xe siècles, et de l'empire de Bagdad en particulier. Vous admiriez l'étonnant travail de la dynastie des Omeyyades qui dota l'empire d'un gouvernement central installé à Damas et d'un système monétaire unique, tout en décentralisant l'administration des provinces. Plus généralement, ce qui est étonnant chez un militaire qui, décidément, n'avait rien de classique, vous saluiez cette époque de liberté économique en reprenant le qualificatif de Pirenne : « ces derniers siècles de l'économie universelle » où, grâce à l'extension de l'instruction, la liberté de pensée, la tolérance religieuse, l'essor du commerce, s'échangeaient les biens, les services, les cultures, du sud de la Méditerranée vers les côtes d'Asie, jusqu'au Japon et à la Chine, sans oublier toutes les routes caravanières allant vers Byzance, les fleuves russes, la Baltique et Londres. Il y avait pour vous un lien véritablement multiséculaire entre un État de droit fort mais administrativement décentralisé, la liberté économique qu'il installe et garantit, le développement des échanges et la prospérité des peuples. L'Occident chrétien n'était pas précurseur.

Plus classique était l'autre idée, mais combien lancinante, qui ressortait de la lecture de l'ensemble : l'histoire a-t-elle un sens ? Dans quelle direction va-t-elle ? Quel est le devenir de l'homme ? Sur la méthode, ce que vous aviez retenu tenait à l'intention de l'auteur : décrire les événements en retenant ce qui constitue les éléments caractéristiques de l'histoire, soit qu'ils se développent dans la ligne de ces courants, soit qu'ils s'y opposent, cela en s'abstenant, dans la mesure du possible, de commenter les faits c'est-à-dire de trop souvent y mêler ses propres opinions personnelles. Qu'est-ce qui constitue un fait historique fondamental? Quelle est la place de ce fait dans l'histoire générale du monde? Quelles en sont les conséquences durables? Point saillant dans votre système de pensée, l'une des questions qui vous intéressaient était de détecter ce que sont les réalités ultimes, celles sur lesquelles l'homme bâtit son devenir et qu'il influence à son tour.

Pirenne, historien du global, est un survivant du genre dans cette bibliothèque. Spengler, Toynbee, Mommsen, Gibbon, qui lui sont antérieurs, ont disparu, probablement faute de place. Il reste l'approche par l'universel, permanente, presque obsédante, dans votre culture, avec, pour le dire, quelques exemples tels *La Civilisation de l'Égypte pharaonique*[1], l'exceptionnelle *Histoire de l'art*[2] d'Élie Faure, les quatre volumes consacrés à l'Afrique, une histoire générale des religions, puis de l'humanité ou encore celle de l'Europe; une collection *Esthétique de la pensée* consacrée à la Grèce qui vous a tant inspiré. Les pleins et les creux que laissent les rayons n'altèrent pas un tropisme évident chez le propriétaire des lieux : celui de l'homme total et sa façon de l'approcher par les livres, dans toute la

1. Coll. « Les grandes civilisations » chez Arthaud.
2. Denoël, 1985-1987.

profondeur du temps et l'espace de la culture, dans toutes ses disciplines et au-delà de l'Occident.

De Gaulle ne lisait pas que l'histoire de France. Ce n'est pas surprenant chez un homme pétri de diversité. L'étonnant vient un peu du contraste : il y a l'Histoire et les histoires, celle des villages ou des petites vies qui sont loin des hommes illustres ou des nations. Il y a le particulier, le local, les paysages des contrées ou leur géographie. Ainsi ces ouvrages sur Abbeville (lieu de votre combat victorieux en mai 1940), Bayeux, et Calais, avec *La Vie étrange des fleurs*[1] et trois volumes sur l'art irlandais, ou *Le Roman des oiseaux et bêtes de chasse*[2] ; la vie quotidienne au temps des Incas et celle en Palestine au temps de Jésus, le journal d'un bourgeois de Calais au temps de Louis XI, avec ces *Visites aux paysans du Centre*[3] et les livres sur les grandes provinces d'Espagne, la peinture en Provence ou *Le Siècle des gueux*[4] ; *La Méditerranée et le monde méditerranéen à l'époque de Philippe II*[5], et ces ouvrages sur le Canada français avec *Maria Chapdelaine*[6] que j'ai emprunté ; *Les Cratères en feu* d'Haroun Tazieff[7], l'art japonais… Rien de linéaire ni de même niveau dans l'échantillon ! La France ne vient pas que de la France et l'universel existe d'abord et aussi dans chacune de nos petites vies.

1. De Paul Jaeger, Horizons de France, 1959.
2. De Paul Vialar, Flammarion, 1964.
3. De Daniel Halévy, Grasset, 1934.
4. D'Eugène Baie, Vanderlinden, 1955.
5. De Fernand Braudel, Armand Colin, 1949.
6. De Louis Hémon, 1913.
7. Arthaud, 1951.

Chateaubriand, l'enchanteur que vous relisiez encore à la fin, tient sa place. Les *Mémoires d'outre-tombe* sont en deux exemplaires, l'un, hiératique dans son cuir brun, restait dans la bibliothèque ; l'autre, de lecture, était plus proche de vous, à droite de votre bureau. Plusieurs fois lus, ils comptaient beaucoup dans le panthéon de vos écrivains, notamment lors de l'écriture des *Mémoires d'espoir*. Référence ? Comparaison ? Sûrement un peu de crainte, presque de l'inquiétude : « Bien sûr, ce que je fais en ce moment, ce n'est pas du Chateaubriand ! » Vous paraissiez redouter, à soixante-dix-huit ans, deux écueils : faire moins bien que les *Mémoires de guerre* et moins profond que François-René. Je n'ai pas su vous démentir et m'étonne encore aujourd'hui, faute de vous l'avoir demandé, du vrai pourquoi de votre phrase car il y avait plus que la peur de vieillir. Chateaubriand parle incomparablement des événements et surtout de lui qui les a traversés, quelquefois influencés ; Charles de Gaulle parle de la France et de ce qu'il a fait pour elle. La manière de cet enchanteur, plus grand par son écriture que par son action politique, a profondément imprégné votre vie d'écrivain, vous, peut-être davantage grand personnage de l'histoire des hommes que grand homme de la littérature. Regret ? Sans doute, mais en creux, car sans ignorer que vous avez eu à faire à l'histoire, celle qui demeure dans nos vies. Que vaut-il mieux pour rester dans les mémoires, créer le rêve et le réaliser ou inventer des univers pour les raconter ? Vous aimiez son style. Peut-être avez-vous en commun une manière de réfléchir, réaliste, lucide, un peu désespérée, mais toujours capable de redressement, de rebond, avec une étrange fascination pour les songes et leur puissance. En relisant ces mots de Chateaubriand sur Bonaparte, je vois qu'ils vous ressemblent : « Une imagination prodigieuse animait ce politique si froid : il n'eût pas été ce qu'il était, si la muse n'eût été là ; la raison accomplissait les idées du poète. Tous ces hommes à grande vie sont toujours un composé de deux natures, car il les faut capables d'inspiration et d'action : l'une enfante le projet, l'autre l'accomplit. »

Pourquoi, grand-père, alors que vous venez de rétablir des relations diplomatiques avec la République populaire de Chine, n'y a-t-il pas de livres sur ce pays ? Il est vrai qu'en dehors des *Entretiens* de Confucius, d'un roman de Han Suyin, *La Premi re Femme de Yuan*[1], un recueil de nouvelles de Pearl Buck, et les mémoires du dalaï-lama, la Chine dans sa multitude et sa multiplicité n'était présente qu'à travers les grandes histoires de l'art, de l'humanité ou les encyclopédies de la bibliothèque. Vous m'avez dit alors votre fascination pour l'immense patience de ce peuple d'avant l'histoire, son sens inné du temps dans lequel la mort n'est qu'un passage puisque les défunts vont vivre ailleurs, sa culture, son mode de pensée, tournés vers le mouvement et non la fixité, le changement continuel et non les essences éternelles, l'adaptation constante et non l'esprit de système. Vous aviez lu Sun Tzu, que j'ai plus tard trouvé inspirateur du *Fil de l'épée*, les *Entretiens* de Confucius et Lao Tseu. Vous projetiez d'aller dans ce pays, rencontrer ses dirigeants, mais aussi, un peu, si cela était possible, sentir le peuple chinois, voir ses

1. Stock, Delamain et Boutelleau, 1935.

réalisations, mesurer la profondeur de son rapport au temps. Ce voyage aurait pu avoir lieu en janvier 1971. Le destin ne l'aura pas permis. Deux phrases me sont restées de vous sur ce possible détour ; la première est plutôt politique : « Je serais heureux de m'entretenir avec ce grand homme d'État qu'est le président Mao et lui dire que je salue tout ce qu'il a fait pour l'immense Chine. Je voudrais aussi lui parler de l'incomparable fécondité que donnent la liberté, la dignité humaine, le respect de chacun au développement d'un peuple comme à la paix dans l'univers. » Les mots qui ont suivi touchent l'un des traits de votre pensée, ce sens du temps relatif qui se déroule en nous : « La Grande Muraille, la Cité interdite, le temple du Soleil, oui cela m'intéresse, mais pas autant que comprendre l'homme de ce pays qui vient de plus loin encore, qui voit ses œuvres vieillir et disparaître, mais qui intègre en lui, par sa culture, sa sagesse, son sens de la durée, quelque chose de l'éternité dans le présent de sa vie. »

Pour l'adolescent que j'étais, le plus intéressant tenait à l'importance relative des romans, genre littéraire que vous aimiez autant par le souffle des phrases que par la création d'univers portant en eux une évidence de vie qui n'a besoin d'aucune démonstration, ni de cette forme de bêtise qui consiste à vouloir conclure. Beaucoup d'écrivains de toutes origines et de qualité inégale, qui ne reflètent pas forcément vos passions littéraires. L'important est dans leur diversité : ce qui part, ce qui reste, ce qui s'oublie. J'avais remarqué et lu *Le Désert des Tartares* de Buzzati. Je l'ai cité plus haut[1].

1. Voir p. 27.

Vous vous souveniez très bien du lieutenant Drogo et m'avez parlé de la difficulté de l'attente, de sa tension, de l'effort nécessaire à la préparation de la guerre, d'autant plus grand à fournir lorsqu'il ne se passe rien. L'officier blanchi par le temps finit par partir et meurt, dans une auberge, proche de la forteresse où il était. L'ennemi arrive enfin. Est-ce finalement inutile de se préparer exclusivement à quelque chose d'improbable? «Lis deux autres livres dans le même sens : *Sur les falaises de marbre*[1] de Ernst Jünger et *Le Rivage des Syrtes*[2] de Julien Gracq.»

Je me souviens de votre tristesse lorsque vous avez évoqué, durant un déjeuner à Colombey, la mort de François Mauriac : «C'était le plus grand écrivain français vivant, il n'aura pas eu le temps de lire mon livre» (le premier tome des *Mémoires d'espoir*). Vous aviez reçu quelques semaines auparavant *Un adolescent d'autrefois*[3], que, comme ses autres romans, vous aviez aimé. Je le guettais. Je voulais comprendre ce que cet adolescent du début du siècle, transfiguré par la littérature, pouvait dire à un jeune de 1970. J'ai dû attendre, avant de pouvoir le lire, qu'il «passât» d'abord par ma tante et mon père.

Barrès, Anatole France, Balzac, bien d'autres encore tiennent leur place sur les rayons. Et Malraux, bien sûr, qui est là par ses livres sur l'art. Ses romans n'y sont plus. Plusieurs d'entre nous les avions empruntés. Vous

---

1. Gallimard, 1942.
2. José Corti, 1951.
3. Flammarion, 1969.

êtes venu une fois me chercher dans ma chambre avant le déjeuner pour faire le tour du jardin. Je lisais *L'Espoir*[1]. « Tu lis ce livre ! C'est bien, mais ce n'est pas la vie ! Il n'y a pas d'imbéciles dans les romans de Malraux. » J'ai découvert plus tard que cette réflexion était aussi celle de Sartre.

J'ai pu assister moi-même à l'un des tris (il y en a eu plusieurs) des ouvrages qui composaient l'ensemble. Alors que mon père faisait le ménage dans le rayonnage de droite juste avant le bureau, la question s'est posée sur ce qu'il fallait faire du roman de Marguerite Yourcenar : *Mémoires d'Hadrien*[2]. Vous avez répondu : « Gardons-le car Marguerite Yourcenar a beaucoup de talent ! J'aime cette écriture ciselée, précise, romaine, la sécheresse lumineuse d'un style qui colle si bien au stoïcisme que l'on prête à Hadrien, à l'économie de sa manière de régner. » Vous m'avez cité de tête, un peu plus tard, une des phrases du livre : « Quand on aura allégé le plus possible les servitudes inutiles, évité les malheurs non nécessaires, il restera toujours, pour tenir en haleine les vertus héroïques de l'homme, la longue série des maux véritables, la mort, la vieillesse, les maladies non guérissables, l'amour non partagé, l'amitié rejetée ou trahie, la médiocrité d'une vie moins vaste que nos projets et plus terne que nos songes : tous les malheurs causés par la divine nature des choses. » Ce livre est toujours à sa place. J'ai emporté avec moi le roman suivant de Marguerite :

1. Gallimard, 1937.
2. Plon, 1951.

L'Œuvre au noir[1], paru en mai 1968 et sans doute acheté à Bar-sur-Aube.

Peu de chose sur la musique : des volumes sur l'évolution de cet art et des essais sur quelques compositeurs. Pas de disques. En début d'après-midi d'une journée d'été, fin août 1970, je vous ai demandé si vous connaissiez Gustav Mahler, en particulier sa sixième symphonie que France Musique allait diffuser sur la FM. Grand-mère m'avait offert un poste de radio permettant d'écouter cette merveilleuse fréquence, ce que je faisais tous les jours. Dans ma famille paternelle qui n'était pas musicienne, je n'ai eu que ce recours pour entendre et connaître, notamment, la musique de mon temps, celle du xxe siècle. J'ai tenté maladroitement d'expliquer ce que j'aimais dans cette partition tragique, ses influences et sa nouveauté, comme son foisonnement symphonique. Puis nous avons un peu parlé de musique. Je me souviens de votre étonnement curieux, avide, battant votre jeu de cartes sans y penser, devant ce que je pouvais dire, avec mes mots. Je crois que je vous ai surpris. Vous n'attendiez pas ce genre de sujet. Vous m'avez paru heureux de l'aborder. Moi aussi. « J'ai écouté il y a quelques années *Et exspecto resurrectionem mortuorum* d'Olivier Messiaen, dans la cathédrale de Chartres. Malraux était avec moi. J'ai apprécié la qualité et l'ampleur de cette construction intellectuelle mais cela ne me parle pas, cela ne m'émeut pas. Je préfère Debussy avec sa musique qui scintille, qui chatoie, qui coule... » J'entends encore votre rythme de voix ; j'y percevais une sorte de fascination pour la

1. Gallimard, 1968.

fluidité du vivant, du temps qui passe sans revenir, des harmonies multiples et changeantes. Vous m'avez demandé : « Et toi, quel est ton compositeur préféré ? » Réponse difficile et hésitante : « Il y en a plusieurs ; ceux que j'aime le plus sont ceux qui ont été de grands inventeurs, pour lesquels on peut dire qu'il y a la musique avant et après eux, comme Beethoven ou Schoenberg. » Votre réponse a été différente : « Je suis plus attentif à la mélodie qu'à la construction, à la répétition des thèmes plutôt qu'à leur transformation, à l'impression qu'elle me fait sentir profondément qu'à l'univers de pensée auquel elle donne accès. Je sais que ce n'est pas la musique la plus élaborée mais, dans l'arbre des compositeurs, ceux qui sont sur les petits rameaux me touchent autant que ceux que tu appelles les grands inventeurs. » Cette conversation a été trop courte. Je reste sur ce manque : la musique ne semblait pas traverser votre vie, davantage votre pensée mais comme un exercice de haute voltige dans l'ordre de la complexité. Elle n'était pas l'une de vos grilles de lecture du monde mais participait de sa compréhension nécessaire, par d'autres moyens qui vous séduisaient mais sans oser y entrer. Vous perceviez pourtant l'art comme indispensable, « la divine humanité de l'Art, c'est-à-dire ce qu'il a d'essentiel, d'éternelle ressemblance à lui-même [...] de consolant[1] », mais il n'était simplement pas votre mode d'expression.

Comme je regrette les livres disparus, en particulier ceux de votre jeunesse, peut-être annotés, que j'aurais

1. Lettre à André Malraux du 2 janvier 1961, *Lettres, Notes et Carnets*, *op. cit.*, t. 9.

pu parcourir. Trop de déménagements, beaucoup de tris, pas assez de place. J'ai pu vous interroger un peu sur quelques-uns. J'ai déjà évoqué Camus. Zola est également absent. C'était peut-être volontaire, la saga des *Rougon-Macquart* faisant partie de votre culture, mais vous ne l'aimiez pas beaucoup[1]. Vous m'aviez cependant encouragé à lire trois livres un peu décalés par rapport aux incontournables *Assommoir* ou *Germinal* : *L'Argent*, *L'Œuvre*, et *La Faute de l'abbé Mouret*, ce dernier notamment à cause de ses descriptions, inondées de lumière, luxuriantes et sensuelles, de la jeune Albine dans le jardin du curé. Stendhal n'est pas sur les étagères en dehors de *La Chartreuse de Parme*. J'ai retrouvé ses romans ailleurs dans la maison.

Il y avait de la fascination, chez vous, pour ces auteurs du XIXe siècle qui n'hésitaient pas à bâtir un monde, par sagas familiales interposées, traversant une ou plusieurs époques, à travers de multiples personnages juxtaposés. Il y a bien sûr les caractères mais surtout le battement du temps qui nous forge, irrémédiable, irrégulier, implacable. Je n'ai pas pu assister à la projection, un dimanche après-midi à l'Élysée, de l'admirable *Guépard* de Visconti. C'est presque le livre de Lampedusa tant le metteur en scène sublime en images la séquence du texte. Je me souviens en revanche de votre commentaire ultérieur. Je le restitue aussi fidèlement que possible : « Il y a deux parties étonnantes dans ce film : la montée, au cours du temps, de plusieurs moments de l'unité italienne qui bousculent

1. « Cet homme a vraiment le génie de l'ordure », à propos de *Pot-Bouille*, cité dans les *Lettres, Notes et Carnets*, année 1916.

une famille aristocrate de Sicile, puis tout converge et tout s'arrête pour une soirée, on la suit en direct, on y est, en un seul lieu, celui du mariage, qui symbolise la collision de plusieurs mondes pour que finalement, selon la formule de l'auteur, rien ne change. »

Et puis il y a Drieu la Rochelle et surtout Brasillach. « Que de talent chez celui-ci ! Dommage qu'il ne l'ait pas mis au service de la France. » Rien de Proust. Mais contrairement à ce qu'a prétendu Malraux, vous aviez lu *La Recherche*, vous me l'avez dit, et apprécié un livre de Georges Cattaui[1] que j'ai débusqué dans le grenier, en particulier l'idée que le héros chez Proust (lui-même) soit, je cite l'auteur, « l'homme, l'homme au milieu du chemin de sa vie, l'homme aux portes des enfers et du paradis [...] l'homme accédant enfin [...] à la Béatitude ». Plus loin : « Frappé du double prestige de l'analogie et de la différence, [Proust] décèlera partout des allusions, des emblèmes, des réversibilités, des ressemblances, des symétries, des appels, des présages, des reconnaissances. » Toujours la querelle de l'homme ; toujours celle du temps qui le transforme mais que la mémoire révèle par-delà leurs métamorphoses, avec cette perception qui était vôtre des mystérieuses connexions établies entre toutes choses. Et jusqu'à la belle et mystérieuse phrase de Proust : « C'est à la cime du particulier qu'éclôt le général. »

Je n'ai pas vu Céline sur les rayons et n'en ai pas entendu parler. *Idem* pour Charles Maurras. Et Péguy, absent de l'inventaire ? Nous ne l'avons pas évoqué et je n'ai entendu qu'un seul commentaire du type :

1. *Proust perdu et retrouvé*, Plon, 1963.

«Je me sentais très proche de lui.» Ma génération ne l'était pas. Je ne l'ai lu que beaucoup plus tard, par curiosité molle, un peu pour comprendre ce que vous lui trouviez, à lui, Péguy, l'un des premiers tués de 1914, enseveli avec ses compagnons dans cette terre qu'il a tant aimée. Première ressemblance... Il y en a bien d'autres : Péguy l'insoumis et ses années de révolte, d'indignation jamais calmée contre les systèmes, les hiérarchies, les droits acquis; Péguy le doute-de-tout, le libertaire qui écorche, gratte et conteste, mais aussi de foi simple sur le tard de sa courte vie, de croyance féroce en la France, pas tant comme nation que comme un droit, une idée, une civilisation, unie mais multiple, qui «vient du fond des âges», et dont la mort, selon ses propres mots, serait celle du «monde de la grâce»; Péguy le juste, le poète, tout d'unité, ayant la mystique républicaine, simplement français comme les autres, sans exclusive; et tant d'autres choses qui vous ressemblent grand-père... Péguy la France, Péguy le socialiste mais sans la mystique ni la domination des appareils, des clientèles, des conseils, tout entier dans cette phrase qui aurait pu être vôtre : «Aussi longtemps qu'il y a un homme dehors, la porte qui lui est fermée au nez est une porte d'injustice et de haine.» Ouvrir cette porte est l'un des devoirs de l'État, ce qui n'exclut pas la responsabilité de chacun. Péguy l'angoisse devant le monde qui vient, son écrasante technique vide d'âme, le «tremblement d'écrire» pour le raconter, «l'arrière-garde» dont il faut être pour veiller et ne laisser engloutir le pays et ses valeurs... Au jour de sa mort, le 15 septembre 1914, vous étiez en convalescence à l'hôpital militaire de Lyon, après la blessure de Dinant. Vous ne l'avez pas su et écriviez alors une courte nouvelle : *Le Baptême*. Le lieutenant Dangel, qui part sur le front, vient de donner ses ordres ; il entend la confiance de l'un de ses soldats : « Le train s'ébranla, bondé de corps robustes et d'âmes résolues. Et ces hommes, emportés sans rémission vers l'effort sanglant, se crurent soulevés au-dessus d'eux-mêmes. Une minute, ils sentirent tous, oui tous, frissonnants d'un enthousiasme sacré, battre contre leur cœur éphémère le cœur éternel de la Patrie. » Le reste est douleur, blessure, mort et désespoir avant que ne se lève le soleil. Dangel, blessé, regarde cette vieille capitale des Gaules où il est soigné et « vit son calme labeur. De combien d'instincts contenus, de douleurs acceptées, d'efforts soumis à la règle était faite son antique puissance ! ». Vos traits sont là : le mouvement, le départ, l'envol, le sortir de soi vers l'espérance qui transcende, au moins un moment, le retour de la réflexion, de la méditation, sur la journée, soi et les autres, sur le socle de l'histoire qui reste et nous dépasse : « La chouette de Minerve ne prend son vol qu'à la tombée de la nuit » (Hegel), cette sagesse qui vient au soir de la pensée faite d'audace et d'équilibre, de passion et de mesure, d'ouverture et d'ordre.

« Lit-on encore, dans ta génération, Paul Morand ?
– Non, pas vraiment, même contemporain, il est un peu vieillot. On préfère Sartre ! », répondis-je. Le personnage de Morand a toujours été politiquement, quelquefois avec virulence, contre vous, mais cela vous était intellectuellement indifférent ! Seuls comptent l'écrivain, l'œuvre, les mots dans les phrases, ce qui finit par s'en dégager. Je n'ai pas pu vraiment poursuivre la conversation sur Sartre car c'était l'heure du journal télévisé. « Tu l'apprécies ? Moi, je ne le connais pas bien... » Je n'avais lu que *La Nausée*. Vous étiez

totalement indifférent à son discours politique, imperméable à sa philosophie mais aimiez son théâtre. L'écrivain était pour vous l'un des représentants, et pas des moindres, de la littérature française. On n'emprisonne ni Voltaire ni les autres. Je n'ai eu que le temps de vous demander ce qui vous dérangeait dans son écriture : « Difficile à dire... peut-être une manière d'écrire qui dénigre l'immortalité et même l'histoire. Tout paraît dédié à une seule exigence, celle du présent, qui lie au même moment l'auteur et le lecteur, et qui ne cesse de changer. »

Vous aviez aussi le coup d'œil du connaisseur à la lecture du premier roman de Le Clézio, qui vous avait fait l'hommage de son livre. Votre réponse est connue. Elle est étonnante : « Votre livre *Le Procès-Verbal*[1] m'a entraîné dans un autre monde, le vrai très probablement, et j'ai pu, avec Adam, le parcourir en zigzag. Comme tout commence pour vous, cette promenade aura des suites. Tant mieux ! Car vous avez bien du talent. » Plus loin, saluant la prouesse du jeune romancier de vingt-trois ans, vous poursuivez : « À moi, qui suis au terme, vous écrivez que le "pouvoir et la foi sont des humilités". À vous, qui passez à peine les premiers ormeaux du chemin, je dis que le talent, lui aussi, en est une. »

Lire était pour moi un profond bonheur. Alors qu'il me demandait « Que cherches-tu ? », je remarquais devant lui qu'il y avait peu d'auteurs étrangers sur les rayons. « J'en ai beaucoup lu... » Passons sur Cervantes

1. Gallimard, 1963.

et Goethe, à l'évidence, plus le second que le premier. Je vous ai entendu citer une phrase des *Années d'apprentissage de Wilhelm Meister* : « Racontez-moi votre histoire, afin que j'apprenne comment il est possible que, sans frivole badinage, et sans orgueilleuse prétention, le passé se reproduise en vous, et que ce qui n'est plus puisse renaître. » Ceux-là, les écrivains « planétaires », font partie de votre panthéon.

J'ai retrouvé ailleurs à l'étage, dans le petit rayonnage d'un couloir, un peu de Zweig et Schnitzler ; pas d'auteurs russes, qu'il connaissait pourtant bien lorsqu'il s'agit de Tolstoï et Dostoïevski, Pouchkine, Gogol, Lermontov et, plus surprenant pour moi, Boulgakov, en particulier son *Maître et Marguerite* qu'il m'avait cité. Rien sur le nord de l'Europe, mais il avait lu Ibsen. Peu d'Italiens : Dante bien sûr, Buzzati déjà cité et Malaparte (*Kaputt*[1]) dont j'avais emprunté la *Technique du coup d'État*[2]. Je n'ai pas vu d'auteurs espagnols, ni portugais, ou américains du Sud.

Joseph Roth est présent avec *Notre assassin*[3]. Vous m'avez encouragé à lire *La Marche de Radetzky*[4] et sa suite *La Crypte des Capucins*[5], ce roman plein d'ironie, de rupture, de décomposition, cette tristesse lente dans un empire qui s'écroule. J'avais emprunté *Sparkenbroke*[6] de Charles Morgan, que vous citez dans vos *Mémoires de guerre*, parce que j'ai entendu de vous une des phrases du livre : « La vie ne peut être vécue par l'oubli

1. Le Livre de Poche, 1944.
2. Grasset, 1931.
3. Amsterdam, 1936.
4. Berlin, 1932.
5. Bilhoven, 1938.
6. Stock, 1937.

ou la substitution, mais grâce au souvenir et à la transmutation. [...] Une perte, tout en restant une perte, n'est pas un corps en décomposition enfoui dans la terre, ou attaché à l'être captif, mais un principe permanent qui inspire l'homme libéré. La liberté, dans ce sens, jaillit de l'unité d'esprit [...]. »

Je lisais *La Montagne magique* de Thomas Mann en livre de poche pendant ces quelques semaines du mois d'août 1970 passées à Colombey. L'avez-vous lu? « Oui, un passage m'a frappé, celui où Hans Castorp, au cours d'une promenade à ski, se perd délicieusement dans le silence de la montagne puis se fait surprendre par une brusque tempête de neige ; il en oublie ses repères, ses certitudes, presque la conscience de son existence. Il ne sait plus rien du temps qui passe et qu'il dilate, tout cela avec un étonnant lyrisme de l'écriture, puis se ressaisit, bouge, et échappe au froid, à la mort. » Ce n'étaient donc pas les lourds débats entre Settembrini et Naphta qui vous avaient frappé, ni la froide pesanteur pédagogique de Thomas Mann, mais la phrase du « héros » du livre, au moment où il se croit perdu : « Ouverts ! Les yeux ouverts ! Ce sont tes membres, à toi, ces pieds-là dans la neige ! Rassemble-les, et debout ! Tiens... Il fait beau ! »

Les philosophes... Présents ou absents de la bibliothèque, sont presque tous dans votre esprit, de l'Antiquité jusqu'aux contemporains. Jusqu'à Heidegger, Husserl et Jaspers ? Je l'ignore. Deux repères majeurs : Bergson et Nietzsche[1], le premier presque *in vivo* et depuis votre adolescence ; le second également, renforcé plus tard par le Nietzsche de Daniel Halévy.

1. Calmann-Lévy, 1944.

Je les cite sans insister si ce n'est pour rappeler une démarche d'esprit qui, je crois, vous a marqué : chez le premier, le rôle du temps, que la raison ne sait décomposer, et dont l'intuition est une création continue qui éclaire la première ; chez le second, le nihilisme comme démarche de contestation de ceux qui ne voient que les apparences, et que le philosophe pousse jusqu'à son terme au point de ne plus parvenir à « transmuter les valeurs », d'où peut-être sa folie. Peu importe les contresens possibles dans l'interprétation exacte. Entre les philosophes de la construction, les classiques, des Grecs à Hegel, et ceux de la contestation (Kierkegaard et Nietzsche), l'espace est grand, et n'est pas épuisé. Il ne cesse même de s'ouvrir quand je revois, au-dessus du canapé, votre *De natura rerum* de Lucrèce, où ce qu'on appelle faussement l'antique rejoint l'actuel lorsque j'ai ouvert l'ouvrage à la page du signet : « Mais si, contemporain de l'immense durée, l'univers de lui-même incessamment se crée, c'est que ses éléments subsistent dans la mort. Donc le néant n'est pas ; rien n'y rentre ou n'en sort [...] Ainsi le fond survit quand la forme s'efface ; d'échanges mutuels s'alimentent les corps, et nous ne naissons pas sans le secours des morts[1]. »

Dans son cuir rouge parfumé d'encre, les œuvres de Victor Hugo sont présentes en majesté. Je feuilletais l'un de ses romans moins connus : *Les Travailleurs de la mer*. Il y avait cet étrange passage, marqué par un signet de tissu, qui sent bon son XIXe siècle optimiste et positif : « L'homme est un rongeur. Tout sous lui se modifie et s'altère [...] Il approprie la création à

1. Traduction de Chateaubriand.

l'humanité [...] Ce vivant à brève échéance, ce perpétuel mourant, entreprend l'infini. Il entend faire ce que bon lui semble [...] Le monde, œuvre de Dieu, est le canevas de l'homme. Tout borne l'homme, mais rien ne l'arrête. Il réplique à la limite par l'enjambée. L'impossible est une frontière toujours reculante. » Une partie de vous est entière dans ce texte avec la force de l'esprit humain qui, sans limites, dans toutes les directions, probablement pour toujours, cherche à combler le plus petit espace d'ignorance et repousse, sans cesse plus loin, jusqu'à la possible destruction, sa terreur devant l'inconnaissable. C'est une idée intemporelle, qui a traversé le cours de vos quatre-vingts ans de vie dans le siècle jusqu'ici le plus riche d'évolution scientifique et technique de toute l'histoire de l'humanité. Avec le plus de morts et de massacres. Hegel dit quelque part, en substance, que, ne pouvant s'éterniser auprès des blessures infligées aux individus, « la Raison, dans la naissance et la mort, voit l'œuvre que produit le travail du genre humain »... « Les buts particuliers se perdent dans le but universel ». Peut-être. Mais pas pour vous : l'abnégation de l'individu contribue à l'équilibre de l'ensemble et lui restitue son étrange harmonie, lorsque cela est possible. En participant à l'aventure collective, en acceptant de subordonner ses créations techniques à un principe supérieur, en se résignant à ce que son action reste inachevée mais sans cesse reprise, l'homme ne se perd pas. La machine de la Raison, si elle existe, ne peut être autre que la consolidation des consciences individuelles éprises de liberté, de droit et de justice. Dans l'ordre social, ce qui compte est ce qui opprime, indigne et révolte. Au niveau de chacun, le premier combat est celui de la dignité et de son respect, donc de la conscience. C'est une idée actuelle, pour toujours. Lorsque je vous ai demandé : pourquoi Voltaire est-il présent sur les rayons (*Romans et Contes*) et pas Rousseau? Votre réponse m'a surpris à ce moment. Elle n'était pas celle qu'attendait l'adolescent romantique préférant *Les Rêveries* à *Candide*. « Le *Contrat social* est une œuvre puissante mais dangereuse. Rousseau, qui s'est d'ailleurs bien gardé d'aligner son existence sur ses principes, considère que la vie humaine est un don conditionnel de l'État que celui-ci peut reprendre s'il le juge utile. Ce n'est pas ma vision de la politique car ce n'est pas autre chose que légitimer la dictature. Je préfère les lumières de Voltaire, Chamfort, Diderot, D'Alembert qui invitent à l'ouverture, à la connaissance, à l'universel, à quelque chose qui ressemble à la tolérance et au respect. »

Les poètes. Georges Pompidou, dans la dédicace de son *Anthologie*, vous écrit : « Au Général de Gaulle, poète de l'histoire ». Pas seulement. Poète à votre façon lorsque vous étiez adolescent, mais surtout traversé par la poésie. Le quotidien de chacun a besoin de sa part de rêves. Vous aimiez les poètes, les poètes vous ont aimé, et, vous l'avez rappelé lors d'une conférence de presse, celui que vous préfériez était celui que vous étiez en train de lire. Probablement parce qu'ils vous comprenaient mieux que quiconque. Pierre-Jean Jouve écrivait au lendemain de votre mort : « Au-delà de l'homme d'État, le général de Gaulle était un homme de courtoisie, un connaisseur de l'art, un admirable écrivain. Cet homme-là, de qualité extrême [...] je ne cesserai de pleurer sa perte, pour tout le temps où je devrais lui survivre. » Citons bien sûr ceux déjà largement répertoriés, inégaux en qualité : Maeterlinck,

Émile Verhaeren, Pierre-Jean Jouve, Anna de Noailles; les grands Français sans exhaustivité : Lamartine, Vigny, Hugo, Baudelaire, Rimbaud et Verlaine; d'autres, peut-être moins considérables : Albert Samain, Pierre Emmanuel ou Marie Noël. Mais n'oublions pas les sonnets de Shakespeare, Homère et Virgile, Hölderlin ou Rilke. Et Rostand pour le panache! Vous étiez de connivence avec les poètes, parmi eux, de la même famille, et leur répondiez avec lyrisme et tendresse : «Votre poésie est songe et profondeur; il n'est que de s'y livrer[1].» Avec cette étrange remarque qui ouvre sur la création : «Il n'est de vie possible que verticalement, en dehors, par un assemblage de sons, de couleurs et de mots[2].»

Encore un souvenir, qui peut surprendre : le fantastique et la science-fiction. Jules Verne, Wells, Orwell bien sûr, mais aussi *L'Ève future*[3] ou, dans un autre genre, les histoires extraordinaires de Poe, Frankenstein ou Belphégor à la télévision et les films de Hitchcock. Votre curiosité vous faisait aller de l'irréel qui se glissait dans le rationnel, ce domaine du possible construit à partir des projections de la raison (Jules Verne et les autres...), à l'irruption de l'irrationnel dans la réalité (Poe...), avec d'ailleurs plus de goût pour le premier genre. Avec la présence de ce genre de littérature considéré à tort comme mineur, je retrouve votre penchant inné pour l'exploration du possible.

Vous m'aviez surpris en train de lire *Face aux feux du soleil*[4] d'Isaac Asimov : «De quoi cela parle-t-il? – D'un

1. Lettre à Pierre-Jean Jouve du 3 juin 1963.
2. *Idem.* Lettre du 23 mai 1960.
3. Villiers de L'Isle-Adam, 1886.
4. Satellite, 1961.

crime commis sur une planète lointaine où pourtant les hommes, très peu nombreux et perdus dans d'immenses propriétés, ne se voient plus et ne communiquent plus entre eux que par des moyens électroniques, d'où la difficulté de l'enquête. » La résolution de celle-ci ne vous intéressait pas, au contraire de la description d'un univers d'individus dispersés dans plusieurs mondes, isolés dans de vastes espaces, sans contacts physiques, et sans dialogues directs. Asimov n'avait pas prévu la solitude du « chateur », communicant atomisé et quotidien sur le Net, mais finalement seul devant son écran. Nous non plus. Mais vous vous êtes interrogé simplement, devant moi, sur une autre solitude, plus proche de nous : que deviendra le grand mouvement du xxe siècle, qui a tant bouleversé la France et n'est pas, et de loin, terminé, celui de la migration des populations vers les villes, avec l'autre solitude, celle du nombre ? Ma grand-mère est venue nous chercher pour le déjeuner. La conversation s'est arrêtée sur ces mots : « La ville... As-tu lu *Ulysse* de Joyce, *Manhattan Transfer* de Dos Passos, et ce roman étrange, traversé d'une poésie dévorante, que je viens de lire : *Petersbourg* de Biély ? » Je vous croyais amateur d'une littérature plutôt classique. Votre curiosité allait plus loin.

Hors votre bibliothèque telle qu'elle est encore, j'ai retrouvé, grand-père, dans le grenier de Colombey, un livre aussi éclairant qu'émouvant. Je l'ai beaucoup évoqué dans les chapitres précédents. C'est l'*Histoire universelle* conduite sous la direction de Victor Duruy dans une édition de 1913. Deux volumes, l'histoire grecque et l'histoire romaine, en mauvais état, presque sans couverture. Il manque les deux premières pages du tome premier sur les Grecs, volume truffé de lignes et morceaux signalés, quelquefois commentés. À quel moment les avez-vous lus, car c'étaient les vôtres? Probablement en captivité, pendant la Grande Guerre. On trouve dans vos notes personnelles, relatives à 1917, publiées dans les *Lettres, Notes et Carnets*, un résumé chronologique précis de cette histoire grecque, avec le plan exact suivi par Duruy dans son ouvrage. La chronologie simple ne vous intéressait pas tant. L'émotion vient des marques au crayon faites en bordure du texte. Ce qui reste, ce qui change... ce que vous avez souligné. Vous étiez un tout jeune officier désespéré par la captivité, lisant tout ce qui vous tombait sous la main, connaissant bien l'histoire romaine par votre éducation, mais illuminé par la pensée qu'apporta la Grèce à la naissance de notre civilisation. Vous semblez avoir trouvé dans le berceau de notre culture une bonne part de votre philosophie politique ultérieure. Même si j'ai déjà beaucoup évoqué cet ouvrage, je le reprends ici, non pour écrire une conclusion mais pour marquer un point d'orgue, avec l'exemple qui m'a frappé, encadré par Charles de Gaulle, page 154, sur le portrait de Périclès. La citation peut paraître longue. Elle vous décrit si bien :

« Périclès naquit en 494 av. J.-C. La nature lui avait accordé tous les dons de l'intelligence, et il eut encore les maîtres les plus illustres qui lui apprirent, avec toute la science de ce temps, l'art difficile de se gouverner soi-même. Jamais, en effet, on ne le vit agir par mouvement soudain, mais avec calme et prudence. Tout était pour lui sujet de réflexion. Il ne monta pas une fois à la tribune, dit Plutarque, sans prier les dieux de ne laisser échapper de sa bouche aucune parole qui ne fût utile à la question qu'il allait traiter [...] Il ne paraissait en public que dans les grandes solennités. Mais alors, il déployait une éloquence que l'on comparait à la foudre et aux éclairs, qui éblouissent et qui frappent. À ce grand art de la parole, il joignait beaucoup d'adresse et de vigueur dans la discussion... Sa vie privée était simple, modeste, frugale ; son âme toujours égale, inaccessible à l'ivresse du succès, comme au ressentiment de l'outrage... Point de bruyants plaisirs ; il refusait toute invitation à des festins ou à des fêtes. Jamais on ne le voyait en dehors de sa maison, si ce n'était pour aller au conseil ou à la place publique. Afin de n'être point détourné des affaires de l'État par le soin de sa fortune particulière... il faisait vendre chaque année tous les produits de ses terres ; et, chaque jour, il envoyait acheter au marché ce qu'il fallait pour l'entretien de sa maison, où régnait une économie sévère. Le peuple d'Athènes avait donc trouvé un chef qu'il pût estimer et ne pas craindre. Aussi lui accorda-t-il une confiance sans bornes. Jamais homme n'eut dans Athènes un pareil pouvoir ; et, ce qui est à l'honneur du peuple et de son chef, jamais pouvoir ne fut acquis et conservé par des voies plus pures. Périclès, sans titre particulier, sans commandement spécial, et par la seule autorité de son génie et de ses vertus, fut ainsi maître dans Athènes et plus noblement qu'Auguste dans Rome. » À vingt-sept ans, désemparé par une captivité qui vous rendait inutile, quel appel, quel modèle, quel inspirateur pétri par le destin et les talents personnels, finalement quelle ressemblance de parcours, au travers du temps !

Vous étiez, grand-père, une véritable machine à lire. Combien en avez-vous lu ? Près de soixante-dix années actives multipliées par une centaine de livres par an alors qu'il n'y a environ que 2250 ouvrages recensés dans cette bibliothèque de La Boisserie ! Plus les livres que l'on relit sans compter ceux que l'on ne fait que parcourir, ceux-ci et ceux-là augmentant avec l'âge ! Combien en tout ? 10000 ? Davantage ? Est-il utile de le savoir ?

Vous avaliez plusieurs bouquins par semaine, dans toutes les disciplines, avec souvent une lettre de réponse lorsque ces livres vous étaient adressés et dédicacés par ses auteurs. Cette bibliothèque n'est pas composée pour l'immobile. Elle a tellement vécu et ne peut évidemment refléter la totalité de vos lectures. C'est un stock, inventorié à un moment donné, à l'issue d'un espace de vie qui nous dit beaucoup de vous par ce qu'il est, mais plus encore par les flux d'entrées-sorties qui l'ont fait vivre. Beaucoup de livres ont disparu, faute de place. Presque rien dans le grenier et les autres pièces de la maison. Ce qui me frappe, en évoquant ces quelques images, en refaisant ces quelques pas, aujourd'hui, dans cette bibliothèque, avec vous car vous êtes encore là, tient au multiple : quelle diversité, quelle curiosité, presque, quelle dispersion ! À travers vos livres, ceux qui restent, et ceux que l'on devine, vous nous donnez le portrait d'un « honnête homme », jamais las de curiosité, sans cesse ouvert à la nouveauté, et recherchant toujours, comme le dit quelque part Paul Valéry, « à s'ajouter, chaque jour, quelque chose à soi-même ».

Vous étiez pétri par la culture, qui vous a fait. Vous vous disiez sans cesse qu'elle est du savoir transformé en conscience. Est-ce devenu dépassé ? Je me risque à vous interpréter en disant non ! Les deux piliers de votre bibliothèque, la diversité du savoir comme la dimension de votre conscience historique sont plus que jamais sinon des références, au moins des attitudes permanentes. J'aime votre capacité à chercher, à comprendre, dans la grande biodiversité des savoirs, avec un regard qui n'est pas univoque. J'aime votre choix du transversal dans l'étude des disciplines, et la recherche des passerelles qui nous éclaire autrement sur le monde. J'aime ce vieil homme d'Occident, qui connaît et revendique ses origines, mais jamais las de scruter les autres approches avec un égal intérêt, une même importance, sans penser mondialisation mais universalité. J'aime vous voir mettre l'homme, cet être pensant, et l'individu, cette force de conscience, au centre du savoir, dans le sens de saint Augustin : « Afin qu'il y eût un commencement, fut créé l'homme avant qui nul autre n'était », ce qui n'est exclusif ni de l'inconnaissable ni du sacré. J'aime votre père Henri, ce professeur, ce guide, qui vous a ouvert à la connaissance, sans l'imposer, en vous expliquant non tant ce qu'il faut savoir mais comment apprendre. J'aime enfin ce permanent détour par l'histoire, dans le sens de Hannah Arendt, qui fait de cette connaissance, de cette conservation du monde déposée dans les œuvres de culture, la condition existentielle du neuf, du révolutionnaire. Suis-je le seul ? La mutation des supports comme la disparition probable de la présentation en papier n'y changent rien. Au contraire, l'accès aux œuvres et l'acquisition des connaissances par réseaux interposés, aux meilleurs des enseignements, avec un coût marginal d'accès voisin de zéro, sont une énorme chance, unique dans l'histoire de l'humanité. Quelle opportunité pour tous, créatrice d'échanges, de chocs, de nouveautés à une échelle inconnue! Vous en auriez été heureux à condition de ramener à soi l'autre dimension du savoir : l'immédiateté plane que donnent à chacun la connexion permanente, la géolocalisation instantanée, le partage continu avec d'autres, l'échange marchand de tout ne saurait occulter à l'homme horizontal que nous devenons la profondeur de la culture et la pertinence du temps qu'il nous faut pour l'acquérir. Il y faut de l'effort, de l'éducation, de la méditation, et ce morceau de solitude qu'est le travail qui n'est pas que collectif. L'information en quantité, dans l'instant généralisé, a besoin d'un système mental qui l'accueille, la recueille, se l'approprie, la situe dans l'ensemble du savoir particulier, et lui donne un sens. Nous avons besoin de ces espaces discursifs que crée la pensée pour arpenter, mesurer, faire rapport entre les morceaux de la réalité que nous percevons. Nous savons que les systèmes d'idées ou idéologies permettent de voir le monde, qu'ils en procurent ainsi des visions partiales dont la structuration déforme en donnant forme. La culture est, depuis la Grèce, la marque de notre civilisation occidentale. Elle provoque la découverte, chaotique mais incessante, de cette part du réel qui existait déjà mais nous était encore occultée. Et nous savons qu'ajouter chaque fois un petit quelque chose à soi-même change notre perception du monde, donc le monde lui-même.

Votre rapport avec la littérature était quotidien, jusqu'à la fin des jours. Qu'auriez-vous pensé d'aujourd'hui, qui connaît la disparition des librairies, la désaffection pour l'écrit, l'altération ou l'évolution progressive de la grammaire que vous avez connue? Vous n'étiez pas dans le regret. Vous auriez probablement saisi toute l'opportunité de nos réseaux, notamment celle de pouvoir disposer sur tablette de la bibliothèque du monde, à moindres frais et toujours disponible à côté de soi. Vous auriez continué de soutenir notre langue, partout où il est possible et contre tout totalitarisme, même utilitaire, puisque la biodiversité des langages reste une richesse qui ne doit pas s'éteindre. Et, plus que jamais, vous auriez défendu la puissance de la réflexion, son enseignement, sa structuration progressive qui donne à chacun une grille de lecture intelligible. Votre support était les livres. Il y en a aujourd'hui d'autres qui ne sont pas exclusifs des premiers. Tant mieux ! Lorsque André Malraux, dans son dialogue fictif mais vraisemblable[1], demande au Général ce qu'il relisait en ce moment, au soir de sa vie, vous auriez répondu, et j'y crois : « Eschyle, Shakespeare, les *Mémoires d'outre-tombe*, un peu Claudel. Et ce qu'on m'envoie, qui fait généralement partie des nuages... Je réfléchis aux œuvres capitales d'autres temps, dans une certaine mesure, d'autres civilisations. Je ne peux m'expliquer que par une image : ceux que je relis (ajouter Sophocle), me font l'effet d'étoiles éclairées par un même soleil invisible. Ils ont quelque chose en commun. Comme les arbres... Ils ont quelque chose de fixe. Une sorte de transcendance. »

1. *Les chênes qu'on abat*, *op. cit.*

10

Entracte

En remontant l'allée du jardin qui passe devant votre bureau, c'était notre dernière conversation, vous m'avez demandé en souriant : « Et toi, tu es gaulliste ? » Je n'ai su que répondre « oui » sans connaître le vrai sens de la question. « Tu as raison pour l'avenir ! Même s'il est aujourd'hui difficile de se réclamer de moi, ce que j'ai fait est un ferment. Quelqu'un, un jour, en fera quelque chose, et tout recommencera. » Qu'est-ce qui est aujourd'hui fini ? De quoi faut-il se réclamer ? Pourquoi est-ce difficile ? Quel est le ferment du recommencement ?

Une politique toute d'effort vers le renouveau avait lassé les Français. Dix ans, c'est long pour un peuple nanti ! Chateaubriand, encore lui, ce compagnon des derniers jours, vous murmurait à l'oreille cette phrase qui disait votre chagrin : « Prolonger ses jours au-delà d'une éclatante illustration ne vaut rien ; le monde se lasse de vous et de votre bruit ; il vous en veut d'être toujours là. » Vous ne saviez pas précisément ce qui allait arriver après votre disparition, mais la ligne de pente vous était visible. Dirigée par celui qui était le mieux à même de vous succéder en tant que chef de l'État, la

France entrait, logiquement, et probablement avec soulagement, dans un temps qui n'était plus celui de la grandeur. D'ailleurs, votre successeur en fonctions dévalue tout de suite le franc et, pour n'évoquer que la Constitution, prend l'initiative, dès octobre 1973, de faire voter par le Parlement un projet de loi proposant d'abaisser à cinq ans la durée du mandat présidentiel ? Quoi de plus opposé à votre vision des institutions ! Le déclin va si vite... !

L'histoire des hommes, que vous avez faite vôtre à chaque instant de votre pensée, nous rappelle encore ces passages de l'histoire grecque que vous avez encadrés, après la mort de Périclès : « Ce qui s'en va sans retour, c'est la foi politique. Athènes, Sparte ont perdu la première vertu d'un peuple : la croyance à elles-mêmes. Elles n'ont plus... cette confiance, cette juvénile audace, qui, tempérée par la raison, surtout quand cette raison s'appelle Périclès, fait accomplir de grandes choses. »

Que faire sans la confiance en soi, et le souffle de la passion ? « La Grèce ne voit plus à ses côtés, mais bien loin derrière elle, ce dont les chants avaient charmé sa virile jeunesse. Durant toutes ces guerres le ciel s'est assombri ; l'élan, l'enthousiasme sont tombés... Le monde se fait vieux, la muse n'y trouve plus de ces aspects nouveaux qui l'inspirent... »

Et que faire sans un contrat, simple, direct et profond, entre le peuple et son chef ? « Pour ce qui est des rapports humains, mon lot est donc la solitude. Mais pour soulever le fardeau, quel levier est l'adhésion du peuple ! Cette massive confiance, cette élémentaire amitié, qui me prodiguent leurs témoignages, voilà de quoi m'affermir[1]. » Rappel d'autrefois, encore... : « Jadis, l'intervalle qui séparait le peuple athénien de ses chefs était à peine celui qui sépare deux combattants, l'un au premier rang, l'autre au second ; aujourd'hui, les Athéniens ont si petite opinion d'eux-mêmes que les voici retournés au culte des héros. » Ces extraits nous fournissent une clé profonde de votre pensée politique : sans doute le héros joue-t-il sa partie dans la fracture des événements qu'il découvre, et fait basculer le destin collectif. C'est beaucoup et peu. L'homme exceptionnel, dans des circonstances extraordinaires qui ne se programment pas, crée l'espace qu'il va remplir de ses exploits au profit des autres, d'une « certaine idée ». Et après ? Le secret est que le génie n'est pas qu'individuel. Espérer, sans combattre, le retour d'un grand homme pour tirer le fardeau d'une nation est preuve de notre grande immaturité politique. Normal pour ce peuple de « Jacobin[s] qui crie[nt] "vive l'Empereur" ». La vraie leçon est, je crois, plus près de nous. Pour vous l'espoir est l'affaire de chacun, et chacun peut s'approprier ce que Charles de Gaulle a été. Comment oublier à ce point que l'aventure du Général, de la France combattante à la Ve République, a été aussi une aventure collective, une adhésion directe, sans doute, du suffrage au personnage, mais également un rassemblement, une espérance où les Français (bien peu en 1940) ont joué une large part ! Oui, vous les aimiez ces « veaux » qui ont fait ce pays, même s'ils vous agaçaient ! Qu'auriez-vous fait sans leur confiance jusqu'à leur dire à la télévision, au moment des événements d'Algérie, « Aidez-moi ! ». Merveilleuse connaissance du pouvoir

1. *Mémoires de guerre*, *op. cit.*

qui sait d'où il vient vraiment et ce à quoi il tient, mais aussi satisfaction profonde de voir le pays se redresser comme lors des premières victoires de Leclerc ! Ce qui a compté, entre autres, non dans la pratique gaulliste du pouvoir mais dans le *pouvoir* de la pratique gaulliste, tient largement à l'expression directe du vote, suscitée aussi souvent que nécessaire entre un homme, les hommes, et un projet où dire et faire ne sont pas sécables. Je redis votre méfiance des intermédiaires, qui, sous couvert d'une représentativité justifiée mais partielle, songent aussi à la captation, puis la conservation, de l'autorité.

Le jeune capitaine de Gaulle, prisonnier dans sa forteresse allemande, s'est imprégné du gris de la décadence dans cette démocratie grecque déclinante après Périclès : « La Grèce aura encore de grands hommes mais n'aura plus de grands peuples ! » Les grandes individualités qui naissent et existent sont fonction des populations et des époques qui les enfantent. Mais ce qui surtout nous manque et nous hante est votre message de dire à chacun de nous et à tous les hommes : voyez ce que sont les autres et ce que vous êtes, voyez tout ce que vous pouvez ! L'appel, l'unité, le salut... le renouveau, l'effort... À nous tous d'être au niveau de nos capacités, et les comparaisons ne nous sont pas défavorables. Un autre Charles de Gaulle, ou plusieurs, arrivera par surcroît. Est-ce inactuel de le dire ? Sommes-nous si dépassés par la marche du monde pour ne pas le voir ? Quand aurons-nous un autre de Gaulle ? Ah, s'il était encore là ! Exclamations inutiles ! Comment ne pas comprendre cette part de vous, grand-père, qui est de nous dire que ce n'est pas que de Gaulle qui vient ramasser les morceaux, mais les Français que nous sommes qui construisent, chacun à sa mesure !

C'était le jour de mes dix-neuf ans, sans cérémonie puisque dans ma famille les anniversaires ne se fêtaient pas, je l'ai dit, mais en conscience, la vôtre qui faisait peut-être le tour d'elle-même au crépuscule, la mienne, pleine de doutes, mais rassurée par le temps de l'avenir, presque illimité à l'âge où tout n'est que promesse. C'était une fin de matinée baignée de lumière, je repartais le lendemain et me souviens de vos mots : « Je ne me fais pas de souci pour toi ; tu es intelligent et tu es fort. » Quelle surprise de les entendre alors ! Qu'en reste-t-il aujourd'hui ? De ce que j'ai appris de vous, autant par le raisonnement que l'empathie, tout m'est resté. Qu'en ai-je fait ? Bien peu. J'ai senti, depuis l'origine, que le petit-fils n'était pas l'héritier mais qu'en essayant de ne pas subir, une petite touche de Charles de Gaulle, que j'ai eu le grand bonheur de connaître, avait imprégné ma propre vie. « Quant à moi, j'espère avoir le temps de finir mes mémoires. Après... c'est une prouesse ! » Étrange conjugaison du maintenant à propos d'un futur, de l'après, d'une hypothèse. Vous doutiez d'avoir ce temps disponible et le doute se vit au présent. Quelques pas plus loin, au moment de retourner dans la maison, alors que nous allions bientôt entrer dans cette saison si morne de la Haute-Marne, je vous ai entendu citer, une fois encore, « l'enchanteur » de vos derniers jours : « Un caractère moral s'attache aux scènes de l'automne : ces feuilles qui tombent comme nos ans, ces fleurs qui se fanent comme nos heures, ces nuages qui fuient comme nos illusions, cette lumière qui s'affaiblit comme notre intelligence, ce soleil qui se refroidit comme nos amours, ces fleuves qui se glacent comme notre vie, ont des rapports secrets avec nos destinées.» J'ai retrouvé bien plus tard la citation exacte de Chateaubriand, et comme une différence de fond entre ces deux pessimistes : chez vous, grand-père, «[tout] recommence toujours»... Je n'en avais pas la mémoire exacte. Il ne me restait que l'auteur, le sens et la musique, votre immense présence et plus encore, à cet instant, la prescience simple mais refusée de l'inéluctable. Cela dans le bruit de vos pas, celui des feuillages d'été brisant la lumière, le son des graviers et des mots pendant ces tours du jardin tant de fois répétés dans ma mémoire, comme les grains d'un chapelet, pour ne rien perdre.

Lors de votre retour définitif à Colombey, le Général a quitté sa statue. Charles reprenait possession de De Gaulle pour le laisser s'éloigner, le raconter, le juger un peu, avant de partir lui-même; Charles redevenu homme, écrivant le dernier plan de son épopée, disant en privé un peu de lui, mais ne se souciant plus de son personnage puisque ce qui se passait autour ne vous concernait plus; Charles râlant quand même à la lecture des journaux ou l'écoute du journal télévisé : «Quels idiots! Il ne faut pas faire comme ça! Ils ne comprennent pas où est l'intérêt de la France!» Je n'ai pas senti votre chagrin, celui de la rupture sans retour, entre la France et vous, dont parle grand-mère. J'étais plus loin et la jeunesse ne fait pas comprendre la fin autrement que comme certitude lointaine. Mon souvenir est plutôt celui d'une sérénité amère mais acceptée, avec l'impression d'une distance qui se creusait entre l'homme et le personnage.

Le mythe était déjà né, je le sentais mais ne voyais que l'homme, qui me bouleversait, si proche mais déjà loin. Les images se superposaient comme des collages multiples : le grand-père devant moi, la photo du jeune militaire, le bébé Charles, ce qu'on appelle les souvenirs de famille, souvenirs partagés un moment mais où chacun suit le cours de sa propre vie. Aujourd'hui, demain, l'histoire. J'ai senti se désunir les deux aspects de De Gaulle : retour de Charles sur lui-même, et lâcher de bride au Général, à la légende.

En allant me recueillir devant votre tombe blanche, ce qui m'étreint n'a ni faibli ni changé. Tant d'images, de mots, tant de scènes qui défilent, une photo qui affleure sur ce miroir étrange et déformant de la mémoire : vous, vêtu de ce grand manteau sombre, marchant sur cette lande d'Irlande qui était aussi votre terre, debout, voyant au loin la mer se perdre dans les nuages gris... Oui, debout mais courbé, battu mais redressé, solitaire mais pas seul, avec grand-mère, toujours à vos côtés, avec cette légende qui nous prend sans écraser, et ce regard lourd perçant la bruine et l'onde pour trouver le jour, quoi qu'il arrive. Votre écho résonne en moi, et le temps n'a pas de prise ; je ne parle pas, je vous écoute. J'ai mes souvenirs, cet autre regard qui s'enrichit avec l'âge, qui ne vous définit pas mais m'imprègne. Et si, comme d'autres, je me demande ce que vous êtes encore pour la France, la réponse politique m'intéresse assez peu car l'important tient pour moi au pouvoir de votre manière plutôt qu'à la pratique gaulliste du pouvoir. C'est l'homme qui me bouleverse. Il est encore là et votre humanité me traverse. C'est elle qui dépasse le temps et les frontières. J'ai touché et suis transpercé par un mythe. Pourquoi tant de présence, même aujourd'hui, ici, et loin de France?

Charles de Gaulle l'archaïque, au sens premier du fondement, est le moderne d'aujourd'hui : il plonge loin dans la mémoire des hommes comme il ne cesse de se projeter devant nous car il voit les objets ou les actions comme des identités parce qu'elles participent d'une *réalité* qui les transcende. Elles sont déjà chargées de sens; nous en choisissons une qui fait et devient l'histoire. D'autres auraient pu être. Agir, observer, analyser, penser sont des choix, donc une réduction dans l'espace des représentations possibles. L'histoire trace la longue liste des actions des humains et forme la trame qui constitue nos valeurs. Elle est, sans paraphrase, notre volonté et notre représentation, et cet horizon indépassable parce qu'il est le nôtre. Mais il bouge sans cesse, il aurait pu être différent, et il y en a probablement plusieurs autres. Charles, le Général, de Gaulle, « ce pauvre homme, ton pauvre mari », selon vos propres mots, a vécu une existence dont l'amplitude est plus vaste que pour la plupart mais dont nous partageons le même espace, qui n'est pas réductible à la seule durée de la mémoire vivante. L'ancrage dans le passé, où votre pensée circule sans y penser tant le mouvement est naturel, avec son corollaire, la prescience de ce qui va advenir, puis cette incroyable présence dont la densité, la masse, était ressentie par tous, les foules dont vous serriez les mains comme les chefs d'État, faisaient de vous un attracteur devenu mythique. Les composants de la légende historique sont là; vous les avez rassemblés; le destin vous avait reconnu : création de l'instant fondateur avec l'appel du 18 Juin, restitution de l'existence et de sa dignité à la patrie réunie, fondation d'une République stable avec un État qui la conduit, incarnation providentielle rejouée deux fois, désintéressée, viscéralement démocratique, sous-tendue par les valeurs de cette grande religion de la civilisation universelle qui a fait l'Occident chrétien et qualifie un homme uniquement par ce qu'il est, partout et pour chacun. J'y ajoute ce que j'ai senti, simplement, à votre contact, même avec cette distance naturelle posée sur Charles par de Gaulle, comme par le grand-père avec son petit-fils, mais qui n'écartait jamais l'homme, sa simplicité, sa clarté, son unité. J'ai entendu quelque part cette expression « Charles de Gaulle, le juste », celui que l'on suit en confiance, qui peut se tromper mais dit le vrai quoi qu'il en coûte, qui donne tout à la France sans rien garder pour lui, ce « juste » milieu, fervent de l'équilibre maîtrisé, toujours animé d'une énergie jamais lassée d'espérance. Contraste entre le feu dévorant de votre volonté, presque surhumaine, tendue sans cesse vers l'effort, le dépassement, avec le courage qui l'accompagne, et la recherche incessante de l'équilibre entre les hommes, qui s'appelle liberté et dignité ; « l'homme qu'il s'agit de sauver »... Pensée duale, tension des contraires, essence du réalisme mais valeurs transcendantales, méditation historique mais choix précis du moment d'agir, qui n'est pas que dans l'immédiat...

Ma grand-mère, qui me savait curieux, me donna un après-midi *Tristes Tropiques* de Claude Lévi-Strauss, édité en 1955 dans cette collection « Terre humaine » de chez Plon achetée à Chaumont. « Ton grand-père a trouvé cela intéressant... » Vous aviez disparu depuis peu. Pour moi débutait avec cette lecture l'appréhension d'une diversité humaine qui fait richesse et dont vous m'aviez donné l'intuition. Votre bibliothèque, déjà, avait ancré celle de la culture. L'observation des hommes politiques, à vingt ans, lorsque l'on vous a connu, ne donne qu'un spectacle triste, celui du petit prêt-à-penser agissant pour sa propre conservation. C'est bien davantage à l'écoute du monde, de ses bruits et ses songes, sa littérature et sa musique, paroles et silences, lumières et cris mêlés, que ma propre musique a commencé. Je n'ai cessé de penser à vous en songeant au mythe, qui était davantage que celui forgé par l'histoire, car tout simplement celui d'être un homme. Croire en soi, croire en lui, avec réalisme et bienveillance tant, comme disait Chamfort, « l'on est plus souvent dupe par la défiance que par la confiance », à la condition de regarder le monde tel qu'il est sans l'amputation sourde qu'est ne pouvoir nommer les choses. Dans l'ordre de la pensée, oui, il est interdit d'interdire. La partition est libre. Charles de Gaulle va au contact des foules innombrables et ne cesse d'écouter, sans autre contrainte que celles qu'il a acceptées, le multiple des chants et cultures. Voilà ce qui compte encore, cette attitude d'esprit et de cœur qui ouvre à la connaissance complexe bien décrite par Edgar Morin : nous situer dans la situation ; nous comprendre dans la compréhension ; nous connaître connaissants.

L'homme de Gaulle est héros parce qu'il est archétype. Il rassemble en lui, à un degré primitif, les caractères de tout ce qui est humain. Il nous touche par cela, et chacun appartient au même genre. Il est parmi nous, et chacun peut s'y reconnaître. La différence est affaire de degré et de circonstances, non de nature. Romain Gary[1], que j'ai entrevu au cimetière de Colombey dans son uniforme de capitaine d'aviation, à côté d'André Malraux, le 12 novembre 1970, dresse une belle image de vous. Je le cite car je crois que seuls les écrivains vous ont vraiment compris, bien mieux que les «politiques» : «De Gaulle [...] a incarné [...] dix siècles d'histoire de France [...] avec ses éléments historiques [...] avec des débris du passé, avec des morceaux appartenant à tous les Louis, avec cette lumière qui continue faiblement à nous atteindre depuis les étoiles mortes de notre glorieux passé, avec les éclats de pierre provenant de toutes nos cathédrales et de tous nos sanctuaires, de nos musées et de nos légendes, avec son génie, sa compétence, sa rigueur dans l'exécution, son fabuleux savoir-faire et son indéniable sagacité, il a bâti un être mythologique connu sous le nom de De Gaulle [...] C'est cette œuvre d'art, cette création de soi [...] qui éveillait comme par magie l'illusion de la continuité, et témoignait d'une future et immortelle grandeur.»

Je voudrais aller un peu plus avant, au risque d'être hérétique : la légende que vous êtes pour moi n'est pas que française et de Gaulle ne l'est lui-même que par circonstance de lieu. Vous existez en dehors de votre nation d'origine : vous êtes de France, vous qui en portez l'un des deux noms, et parlez au monde sans que la relation de cause à effet soit univoque. Point n'est besoin que la France, selon votre idée, demeure telle pour que de Gaulle ne s'adresse plus à «l'univers», selon votre expression. Vous avez eu, lors de l'inauguration de ce paquebot dont on connaît le destin,

1. *Ode à l'homme qui fut la France, et autres textes autour du général de Gaulle*, *op. cit.*

une belle phrase qui vous résume presque : « Porter l'homme vers les hommes » comme vocation vers l'universel, dans la liberté, la modération et l'espérance.

Vous traversez l'espace des frontières, des peuples et des cultures en témoignant du fondamental ; c'est-à-dire du simple : guide pour les autres parce qu'il l'est pour lui-même, férocement autonome, indépendant, se souvenant toujours de sa fragilité, de ce qu'il doit à l'ordre du divin, capable de refus, et tendu par cette inhumaine confiance qui permet le doute, la lassitude, quelquefois le désespoir. C'est encore André Malraux qui, évoquant la foule immense au soir du 12 novembre 1970, transperce la scène de sa fulgurance quand le creux de votre départ appelle l'espérance et la fraternité : « La plainte profonde de la fin d'une époque s'y mêle au battement grave du portail de la nuit, au tambour de bronze du Non d'Antigone et de Prométhée, à l'impersonnalité de cette personnalité pourtant écrasante... qui donne à de telles figures de résurrection leur dialogue avec l'immensité de la souffrance, avec la foule chancelante arrachée à l'enfer. »

Je ne sais si la sécheresse de l'univers connecté permet à chacun de réfléchir sur soi-même et les autres, sur ces caractères fondateurs de la nature humaine que sont l'empathie, le besoin de reconnaissance, l'appel du sacré. Le savoir y est en tout cas disponible comme jamais. Restent la solitude physique de l'écran et celle de ses communautés virtuelles. Internet empêcherait-il définitivement l'essor de la personnalité, avec et en dehors de lui, pour acquérir cette amplitude d'existence, cette masse gravitaire, qui vous fait devenir plus qu'une simple particule anonyme ? Je ne crois pas que les modes de constitution du savoir suffisent à occulter ou éteindre l'émergence de la personnalité, au contraire. Ceci est bien sûr une autre histoire, mais de Gaulle, qui a poussé très loin l'acquisition de la culture, avec les moyens de son époque, l'a fait à son profit pour en faire un constituant de son être. Apprendre, lire, écouter, regarder, c'est, en conscience, accueillir l'autre et lui rendre respect et dignité par la connaissance et la compréhension, sans rien renier de soi. Cette vocation à l'universalité fait que, chez vous, grand-père, il y a plus que « Notre-Dame la France », plus que ces archétypes de l'inconscient collectif qui associeraient la patrie et la mère, plus que l'idée, celle de votre discours de 1950, qui voudrait que ce « cher et vieux pays » soit « un modèle et un guide quant à la condition des hommes ». J'ose retenir de vous davantage que le premier des Français et plutôt cet exemple-là, du fondateur, du chef, du père, qui parle aux peuples du monde, à Londres, Bayeux, Phnom Penh ou Montréal, et dont on écoute encore l'éclat multiple des mots. L'écho, modifié par tant de contrepoints, n'a pas fini. Il me bouleverse toujours. Son harmonie sereine demeure : elle s'appelle Liberté.

Table

La photocomposition de cet ouvrage
a été réalisée par
Graphic Hainaut
30, rue Pierre Mathieu
59410 Anzin

Achevé d'imprimer en juin 2016
par Normandie Roto Impression s.a.s.
61250 Lonrai
Dépôt légal : juin 2016
N° d'impression : 1603178

Imprimé en France